Plötzlich fremd - im Sog toxischer Spiritualität

Bianca Liebrand • Sarah Pohl

Plötzlich fremd - im Sog toxischer Spiritualität

Ein Ratgeber für Angehörige zwischen Sorge und Hilflosigkeit

Bianca Liebrand
Sekten-Info NRW e.V.
Essen, Deutschland

Sarah Pohl
ZEBRA / BW
Freiburg, Deutschland

ISBN 978-3-662-72030-1   ISBN 978-3-662-72031-8 (eBook)
https://doi.org/10.1007/978-3-662-72031-8

Die Deutsche Nationalbibliothek verzeichnet diese Publikation in der Deutschen Nationalbibliografie; detaillierte bibliografische Daten sind im Internet über https://portal.dnb.de abrufbar.

© Der/die Herausgeber bzw. der/die Autor(en), exklusiv lizenziert an Springer-Verlag GmbH, DE, ein Teil von Springer Nature 2025

Das Werk einschließlich aller seiner Teile ist urheberrechtlich geschützt. Jede Verwertung, die nicht ausdrücklich vom Urheberrechtsgesetz zugelassen ist, bedarf der vorherigen Zustimmung des Verlags. Das gilt insbesondere für Vervielfältigungen, Bearbeitungen, Übersetzungen, Mikroverfilmungen und die Einspeicherung und Verarbeitung in elektronischen Systemen.
Die Wiedergabe von allgemein beschreibenden Bezeichnungen, Marken, Unternehmensnamen etc. in diesem Werk bedeutet nicht, dass diese frei durch jede Person benutzt werden dürfen. Die Berechtigung zur Benutzung unterliegt, auch ohne gesonderten Hinweis hierzu, den Regeln des Markenrechts. Die Rechte des/der jeweiligen Zeicheninhaber*in sind zu beachten.
Der Verlag, die Autor*innen und die Herausgeber*innen gehen davon aus, dass die Angaben und Informationen in diesem Werk zum Zeitpunkt der Veröffentlichung vollständig und korrekt sind. Weder der Verlag noch die Autor*innen oder die Herausgeber*innen übernehmen, ausdrücklich oder implizit, Gewähr für den Inhalt des Werkes, etwaige Fehler oder Äußerungen. Der Verlag bleibt im Hinblick auf geografische Zuordnungen und Gebietsbezeichnungen in veröffentlichten Karten und Institutionsadressen neutral.

Planung/Lektorat: Joachim Coch
Springer ist ein Imprint der eingetragenen Gesellschaft Springer-Verlag GmbH, DE und ist ein Teil von Springer Nature.
Die Anschrift der Gesellschaft ist: Heidelberger Platz 3, 14197 Berlin, Germany

Wenn Sie dieses Produkt entsorgen, geben Sie das Papier bitte zum Recycling.

Vorwort

Vor über 25 Jahren hat der Bericht der Enquete-Kommission „Sogenannte Sekten und Psychogruppen" des Deutschen Bundestags Entwarnung gegeben: Von religiösen Extremgruppen gehe keine gesellschaftliche Gefahr mehr aus (Deutscher Bundestag 1998).[1] Die gesellschaftliche Einschätzung fiel in den 1980er-Jahren anders aus, weil neue asiatische Meditationsformen und amerikanische Sekten und Psychogruppen in Europa Fuß gefasst hatten. Nur wenige Jahre später nach Abschluss des umfassenden Kommissionsberichts, seit dem 11.09.2011, hat sich die gesellschaftliche und religionspolitische Lage grundlegend verändert. Religiöse Radikalisierung, Fanatismus und gruppenbezogene Menschenfeindlichkeit haben sich in einem beängstigenden Maß ausgebreitet. Die weltweite Coronapandemie hat ein Jahrzehnt später das Sicherheitsgefühl nochmals nachhaltig geschwächt: Was und wem kann ich noch glauben? Der Zwang zur sozialen Isolation hat der Digitalisierung und den sozialen Medien enormen Aufwind verschafft, bei denen ein Faktencheck schwieriger geworden ist. Das Internet begünstigt Verschwörungs-

---

[1] https://dserver.bundestag.de/btd/13/109/1310950.pdf (Abruf 5.06.2025).

erzählungen und Filterblasen, was mittlerweile zu einer ernsthaften Gefahr für unsere Demokratie geworden ist.

Vor diesem Hintergrund geben Bianca Liebrand und Sarah Pohl in ihrem Buch einen kundigen Überblick über das weite und unübersichtliche Feld der Sinndeuter und spirituellen Lebenshelferinnen. Dabei erklären sie die Ursachen des sich ausbreitenden Verschwörungsglaubens und warnen vor einem esoterischen Gesundheits- und Heilungsmarkt, wo spirituelle Influencerinnen, islamistische Hetzprediger und fundamentalistische Freikirchen ihre Lösungsangebote einer krisengeschüttelten Welt anpreisen. Die Autorinnen können aus ihrem reichhaltigen Erfahrungsschatz psychosozialer Beratung schöpfen. In Beratungsstellen für Weltanschauungsfragen in Baden-Württemberg und Nordrhein-Westfalen begleiten beide schon seit vielen Jahren Menschen in existenziellen und spirituellen Krisen. Ob jemand bei der Sinnsuche Schiffbruch erlitten hat oder eine junge Frau sich Sorgen um ihre Partnerin macht, die seit Monaten viel Geld in ein fragwürdiges Coaching investiert – die Nachfrage nach weltanschaulicher Orientierung ist in der gegenwärtigen unsicheren Krisenzeit deutlich angewachsen.

Durch lebensnahe Fallbeispiele werden in diesem Buch typische Konflikte, Fallstricke und Herausforderungen bei der spirituellen Suche anschaulich vor Augen geführt. Zentrale Fragen nach den Merkmalen einer toxischen Gruppe, Gefahren der Esoteriksucht, Möglichkeiten der Ausstiegsbegleitung und Verhaltenstipps für betroffene Angehörige machen dieses Buch zu einem alltagsnahen Ratgeber für alle diejenigen, die Unterstützung bei der Einordnung eines weltanschaulichen Angebots benötigen. Mit ihrer fachlichen Expertise bieten sie einfühlsame und konkrete Hilfen an, die Auswege aus spirituellen Krisen und vorbeugende Schutzmaßnahmen beschreiben.

Michael Utsch

Einleitung

Kürzlich fragte mich meine Freundin Heidi, ob ich einem Schenkkreis betreten wolle. Es gehe um einen veränderten Bezug zu Geld, ich müsse nur einmal investieren und würde wiederkehrende Beträge erhalten. Mein Leben und das Leben anderer könne sich dadurch nachhaltig verändern. Und außerdem würde ich Teil einer unterstützenden und großartigen Gemeinschaft von Frauen werden. Zum Beweis zeigte sie mir auf ihrem Handy eine Telegrammgruppe, die von Blumen, Herzen und anderen Emojis regelrecht überflutet war. Ich müsse nur 444 € investieren und schon sei ich dabei. Es würde sich auszahlen. Nicht nur in finanzieller Hinsicht …

Heidi ist studierte Gymnasiallehrerin. Es mangelt ihr nicht an Intelligenz, sie kann rechnen und zählen und dennoch ist sie Teil eines offensichtlichen Schneeballsystems geworden. Sie hat ihre 444 € längst an eine andere Frau bezahlt, und hofft nun auf den großen Geldsegen. Dazu muss sie nur acht Frauen anwerben, die ihrerseits wieder jeweils acht Frauen anwerben müssen. Eine offensichtliche Milchmädchenrechnung. Nur nach wenigen Runden wäre die Zahl der anzuwerbenden Frauen so groß, dass diese die Weltbevölkerung überschreiten würde. Das sage ich Heidi auch, doch auf diesem Ohr ist meine ansonsten kluge

Freundin taub. Sie selbst wurde von einer anderen Freundin angeworben, der sie blind vertraute. Außerdem war sie chronisch pleite und die Aussicht auf schnellverdientes Geld lies jeden Zweifel in ihr verstummen. Und dann war da ja noch diese Gruppe, mit der sie all ihre Sorgen und Probleme teilen konnte. Diese erlebte sie als äußerst unterstützend und gewinnbringend. Es mag nicht überraschen: Der Geldsegen blieb aus.

Dieses Beispiel ist gewissermaßen symptomatisch, für das, was sich auf dem florierenden und bunten Markt der Spiritualität, Esoterik und Lebenshilfeangebote abspielt. Während in den 1970er- und 1980er- die Welle der sog. Jugendsekten den Weltanschauungsmarkt überrollte, Menschen sich einem Guru anschlossen oder meditierend und trommelnd das Zeitalter des Wassermanns heraufbeschworen, so hat sich die Szene heute stark verändert. Längst sind es nicht mehr nur die sog. Sekten, die Sorgen bereiten, sondern wir haben es heute mit einer vielfältigen, sich rasch verändernden bunten Melange von Lebenshilfe, Spiritualität, Esoterik und Verschwörungstheorien zu tun. Manche Menschen bevorzugen zwar noch die „klassische Sekte" (um die es in diesem Buch auch gehen wird), andere Menschen hingegen legen eine enorme spirituelle Kreativität an den Tag und kreieren sich im DIY-Style ihren eigenen Patchworkglauben, kombiniert aus unterschiedlichsten Versatzstücken und Elementen. Und Anbieter reagieren auf diese Bedürfnisse nach selbstbestimmter, erlebnisorientierter Spiritualität, bieten Workshops, Retreats, Kurse, Einzelcoachings, Lifecoachings usw. an. Wie im Fall von Heidi mischen sich monetäre Aspekte oft mit esoterischen Narrativen („alles ist im Fluss, du musst lernen das Geld loszulassen, damit es zu dir kommt") und gruppenpsychologischen Wirkmechanismen („alle anderen haben auch gegeben, warum tust du dir so schwer? Schau das mal an …").

Nico ist 27 Jahre alt. Seine Eltern kontaktierten unsere Beratungsstelle, weil er beschlossen hat, sein Glück in einer Kommune in Portugal zu suchen. Dort müsse man sich einmalig eine Wohnberechtigung einkaufen und habe dann das Privileg gegen einen monatlichen Wucherpreis in einem heruntergekommenen Appartementkomplex mitzuleben. Coaching und transformative Gruppenprozesse bekomme man gratis obendrauf. Wieder ging es um eine Menge Geld – Nico lieh sich 8000 € von den Großeltern und Eltern. Ob uns diese Gruppe bekannt sei und ob die Hoffnung ihres Sohnes Nico berechtigt sei, dass er in dem Dorf mittels der unbezahlbaren Kontakte in eine spirituelle Community lerne, als digitaler Nomade Unmengen von Geld zu machen und andere Menschen in ihrem spirituellen Wachstum als neuerdings selbsternannter Coach zu begleiten. Sie hätten da so ihre Zweifel, weil Nico eigentlich kein abgeschlossenes, nur ein abgebrochenes Studium vorweisen könne, weil er beinahe jeden Monat um Geld frage und weil sie sich nicht vorstellen können, dass ihr Sohn andere coache. Er müsse ja schließlich selbst erst einmal finanziell unabhängig werden und seine Schulden bei ihnen bezahlen, bevor er anderen seine Dienste als erfolgreicher Business- und Transformationscoach anbiete.

Wieder geht es um viel Geld, wieder erleben wir eine krude Mischung spirituell/esoterisch aufgeladener Rhetorik, eine fragliche Gruppenstruktur und die Idee, man könne es ohne viel Arbeit vom Tellerwäscher zum Millionär bringen. Nico ist gerade dabei, sich ähnlich wie Heidi, auf dem Grad vom Opfer zum Täter zu bewegen – indem er selbst plant, überteuertes und unqualifiziertes Coaching anzubieten.

Nico und Heidi sind keine Einzelfälle. Wir leben in einem Land, in welchem uns die freie Ausübung unseres Glaubens durch das Grundrecht zugesichert wird. Religionsfreiheit ist ein zentrales Grundrecht, das in Artikel 4 des Grundgesetzes der Bundesrepublik Deutschland verankert ist. Dieser Artikel sichert jedem Menschen das Recht auf ungestörte Religionsausübung und schützt die Freiheit des

Glaubens sowie des religiösen und weltanschaulichen Bekenntnisses. Jeder Mensch darf hierzulande seinen Glauben frei wählen und praktizieren ohne staatliche Eingriffe oder Diskriminierung zu fürchten. Dies trägt wesentlich zur Förderung von Toleranz und Vielfalt in der Gesellschaft bei. Aber diese Freiheit hat auch Schattenseiten. So werden beispielsweise auf dem Esoterikmarkt Heilversprechen ohne wissenschaftliche Grundlage gegeben, finanzielle Ausbeutung wird uns sehr häufig berichtet. Gerade Menschen in Notsituationen neigen bisweilen dazu, ihre Probleme mittels Heilsteinen, spirituellen Reinigungen oder energetischen Anwendungen zu lösen. Außerdem können psychische Abhängigkeiten entstehen. Auch hierauf werden wir in diesem Buch eingehen. Bedauerlicherweise kann sich gerade bei Menschen, die stark in esoterische Praktiken involviert sind auch eine Gefährdung des sozialen Umfeldes einstellen. Zwar ist vieles erlaubt auf dem Markt der Weltanschauung, vieles ist von Religionsfreiheit gedeckt, und dennoch bedeutet dies nicht, dass jedes Angebot schad- und bedenkenlos und ohne kritische Risiken- und Nebenwirkungen ist. Es steht jedem erwachsenen Menschen frei, sich einer sog. Sekte oder anderen toxischen Glaubensgemeinschaft anzuschließen – nicht immer muss dies zu einem entsprechenden Schaden führen. Von der eigenen Freiheit Gebrauch zu machen, bedeutet auch, gut informiert und aufgeklärt zu sein, über mögliche Risiken und Nebenwirkungen von konfliktträchtigen Gruppen, manipulativen Anbietern und Angeboten. Mit diesem Buch möchten wir einen Beitrag zur Aufklärung und Verbraucherberatung leisten und Sie dabei unterstützen, toxische oder manipulative Strukturen schneller zu erkennen, nicht in Abhängigkeiten zu geraten und Menschen in ihrem Umfeld besser zu unterstützen, wenn diese in entsprechende Strukturen geraten sind.

Wir laden Sie ein, im ersten Kapitel mit uns einen Ausflug in die heutige Welt der Spiritualität und Glaubensüberzeugungen zu unternehmen. Wir definieren wichtige Begriffe, beleuchten einige typischen Aspekte und weisen auf Entwicklungen hin.

Wenn wir die Geschichte von Heidi und Nico erzählen, führt das oft zu verständnislosem Kopfschütteln. Doch Heidi und Nico sind keine Einzelfälle; sie zeigen, wie bestimmte Bedürfnisse angesprochen und unerfüllte Träume ausgenutzt werden. Jeder von uns kann auf seine Weise verführbar sein. Das Verständnis dieser Hintergründe hilft uns, uns selbst und andere besser zu verstehen. Deshalb widmen wir der Ursachenanalyse im zweiten Kapitel viel Raum.

Im dritten nächsten Kapitel beschäftigen wir uns mit der Macht von Gruppen und analysieren, inwiefern gruppenpsychologische Mechanismen, wie im Fall von Heidi und Nico, eine Rolle spielen können. Das Bewusstsein für diese dynamischen Aspekte hilft, sich selbst und das Verhalten anderer besser zu verstehen.

In einem weiteren Kapitel widmen wir uns sogenannten „toxischen Einzelanbietern". Nicht immer sind es Gruppen, die den spirituellen und esoterischen Markt prägen – oft sind es selbsternannte Coaches, die ihre Dienste mit spirituellen Versprechungen anbieten. Hier sensibilisieren wir Sie für gängige Manipulationsstrategien und Aussagen wie „Wenn es hilft, ist es mein Verdienst. Wenn nicht, sind Sie schuld." Wir erläutern, welche Voraussetzungen erfüllt sein sollten und worauf Sie achten müssen.

Im fünften Kapitel geht es darum, einen anderen Umgang mit Glaubenskrisen, Aussteigenden und Betroffenen zu erlernen. Hier sprechen wir insbesondere Angehörige an, die oft eine wichtige Stütze sind. Mit Verurteilungen oder bloßen Warnungen kommen wir meist nicht weiter. Was also hilft?

Und ganz am Ende geht es dann um die Frage, welche Hürden es bei einem Ausstieg geben kann.

Abschließend möchten wir erwähnen, dass uns sehr bewusst ist, dass es auf dem Markt der Weltanschauungen und Spiritualität auch viele positive Angebote und Erfahrungen gibt, die in psychischen Krisen eine echte Stütze sein können. Spiritualität kann eine immense Ressource sein und helfen. Aber Glaube ist eben nicht gleich Glaube. Auch darauf möchten wir in diesem Buch eingehen.

Wir nehmen in diesem Buch übrigens Abstand davon, konkrete Angebote und Anbieter zu benennen, da wir keine „Werbung" machen möchten und zweifelhaften Anbietern nicht noch mehr Aufmerksamkeit und Verbreitung verschaffen wollen. Die Fallgeschichten sind stets entsprechend anonymisiert.

Zuletzt möchten wir an dieser Stelle unseren Dank aussprechen. Insbesondere danken wir Herrn Coch vom Springer-Verlag, dass er für dieses so wichtige Thema offen war und uns bei der Erstellung des Buches wertschätzend und konstruktiv unterstützte. Ein weiteres Dankeschön geht an die Teams unserer Beratungsstellen von ZEBRA/BW und Sekten-Info NRW e. V., die uns mit Fallaustausch unterstützen. Außerdem möchten wir auch unseren Familien und Partnern für ihren Rückhalt und die Unterstützung danken.

Interessenkonflikt

Die Autor*innen haben keine für den Inhalt dieses Manuskripts relevanten Interessenkonflikte.

Buchvorspann

- Glaube, Gruppe, Guru – Wie moderne Sinnsuche in Abhängigkeit führt
- Orientierung im Dschungel der neuen Spiritualität
- Scheinheilig – Die dunkle Seite der Selbstfindung
- **Plötzlich fremd – Wenn Glaube und Gruppen Menschen verändern**
  Ein Ratgeber für Angehörige zwischen Sorge, Liebe und Hilflosigkeit
- *Verstehen, ohne zu verlieren – Ein Leitfaden für Angehörige bei problematischer Spiritualität und Gruppenzugehörigkeit*

Inhaltsverzeichnis

1	**Glaube 2.0**	1
1.1	Erlebnisorientierung/Körperbezogene Spiritualität	6
1.2	Entkontextualisierung: Wenn fremde Spiritualität in heimischen Wohnzimmern landet	14
1.3	Psychoboom: Wenn der Hobbytherapeut zuschlägt	18
1.4	Digitalisierung: Götter im Netz	23
1.5	Patchworkglauben: Wenn Glaube zum kreativen DIY-Projekt wird	28
1.6	Individualisierung: Glaube auf eigene Faust	31
1.7	Vermarktung: Faith Branding	34
1.8	Begriffsdschungel	37
	1.8.1 Was ist eine Sekte?	37
	1.8.2 Was ist eigentlich Esoterik?	38
	1.8.3 Was bedeutet Coaching?	39
	1.8.4 Was versteht man unter Fundamentalismus?	40
	1.8.5 Was ist Verschwörungsglauben?	41
Literatur		41

2 Besser verstehen: Warum geraten Menschen an unseriöse Anbieter, in sektiererische Gruppen? 45
2.1 Person-Umwelt-Passung 46
    2.1.1 Aktuelle Lebenssituation und individuelle Bedürfnisse 50
    2.1.2 Angebote der weltanschaulichen Gemeinschaft 50
    2.1.3 Passung zwischen Angebot und Bedürfnis: 53
    2.1.4 Passt wie angegossen 55
    2.1.5 Zusammenfassung zum Passungsmodell 57
2.2 Die Säulen der Identität 60
2.3 Flower-of-Power-Modell 71
2.4 Zusammenhang zwischen Zugehörigkeit und Interventionen 80
Literatur 81

3 Nicht ohne meine Gruppe – Vom Gemeinschaftsgefühl zur Abhängigkeit: Gruppenanbieter im Blick 85
3.1 Soziale Gruppen und ihre Schattenseiten 91
3.2 Gruppen: Chaos mit System 94
    3.2.1 The Need to Belong – das Bedürfnis nach Zugehörigkeit 94
    3.2.2 „Mitläufer gesucht!" – Wenn Zugehörigkeit zur Falle wird 96
    3.2.3 „Du kommst hier nicht rein!" 100
    3.2.4 Gruppenausschluss – Ostrazismus 101
3.3 Verändert – aber warum? Anzeichen für eine toxische Gruppenzugehörigkeit 105
3.4 Was ist Gruppendruck oder „normative soziale Beeinflussung"? 106

3.5	Wie entstehen gemeinsame Normen?	109
3.6	Keine eigene Meinung mehr?	111
3.7	Verbündete suchen	114
3.8	Gruppenprozesse als Machtinstrument – „Sekten"-Strategien verstehen	117
	3.8.1 Fremdheits- und Orientierungsphase	117
	3.8.2 Rollenklärungs- und Orientierungsphase	120
	3.8.3 Vertrautheits- und Intimitätsphase	121
	3.8.4 Differenzierungsphase	123
	3.8.5 Abschluss- und Trennungsphase	124
	3.8.6 Wenn Zugehörigkeit zur Falle wird: Wie toxische Gruppen Nähe missbrauchen	124
3.9	Mitläufer, Rebellen & Alphatiere – Rollen und Rangdynamiken	126
Literatur		135

4 Toxische Einzelanbieter auf dem Lebenshilfemarkt — 139

4.1	Coaches, Heilpraktiker oder selbsternannte Heiler?	141
4.2	Risiken und Nebenwirkungen von Therapien, Coaching und anderen Angeboten	147
4.3	Red Flags	154
	4.3.1 Immunisierungsstrategien oder Schuldumkehr	154
	4.3.2 Ängste schüren	155
	4.3.3 Überhöhungstendenzen „Ich bin dein Guru"	157
	4.3.4 Inkompetenz	159
	4.3.5 Wenn's ums Geld geht und nicht um den Menschen	161
	4.3.6 Abhängigkeitserzeugung	163

4.4	Was Macht macht	166
4.5	Was Ohnmacht macht	171
4.6	Esoteriksucht	177
Literatur		184

5 Verstehen, aber nicht einverstanden sein – Verhaltenstipps für Angehörige — 187
- 5.1 Keine Panik: Erst Ruhe – dann Aktion — 190
- 5.2 Mit Kritik Türen schließen? Wie man unbeabsichtigt den Kontakt riskiert — 191
- 5.3 Vernünftig scheitern: Wenn Argumente nicht durchdringen — 193
- 5.4 Liebe, Schmerz und Grenzen – wenn der Kontakt zur Prüfung wird — 195
  - 5.4.1 Gründe, die für einen Kontaktabbruch sprechen: — 196
  - 5.4.2 Gründe, die gegen einen Kontaktabbruch sprechen: — 197
  - 5.4.3 Kontakt halten – trotz allem? — 197
- 5.5 Finanzielle Unterstützung – zwischen Fürsorge und Verstrickung — 198
  - 5.5.1 Situationen, in denen finanzielle Unterstützung (eher) sinnvoll sein kann — 199
  - 5.5.2 Situationen, in denen finanzielle Unterstützung (eher) schaden kann — 200
- 5.6 Biografiearbeit: Was sind Lebenskrisen? — 202
  - 5.6.1 Flower-of-Power-Modell — 206
  - 5.6.2 Lebenslinien zeichnen — 206
  - 5.6.3 Glaubensbiografien rekonstruieren (nur, wenn man denjenigen wirklich gut einordnen kann!) — 207
  - 5.6.4 Ressourcenarbeit — 207
  - 5.6.5 Narratives Erzählen und aktives Zuhören — 207

5.7	Rollenidentifikation	208
	5.7.1 Der innere Kreis	211
	5.7.2 Aktivistinnen und Aktivisten	212
	5.7.3 Unterstützerinnen und Unterstützer	212
	5.7.4 Neulinge	213
	5.7.5 Abweichlerinnen und Abweichler	213
	5.7.6 Über alle Rollen hinweg	214
5.8	Selbstfürsorge der sekundär Betroffenen	215
Literatur		218
6	**Geborgenheit um jeden Preis? Die verborgenen Hürden des Ausstiegs**	**221**
6.1	Aufkommende Zweifel	223
6.2	Kritik äußern	225
6.3	Die „Matrix"- die Welt da draußen als Bedrohung	226
6.4	Identität	227
6.5	Gruppendruck und Zugehörigkeit	228
6.6	Die Welt retten und sich dabei selbst verlieren!	230
6.7	Gefühl der Überlegenheit	231
6.8	Zwischen Angst, Schuld und Leere	232
6.9	Neuanfang mit Rückhalt	234
Literatur		236

Schlusswort 239

1

Glaube 2.0

Unsere Welt befindet sich in einer Zeit des Wandels. Dieser Wandel vollzieht sich in den vergangenen Jahren, vermutlich auch bedingt durch Digitalisierung, immer schneller. Und diese Veränderung betrifft auch den Bereich Glauben, Weltanschauung und Religionen. In den 1970er- und 1980er-Jahren beschäftigten die sog. „Jugendsekten" die Gemüter. Zahlreiche, teils fernöstlich gefärbte Gruppierungen machten von sich reden. Der Spiegel beispielsweise titelte in seiner Ausgabe vom September 1978 „Jugendsekten. Die neue Droge" (Der Spiegel, 1978) und beschäftigte sich mit den unterschiedlichen neu entstehenden weltanschaulichen Gruppierungen. Im November desselben Jahres wurde Jonestown (eine 1974 von Jim Jones, dem Führer des Peoples Temple, gegründete Siedlung im Nordwesten Guyanas) zum Schauplatz des Massenmordes und Massensuizides von 909 Angehörigen des Peoples Temple. Damit war die Assoziation von Sekten und Gefahr zementiert. Weitere Massensuizide sorgten für Schlagzeile, wie etwa der

Tod von 81 Menschen im Anwesen der Davidianer-Sekte im texanischen Waco im Jahre 1993 oder der Suizid von Anhängern der Heavens Gate Gruppe, wo sich 29 Mitglieder 1997 umbrachten. Aber diese aufsehenerregenden Vorkommnisse sind keinesfalls repräsentativ für die Gefährdungslage auf dem Markt der Weltanschauungen. Und doch zeigt sich an diesen Extrembeispielen, dass Menschen, die tief drin sind im Rabbit Hole einer wie auch immer gearteten Weltanschauung, offensichtlich zu vielem bereit sind. Um viele der Gruppen und Gurus, die in den 1970er- und 1980er-Jahren für Schlagzeilen sorgten, ist es heute stiller geworden. Denn auch sog. Sekten durchlaufen Anpassungsprozesse. In diesem Kapitel beschäftigen wir uns mit der weltanschaulichen Landschaft, wie sie heute ist und versuchen uns an einer Bestandsaufnahme, die gleichzeitig auch eine Momentaufnahme sein wird. Denn Veränderungsprozesse und Themen in diesem Bereich haben sich beschleunigt. Der Markt entwickelt sich immer schneller und unvorhersehbarer. Zwar gibt es noch „die alten Player" und Gruppierungen, doch viel Neues entsteht und ist entstanden.

Werfen wir zunächst einen Blick auf das, was wir aus den Zahlen über Religionszugehörigkeit erfahren.

> **Glaube heute:**
> - Kirchenaustritte nehmen bei der evangelischen und katholischen Kirche zu (FOWID, 2024)
> - Ein Drittel der Menschen in Deutschland ist ohne Konfession (Antidiskriminierungsstelle des Bundes, 2016)
> - Etwa ein Zehntel bekennt sich zu einer nichtchristlichen Religionsgemeinschaft (ebd.)

Aber die formale Religionszugehörigkeit hat nur einen sehr begrenzten Aussagewert über den tatsächlichen Glauben und die Spiritualität von Menschen. Die Bundeszentrale für politische Bildung schreibt dazu: „Bezogen auf die 28 Mitgliedstaaten der Europäischen Union (EU) gehören mehr als 70 % der Bevölkerung formal einer Religionsgemeinschaft an. Gleichzeitig gaben im Rahmen einer Eurobarometer-Umfrage im Jahr 2010 lediglich 51 % an, dass 'es einen Gott gibt'. (BPB, 2019)". Glaube und Spiritualität heutzutage also an Zahlen von formaler Zugehörigkeit zu messen, führt nicht weiter. Zudem ergeben sich auch sehr deutliche länderspezifische Unterschiede. Auch Studien, wie etwa eine großangelegten Studie der Uni Tübingen, bestätigen, dass zwar die Zahl der Mitglieder der etablierten Kirchen abnimmt, die Menschen und v. a. Jugendliche allerdings nicht ihr Interesse an Spiritualität verloren haben (Schweitzer et al., 2018). Wir können feststellen: Neben den etablierten Kirchen mit ihren schwindenden Mitgliederzahlen ist ein vielfältiger religiöser Markt entstanden, der die unterschiedlichen und individuellen spirituellen Bedürfnisse mehr oder weniger erfolgreich bedient. Waren es vor einigen Jahrzehnten noch die Jugendsekten und neuen religiösen Bewegungen, welche die Gesellschaft herausforderten, so hat sich mittlerweile ein sehr fluktuierender und unüberschaubarer Markt an Angeboten gebildet. Menschen machen von ihrer Glaubensfreiheit Gebrauch. Manche kreieren sich ihren eigenen individuellen Patchworkglauben, manche gehen weiterhin in die Kirchen, andere suchen sich freikirchliche Alternativen, wieder andere tauchen ab in Verschwörungsglauben oder finden ihren persönlichen Guru und Lifecoach. Und dann gibt es auch solche, die von Spiritualität gar nichts wissen wollen, vielleicht aber dennoch an die Heilwirkung von Edelsteinen glauben oder ihre Beschwerden auf frühere Leben zurückführen. Dem Leben Sinn und Bedeutung abzugewinnen ist ein menschliches Grundbedürfnis.

Esoterische und spirituelle Angebote, vermischt mit Psychotechniken, neuen Heilungsverfahren und Verschwörungstheorien versuchen, den menschlichen Grundbedürfnissen nach Sinn und Spiritualität gerecht zu werden. Der Boom reißt nicht ab. Die FAZ titelt: „Kristalle, Heilseminare, Sternzeichen-Ketten: Esoterik mag manchen als skurril erscheinen, doch es ist ein milliardenschwerer Markt" (Diemand, 2023). Wieviel Umsatz genau gemacht wird, dazu gibt es allerdings keine verlässlichen Zahlen und Angaben, nur Schätzungen. Diese neuen Entwicklungen auf dem Markt der Weltanschauungen werfen viele Fragen auf. Ist dieser Trend verwerflich oder Ausdruck emanzipatorischer Selbstbestimmung? Und handelt es sich überhaupt um Selbstbestimmung oder laufen Menschen nach wie vor Autoritätsfiguren hinterher? Haben sie den weißbärtigen Guru nur ersetzt durch den hippen Life-Coach? Offenbar bedient der Weltanschauungsmarkt fundamentale menschliche Grundbedürfnisse. Erinnern Sie sich an Heidi und ihren Schenkkreis aus dem Eingangsbeispiel? Heidi ist eine aufgeklärte junge Frau, sie hat gute soziale Kontakte, ist intelligent und dennoch ist da in ihr der Wunsch nach Sinn und Werten. Dafür gibt sie auch gerne mal hohe Summen aus. Mit diesen Bedürfnissen, die Menschen dazu bringen, einen hohen finanziellen oder persönlichen Einsatz zu leisten, wollen wir uns in dem Kapitel auseinandersetzen und uns die Frage nach dem WARUM stellen. Weshalb neigen Menschen dazu, sich dem Übersinnlichen zuzuwenden, Edelsteine in die Glaskaraffen zu werfen, Geld für Fernheilung auszugeben, an Kakaozeremonien teilzunehmen oder sich in Ektase zu tanzen?

Neben der Frage nach dem WARUM, werden wir jedoch auch die Frage nach Risiken und Nebenwirkungen stellen. Denn nicht jedes Angebot ist für jeden passend. Manche Gruppierungen, Techniken und Praktiken können sich auf den Einzelnen destabilisierend und destruktiv auswirken und den Betreffenden in eine spirituelle Krise stürzen. Unter spirituellen Krisen verstehen wir persönliche Krisensituationen, die u. a. durch eine innere oder äußere Spiritualität/spirituelle Praxis, außergewöhnliche Erfahrung oder Weltanschauung ausgelöst wurden (Hofmann & Heise, 2016).

Wir halten also fest: Das Interesse an Spiritualität ist trotz leerer Kirchenbänke ungebrochen. Nicht das Bedürfnis nach Sinnfindung hat sich verändert, sondern die Formen spiritueller Betätigung haben sich gewandelt. Grundsätzlich stellen wir eine enorme Vielfalt und Pluralisierung fest. Da gibt es fast nichts, was es nicht gibt. Wenn Menschen uns am Telefon von ihren Erfahrungen berichten, von den Retreats, Kursen oder Veranstaltungen, die sie besucht haben, merken wir, dass es sich ständig um neue Anbieter und Angebote handelt. Zwar gibt es auch noch die „klassischen Gruppierungen", wie etwa die Zeugen Jehovas, Scientology, zu welchen wir angefragt werden, aber daneben existiert eine enorme Bandbreite an Möglichkeiten spiritueller Betätigungsfelder.

Fallbeispiel Tamara
Tamara (45) verfiel einem Liebescoach. Auf den ersten Blick würde man meinen, Liebescoaching habe mit Weltanschauungsfragen wenig zu tun. Auf den zweiten Blick jedoch stellen wir fest, dass dieser Coach nicht nur mit allen möglichen küchenpsychologischen Ratschlägen um die Ecke kam. Dazu gab es Heilsversprechungen und esoterisch verpackte Ideen, im Sinne von: „Wenn Sie Ihre karmischen Verstrickungen aus dem früheren Leben nicht lösen, klappt es nicht mit der Liebe. Ich kann Ihnen dabei helfen diese karmischen Verstrickungen aufzulösen. Sie werden feststellen, dann läuft es auch mit der Liebe. Sie ziehen nur das an, was sie auch aussenden." Tamaras Liebescoach, für den sie übrigens mehr als 7000 € bezahlte, steht damit stellvertre-

tend für eine ganze Armada selbsternannter Coaches, die einen wilden Mix anbieten aus psychologischen und spirituellen Ratschlägen. Spirituality sells!

Doch zoomen wir nun einmal genauer ran an Aspekte, die charakteristisch sind für Glaube 2.0.

1.1 Erlebnisorientierung/ Körperbezogene Spiritualität

Neulich lud mich meine Freundin Heidi zu einer Kakaozeremonie ein. Arglos sagte ich zu, denn als Schokoladenjunkie liebe ich Kakao in jeder Form. Nur der zeremonielle Aspekt erschloss sich mir zunächst nicht. Anschließend sollten wir tanzen: Ecstatic Dance. Drei Stunden lang sollte Raum für freie Bewegung sein, inspiriert von vielfältiger Musik und einem wertfreien Miteinander. Jeder durfte sich bewegen, wie er wollte, im eigenen Rhythmus. Natürlich konnte ich diese Einladung nicht ausschlagen. Ich erfuhr, dass die Kakaozeremonie ein spirituelles Ritual sei, das seinen Ursprung in den Traditionen der Inka und Maya habe. Der zeremonielle Rohkakao solle das Herz öffnen und helfen, innere Blockaden und Emotionen zu lösen. Ich schlürfte den etwas bitteren Kakao und versuchte zu spüren, ob sich in mir etwas löste – allerdings war mir nicht so recht klar, wo ich überhaupt blockiert sein könnte. Heidi attestierte mir auf Nachfragen zu den Blockaden eine mangelnde Fähigkeit, mein Inneres zu spüren und berichtete mir mit glänzenden Augen von all den gelösten Blockaden in ihrem Leben. Dann erklangen sphärische Klänge und die ersten Teilnehmer begannen, sich auf dem Boden zu bewegen, mit Armen und Beinen zu fuchteln, und auch ich ließ mich auf meine ganz persönliche Tanzreise ein. Nach drei Stunden hopsen, springen und tanzen war ich komplett durchgeschwitzt; alles klebte. Es fühlte sich an, als hätte ich ein intensives Workout absolviert. Es war ein gutes Gefühl, mich mal richtig durchgeschüttelt und bewegt zu haben. Ich muss gestehen, es hat mir Spaß gemacht, wertfrei durch den Raum zu hüpfen. Irgendwann schaltete mein Gehirn ab. Erst am Ende, als sich verschwitzte Körper paarweise oder in Gruppen aneinander schmiegten, schaltete es wieder ein. Ich zog mich in eine dunkle und stille Ecke zurück. Das Bedürfnis, meinen verschwitzten Körper an anderen verschwitzten Körpern zu reiben, stand mir nicht im Sinn. Für einige war das offenbar der zeremonielle Höhepunkt des Abends. In dieser Hinsicht sei ich wohl etwas blockiert, stellte Heidi fest und empfahl mir, beim nächsten Mal noch etwas tiefer ins Kakaoglas zu schauen.

In einem abschließenden Sharing wurden Erfahrungen geteilt, „geOMt" und alle fassten sich noch einmal an den schwitzigen Händen und drückten sich. Nachdenklich ging ich nach Hause. Der Kakao war lecker, das Tanzen tat gut, und ich hatte meinen Energieausgleich von 15 € entrichtet. Es war eine wohltuende und interessante Erfahrung, die mich daran erinnerte, wieder mehr Bewegung und Tanz in meinen Alltag zu integrieren. Allerdings hatte ich auch deutlich meine persönliche Grenze wahrgenommen, die in diesem Kontext als Blockade bezeichnet wurde. Ich war froh um meine „Blockaden".

Mein Abend beim Ecstatic Dance steht symbolhaft für die starken erlebnis- und körperorientierten Komponenten, welche bei vielen Angeboten des heutigen spirituellen Marktes im Vordergrund stehen. Man möchte sich spüren, sensorische, körperliche und ganzheitliche Erlebnisse haben. Die Angebote reichen von Kakaozeremonien über Meditationsretreats bis hin zu Ecstatic-Dance-Veranstaltungen, die eine Vielzahl von emotionalen und körperlichen Erfahrungen versprechen.

Früher wurde in der Kirche gekniet, gestanden, gesungen. Und seit jeher fungiert der Körper in vielen religiösen

Traditionen als primäres Medium für spirituelle Erfahrungen. Meditation, Tanz und Körperhaltungen spielen bei vielen Religionen eine Rolle. Niederknien, Aufrichten oder Verneigen können Ausdruck von Ehrfurcht und Hingabe sein. Hinduismus und Buddhismus betonen die Rolle von Atemtechniken und Körperhaltungen in Yoga und Meditation, die sowohl spirituelle als auch körperliche Reinheit und Erleuchtung fördern sollen (Tweed, 2011). Auch die katholische Eucharistie ist ein Ritual, das den Körper sowohl physisch (durch den Empfang des Brotes und Weins) als auch spirituell anspricht, indem es die Gläubigen mit dem Leib Christi verbinden soll.

Auf den ersten Blick entsteht der Eindruck, der heutige spirituelle Markt habe diesen Trend des Einbezugs von Körper neu für sich entdeckt. Doch seit Jahrtausenden beziehen Menschen in ihren spirituellen Praktiken den Körper mehr oder weniger mit ein. Auch die Mystik des Mittelalters, wie sie beispielsweise in den Schriften von Teresa von Ávila oder Johannes vom Kreuz zum Ausdruck kommt, belegt eine intensive Auseinandersetzung mit dem Körper als Ort der Gotteserfahrung (Bynum, 1987). Hier wurde der Körper nicht mehr als Hindernis für spirituelle Erfahrungen gesehen, sondern als Medium, durch das sich diese manifestieren können. Aber mit der Aufklärung und dem Rationalismus des 17. und 18. Jahrhunderts begann man den Körper zunehmend von spirituellen Praktiken zu trennen. Erst mit der Romantik und den Wiederbelebungsbewegungen des 19. Jahrhunderts wurde die Körperlichkeit in religiösen Praktiken neu entdeckt.

Seit Mitte des letzten Jahrhunderts ist eine zunehmende Tendenz entstanden, den Körper in spirituelle Praktiken wieder verstärkt einzubeziehen, oft in Verbindung mit psychologischen und therapeutischen Ansätzen, man denke etwa an die berühmten Osho-Meditationen. Dieser Trend zur Wiederentdeckung des Körpers in der Spiritualität spiegelt sich auch in der modernen Esoterik und alternativen spirituellen Bewegungen wider, die Praktiken wie Yoga, Atemtechniken und Achtsamkeitsübungen als zentrale Elemente mit einbeziehen. Gerade in den 1970er- und 1980er-Jahren des vergangenen Jahrhunderts erlebte diese körperbezogene Spiritualität, oft vermischt mit fernöstlichen Lehren einen regelrechten Boom. Oft wird hier die Einheit von Körper und Geist als zentral für das spirituelle Wohlbefinden gedeutet (Schmidt, 2014).

Halten wir fest: Der Einbezug von Körper in die spirituelle oder religiöse Praxis hat eine lange Geschichte und wurde mit den heutigen Esoteriktrends wiederbelebt. Grundsätzlich ist eine Einbeziehung des Körpers, sei diese nun spirituell gerahmt oder nicht, sicherlich sinnvoll für das allgemeine Wohlbefinden. Der Yogatrend macht dies deutlich. Für manche ist Yoga einfach nur Gymnastik, für andere ist Yoga eben mehr als reine Gymnastik, es ist, wie es der Deutschlandfunk titelt „Ein Gebet mit dem Körper" (Arp, 2017).

Auch aus der Forschung weiß man heute, dass es einen Zusammenhang zwischen inneren Befindlichkeiten und Körperlichkeit gibt. Die Psychosomatik etwa untersucht seit vielen Jahren, welchen Einfluss der Geist auf den Körper haben kann, wie psychische Prozesse, einschließlich Gedanken, Emotionen und Überzeugungen, körperliche Zustände beeinflussen. Und Studien zeigen, dass beispielsweise chronischer Stress, Depressionen und Ängste direkte Auswirkungen auf die körperliche Gesundheit haben können. So wurden beispielsweise Zusammenhänge zwischen chronischem Stress und Herz-Kreislauf-Erkrankungen, Verdauungsproblemen und einem geschwächten Immunsystem nachgewiesen (Schneiderman et al., 2005).

Spannend sind hier auch Ansätze des Embodiment-Konzeptes. In neurowissenschaftliche Studien kann belegt werden, dass kognitive Prozesse stark von der physischen Beschaffenheit des Körpers beeinflusst werden. Beispielsweise hängen unsere Wahrnehmung und unser Denken von sensorischen und motorischen Erfahrungen ab. Dies bedeutet, dass unsere geistigen Prozesse, wie das Denken und Erinnern, untrennbar mit unseren körperlichen Erfahrungen verbunden sind (Varela et al., 2017). Es findet in diesen Konzepten eine Abkehr von der klassischen Trennung von Körper und Geist statt, die auf den Philosophen René Descartes zurückgeht. Stattdessen sieht man den Menschen als eine Einheit, und bezieht den Körper mit ein. Entsprechend dieser Ideen, haben sich auch unterschiedliche therapeutisch Ansätze entwickelt, die sog. Mind-Body-Therapien, welche darauf abzielen, das geistige und körperliche Wohlbefinden zu fördern, sei es durch Achtsamkeitstraining, Meditation oder Yoga (Davidson & McEwen, 2012).

Und die Forschung bestätigt, dass solche integrativen Ansätze eine positive Wirkung haben auf das emotionale und körperliche Wohlbefinden. Achtsamkeitstraining beispielsweise kann *nicht nur* das psychische Wohlbefinden steigern, sondern hat auch positive Effekte auf das Immunsystem und die Stressbewältigung (Creswell, 2017). Dieser Einbezug des Körpers in spirituelle Praktiken und Konzepte hat also zunächst einmal eine Menge positiver Auswirkungen. Das merkte ich selbst nach meinen Tanzerfahrungen. Erlebnisorientierte Praktiken sind eine Möglichkeit zur Selbstentfaltung und zum Ausdruck und können zu einem tieferen Verständnis der eigenen Identität führen, sie können Gemeinschaftsgefühle und Verbundenheitsgefühle unterstützen. Und wir wissen, dass Gemeinschaft für das psychische Wohlbefinden äußerst wichtig ist. Wie oben gezeigt wurde, kann durch Aktivitäten wie Meditation, Tanz oder rituelle Zeremonien Stress reduziert werden und positive emotionale Zustände gefördert werden. Dies kann langfristig zu einem besseren emotionalen Wohlbefinden beitragen.

Doch wo Licht ist, ist auch Schatten. Was wirkt hat meistens auch Nebenwirkungen und sollte nicht unreflektiert als Allheilmittel für jede Lebenskrise und jeden Menschen angewandt werden. Mit diesen Risiken und Nebenwirkungen erlebnis- und körperorientierter Praktiken sind wir in unserer Beratungsarbeit immer wieder konfrontiert-denn es rufen natürlich nicht die Menschen an, bei denen es hilfreich war, sondern in der Regel melden sich Menschen, die eher mit den Schattenseiten in Kontakt kamen.

Wir stellen fest, dass wirksame körper- und erlebnisbezogene Techniken immer wieder auch von Anbietern angewandt werden, die diese zu manipulativen und abhängigkeitsfördernden Zwecken missbrauchen und körperliche Zustände entsprechend ihrer eigenen Mission interpretieren und beispielsweise mit angstfördernden Ideen belegen. Gerade wenn Kommerzialisierung im Vordergrund steht, erleben wir immer wieder eine Instrumentalisierung der spirituellen Suche von Menschen zugunsten des Geldbeutels der Anbietenden. Viele esoterische und spirituelle Praktiken werden heute als Dienstleistung angeboten, oft ohne eine fundierte Ausbildung oder Qualifikation der Anbieter. Auf dem unregulierten spirituellen Markt werden dann Praktiken verkauft, die potenziell risikobehaftet sein können. Dies betrifft insbesondere intensive körperliche Praktiken wie extreme Formen des Fastens, Atemtechniken (z. B. Holotropes Atmen) oder sehr fordernde Yogapraktiken, die bei unsachgemäßer Anwendung gesundheitliche Risiken bergen. Auch bei intensiven Erlebnissen wie Trancezuständen oder intensiven Emotionsausbrüchen besteht das Risiko, dass Personen mit psychischen Gesundheitsproblemen destabilisiert werden oder negative Reaktionen erfahren. Hier wäre es notwendig, dass solche Praktiken nur von Menschen angeboten werden, die über eine entsprechende Ausbildung im psychologischen Bereich verfügen und in der Lage sind, diagnostisch abzugrenzen, Krankheitsbilder zu erkennen und damit ihre eigenen Grenzen und die Grenzen ihrer Klienten wahren. Es besteht zudem die Gefahr von Abhängigkeitsbeziehungen, auf die wir in diesem Buch immer wieder zu sprechen kommen werden. Immer wieder berichten uns Menschen auch von spirituellen Krisenzuständen. Meist sind unqualifizierte Anbieter dann überfordert und können nicht mehr helfen. Und längst nicht alle körperbezogenen spirituellen Techniken haben eine wissenschaftliche Fundierung, wie man dies von Mediation und Yoga kennt. Ein weiterer Punkt ist die Tendenz, die Effekte von körperbezogenen Techniken zu generalisieren und sie sozusagen zu einem Allheilmittel zu stilisieren. So kann Meditation zwar nachweislich Stress reduzieren und das emotionale Wohlbefinden verbessern, aber nicht alle Menschen profitieren in gleicher Weise von diesen Praktiken. Insbesondere bei Menschen mit psychischen Vorerkrankungen, wie Depressionen oder Angststörungen, kann Meditation unter Umständen negative Effekte hervorrufen, z. B. durch eine Verschärfung der Symptomatik (Lindahl et al., 2017).

In meinem Fall war der Tanzabend eher eine positive Erfahrung gewesen. Doch Linda (43) berichtete, dass sie auf einer ähnlichen Veranstaltung war.

Fallbeispiel Linda
Während des Tanzens spürte sie, wie sie den Bezug zu ihrem Körper verlor, und dann erlitt sie einen Blackout. Sie konnte sich nur noch vage erinnern. Linda tanzte und erlebte intensive Gefühle, während sie den Raum als verändert wahrnahm. Diese Erfahrungen begannen sie jedoch irgendwann zu verängstigen, und sie sehnte sich danach, dass es aufhören möge. Schließlich ging sie mit einer Freundin an die frische Luft. Seitdem hat sie das Gefühl, nicht mehr richtig in ihrem Körper zu sein, sie sprach mit einem Geistheiler darüber, weil sie fürchtete ihr Arzt oder Psychologe verstehe diese Zustände nicht. Der Geistheiler meinte, es habe sich bei ihr ein inneres Portal geöffnet und fremde Wesenheiten drängen in sie ein. Linda macht dies starke Angst.

Linda hatte bereits psychische Belastungen, insbesondere aufgrund einer früheren traumatischen Situation. Dies könnte erklären, warum sie während des Tanzens einen dissoziativen Zustand erlebte, bei dem sie den Kontakt zu ihrem Körper und der Realität verlor. Dissoziative Zustände treten oft als Bewältigungsmechanismus auf, um traumatische Erinnerungen oder überwältigende Gefühle zu vermeiden. Ecstatic Dance, kombiniert mit Lindas persönlichen psychischen Vorerfahrungen, könnte eine emotionale Überforderung ausgelöst haben, die zu ihrem dissoziativen Erlebnis führte. Die anschließende Verwirrung und die Suche nach Erklärungen, wie das Eindringen fremder Energien oder erdgebundener Seelen, sind typisch für Personen, die unerwartete psychische Zustände erleben. Solche Erklärungen können aus dem Bedürfnis heraus entstehen, das Unverständliche zu rationalisieren oder zu kontrollieren, insbesondere wenn es um Erfahrungen geht, die außerhalb des gewohnten psychischen Rahmens liegen. Was dem einen hilft, kann dem anderen Schaden. Bereits in diesem Aspekt sehen wir, dass Auswirkungen spiritueller Praktiken stets auch in Bezug auf das Setting beurteilt werden müssen.

> **Worauf sollten Sie achten, wenn Sie körperbezogene spirituelle Praktiken anwenden?**
> - **Qualifikation und Erfahrung der Anbieter:** Es ist wichtig, dass körperbezogene Techniken von qualifizierten und erfahrenen Personen angeleitet werden, die auch im Umgang mit möglichen psychischen oder körperlichen Krisen geschult sind.
> - **Individuelle Eignung:** Nicht alle Praktiken sind für jeden geeignet. Menschen mit psychischen oder physischen Vorerkrankungen sollten vor Beginn solcher Praktiken Rücksprache mit Fachleuten halten.
> - **Wissenschaftliche Fundierung:** Es ist wichtig, sich über den wissenschaftlichen Stand zu den jeweiligen Techniken zu informieren. Seien Sie vorsichtig bei überzogenen Heilversprechen.
> - **Kulturelle Sensibilität:** Die kulturellen Ursprünge und Bedeutungen der Praktiken sollten respektiert und nicht kommerzialisiert oder trivialisiert werden.

1.2 Entkontextualisierung: Wenn fremde Spiritualität in heimischen Wohnzimmern landet

Schamanistische Schwitzhütten, Yoga, Reiki, Ayuahasca-Zeremonien, Native American Vision Quest oder Qigong haben neben der starken körperbezogenen Ausrichtung eine weitere Gemeinsamkeit: All diese mittlerweile hierzulande mehr oder weniger verbreiteten spirituellen Praktiken entstammen aus anderen Kulturen und Kontexten. Wir leben in einer multikulturellen, globalisierten Gesellschaft, Menschen jetten um den Globus, längst haben sich nicht nur kulinarische Traditionen vermischt, sondern auch spirituelle Traditionen aus anderen Ländern werden übernommen. Grundsätzlich hat diese Tendenz, auch spirituelle Traditionen zu importieren ihre Licht- und Schattenseiten. In vielerlei Hinsicht kann der Blick über den eigenen Tellerrand eine Bereicherung sein. In einer zunehmend globalisierten Welt fördert dieser Austausch interkulturelle Verbindungen und Toleranz (Olsen & Timothy, 2022). Schon oben wurde gezeigt, dass manche spirituelle Praktiken einen nachweislich positiven Effekt auf das geistige und körperliche Wohlbefinden haben können. Durch die Übernahme solcher Praktiken haben Menschen im Westen Zugang zu Techniken, die Stress reduzieren, das emotionale Wohlbefinden fördern und die allgemeine Gesundheit unterstützen. (Creswell, 2017). Viele Menschen im Westen können mit den etablierten Kirchen nur noch wenig anfangen und suchen dennoch nach einer eigenen individuellen Spiritualität. Auch hier kann der Blick über den eigenen Tellerrand eine Chance sein, die eigene Spiritualität jenseits der etablierten Religionen zu erfahren (Schmidt, 2014).

Dies klingt zunächst einmal sehr positiv und nach Bereicherung und Austausch. Doch Praktiken wie Yoga, Meditation und bestimmte Atemtechniken stammen aus religiösen und kulturellen Kontexten, die tief in der Geschichte und Spiritualität bestimmter Gesellschaften verwurzelt sind. In westlichen esoterischen Bewegungen werden diese Techniken manchmal ohne Verständnis oder Respekt für ihre kulturelle Bedeutung adaptiert und kommerzialisiert. Diese Praxis wird bisweilen als kulturelle Aneignung kritisiert, da sie die spirituellen Traditionen marginalisierter Gruppen für kommerzielle Zwecke ausnutzt, ohne deren kulturellen und spirituellen Wert zu würdigen.

Die Einführung und Vermischung religiöser und spiritueller Traditionen aus anderen Kulturen in der esoterischen Szene ist ein zweischneidiges Schwert. Ricardo etwa bekam zu Ohren, dass man mittels Ayahuasca tiefgreifende spirituelle Erfahrungen machen könne. Er ist nicht der einzige, sondern es ist mittlerweile ein regelrechter Trend um diesen psychedelisch wirkenden Pflanzensud aus Südamerika entstanden. GEO etwa titelt: „Ayahuasca – ein Zaubertrank aus dem Urwald wird zur Lifestyle-Droge" (GEO, 2018). Noch steckt die Forschung zur Wirkung dieses Gebräus in den Kinderschuhen. Promis wie Joko und Klaas (Duell um die Welt) experimentierten mit der Droge, es werden auch in Europa Seminare angeboten und man diskutiert das heilende Potenzial. In einem Bericht der Tagesschau wird etwa auch das suchtlösende Potenzial von Ayahuasca verwiesen und auch bei Depressionen scheint es eine positive Wirkung zu geben (Ebert, 2023). Doch gerade am Beispiel der Kultdroge Ayahuasca lässt sich zeigen, inwiefern der spirituelle Import auch Risiken bergen kann. Wenn es nur noch um kommerzielle Zwecke geht, werden spezifische Praktiken oft aus ihrem ursprünglichen Kontext herausgerissen und ohne Respekt für ihre kulturelle Bedeutung angewandt. Aber gleichzeitig können manche indigenen Kulturen auch davon profitieren. Aber wenn entsprechende Praktiken zu Krisen führen, fehlt dann die Kompetenz damit umzugehen. Diese Kommerzialisierung führt zu einem unregulierten Markt, auf dem spirituelle Dienstleistungen ohne Rücksicht auf die psychische und körperliche Sicherheit der Teilnehmenden angeboten werden. Diese Sensibilität ist im jeweiligen kulturellen Kontext meist eher vorhanden und man weiß auch mit entsprechenden Krisen und Grenzen umzugehen. Eine völlige entkontextualisierte und stark auf Kommerz ausgerichtete, unreflektierte und unqualifizierte Übernahme spiritueller Traditionen kann ernsthafte gesundheitliche Risiken bergen, insbesondere bei intensiven Praktiken wie schamanischen Zeremonien (Lindahl et al., 2017).

Einbettung und Setting sind bei spirituellen Praktiken von zentraler Bedeutung. Auch ein Bewusstsein über den Kontext und die kulturellen Hintergründe ist wichtig. Mittlerweile kann sich hierzulande jeder und jede zum Schamanen ausbilden lassen. Die Adaption spiritueller Praktiken in westlichen Kontexten kann dazu führen, dass die spirituelle Tiefe und Bedeutung verloren geht. Wenn Praktiken wie Meditation, Yoga oder Schwitzhütten als Wellnesstrends vermarktet werden, besteht zudem die Gefahr, dass ihre tieferen philosophischen und spirituellen Ursprünge verflachen. Dies reduziert diese Praktiken oft auf oberflächliche Rituale, die ihre ursprüngliche transformative Kraft verlieren. Und gleichzeitig sind Kernelemente wie Fasten, Feuer, Bewegungen, usw. in vielen spirituellen Traditionen wiederzufinden. Peter bietet Schwitzhüttenrituale an. In seinen Schwitzhütten werden jedoch nicht indianische Naturgeister gerufen, sondern hiesige Metaphern, Bilder und eigene Glaubensüberzeugungen werden von ihm mit dem Ritual verknüpft. Er übersetzt sozusagen ein indianisches Ritual in seine eigene Sprache und lässt sich von diesem inspirieren.

Fallbeispiel Ricardo

Ricardo (35) lebt in Berlin. Er ist grundsätzlich Drogenerfahrungen gegenüber recht aufgeschlossen. Von einem Freund, der durch Brasilien gereist war, hörte er von Ayahuasca. Der Freund schwärmte von den tiefen und heilsamen Erfahrungen, die er gemacht habe. Ricardo wollte das auch erleben, aber für eine Reise nach Brasilien fehlte Geld und Zeit. Deswegen buchte eine Teilnahme an einem Ayahuasca-Retreat in einer Berliner Altbauwohnung, bei einem selbsternannten Schamanen und energetischen Coach. Während des Rituals durchlebte Ricardo eine Achterbahn der Emotionen und Visionen. Ihm wurde schlecht, er schwitzte und hatte Halluzinationen. Seitdem leidet er unter Ängsten und Schlafstörungen. Der Schamane war telefonisch nicht mehr erreichbar und fühlte sich nicht zuständig für eine Nachsorge.

> **Worauf sollten sie bei importierten spirituellen Praktiken und Ritualen achten?**
> - Besteht Verständnis und Respekt gegenüber der Kultur, deren Rituale übernommen werden?
> - Ist die ursprüngliche Bedeutung des Rituals bekannt?
> - Wird die im jeweiligen kulturellen Kontext besondere Bedeutung des Rituals gewertschätzt und geachtet?
> - Wurden die Rituale von Menschen oder Gemeinschaften gelernt, die in der jeweiligen spirituellen Tradition verwurzelt sind?
> - Wie stehen die jeweiligen Kulturen dazu?
> - Aus welcher Motivation werden die Rituale übernommen?
> - Haben Sie sich mit der eigenen Kultur beschäftigt? Oft gibt es auch in der eigenen Kultur viele ähnliche Anknüpfungspunkte.
> - Besteht ein Bewusstsein für Grenzen oder wird das Ritual als Allheilmittel angewandt?
> - Wie wird mit Krisen und Kritik umgegangen?

> **RED FLAGS**
> - Stehen ästhetische Gründe im Vordergrund?
> - Werden die spirituellen Praktiken oder Rituale in stark kommerzialisierter Form angeboten?
> - Werden die Rituale und Praktiken als bloße Konsumgüter betrachtet?
> - Werden Rituale ohne Achtsamkeit und Respekt vor der jeweiligen Herkunftskultur angewandt?
> - Geht es um die Selbstinszenierung und persönliche Aufwertung der Anbieter?

1.3 Psychoboom: Wenn der Hobbytherapeut zuschlägt

Fallbeispiel Linda

Als Linda (55) von ihrem Mann verlassen wurde, stürzte sie dies in eine tiefe Krise. Linda verstand die Welt nicht mehr. 25 Jahre hatte sie seine Hemden gebügelt, sein Essen gekocht und nun hatte er sie durch ein jüngeres Modell ersetzt. Linda war am Boden zerstört. Eine Freundin empfahl ihr einen Frauenkreis. In diesem Kreis gab es andere getrennte Frauen, man traf sich regelmäßig und die Leiterin des Kreises vollzog Räucherrituale, bot Familienstellen an und machte innere Teilearbeit. Außerdem bot ihr die Leitung eine Rückführungszeremonie an, wodurch der treuelose Exmann zurück zur Gattin kommen würde. Linda ging es in den ersten Monaten viel besser, sie fühlte sich verstanden und gut aufgehoben in dem Kreis. Aber als ihr die Leitung sagte, der mangelnde Erfolg ihrer Rückführungsbemühungen läge an ihr, begannen erste Zweifel. Sie entschied sich für eine Psychotherapie und sagt, dass ihr dies im Nachhinein viel mehr geholfen habe, weil sie im Rahmen dieser Therapie verstand, dass auch sie einen Anteil an der scheiternden Beziehung trug und dadurch besser abschließen konnte.

Lindas Fall offenbart unterschiedliche Facetten. Neben der sozialen Einbettung, die sie in dieser Gruppe erlebte, spielen v. a. auch aus psychotherapeutischen Konzepten entlehnte Methoden eine wichtige Rolle in ihrer Geschichte. Wir leben in einer Welt, in der man zwischen „Heiligung des inneren Kindes", „Chakren-Heilung mit Kristallen" und „Rebirthing-Retreats" wählen kann, wenn es mal nicht so läuft. In meinem Bekannten- und Freundeskreis tummeln sich einige Menschen, die sich mittlerweile „Coach" nennen und auf selbstgebastelten Internetseiten ihre Dienste, die sie teils in einem Wochenendseminar erworben haben, feilbieten. Den „echten" Psychologen wird mehr und mehr der Rang abgelaufen. Sie haben lange Wartezeiten, sind schlecht erreichbar, man benötigt eine Überweisung vom Hausarzt und eine entsprechende Diagnose. Wer in einer akuten Krise steckt, scheitert dann oft an diesen Hürden und wählt stattdessen einen gut erreichbaren, selbsternannte „Mindfulness-Guru", „Lebensberater" oder „Spiritual Healing Expert". Die Gurus von gestern sind die Coaches von heute, wie es scheint. Psychotechniken, gewürzt mit einer Brise Spiritualität sind im Portfolio vieler dieser neuen Anbieter vorhanden.

Meine Freundin Heidi besuchte ein Achtsamkeitswochenende. Danach war sie, wie es mir schien, plötzlich selbst zum Therapeuten mutiert. Sie wollte wissen, wie ich mich fühle, teilte mir mit, dass mein inneres Kind vermutlich unter dem hohen Arbeitspensum leide und bot mir an, mittels Atemtechniken den Beziehungsstress in Angriff zu nehmen. Ich lehnte dankend ab, und beobachtete mit einiger Faszination, wie Heidi selbstbewusst und ohne Skrupel eine Internetseite hochzog, auf welcher sie Frauen in Krisen versprach zu helfen. Der *Dunning-Kruger-Effekt* beschreibt das psychologische Paradox, dass Menschen mit wenig Wissen dazu neigen, ihre Fähigkeiten zu überschätzen (Kruger & Dunning, 1999).

Dies erklärt auch den unerschütterlichen Glaube, nach einem Wochenendseminar oder ein paar Youtube-Videos könne man nun tief in die Seelen anderer Menschen blicken. Das Ergebnis? Ein guter Freund oder eine gute Freundin, der mit einem fragwürdigen „Therapieansatz" aufwartet, der mehr Chaos als Klarheit stiftet. Heidi wurde übrigens tatsächlich gebucht und landete recht unsanft auf dem Boden der Realität. Sie war völlig überfordert mit ihrer ersten Klientin und merkte, dass ein kompetenter Umgang mit Menschen in Krisen sich eben nicht an einem Wochenende und mit einer einzigen Methode bewerkstelligen lässt.

Immer häufiger beziehen Menschen ihre diagnostischen Kenntnisse via TikTok oder Youtube. Und wie Pilze schießen sie aus dem Boden, die Coaches und Anbieter, die sich auf den Umgang mit Themen wie Narzissmus spezialisiert haben. Googeln Sie mal. Auf den sozialen Medien finden sich unzählige Videos zum Thema, in der Regel von völlig unqualifizierten Hobbypsychologen. Auch Begriffe wie „Trauma" werden inflationär und völlig unqualifiziert angewendet, ohne dass die dahinterstehenden Konzepte vollständig verstanden werden. Wenn psychologische Fachbegriffe unreflektiert verwendet werden, können sie mehr Schaden anrichten als helfen. Es besteht die Gefahr, dass Schuldzuweisungen erfolgen, und die eigene Rolle in Beziehungskonflikten beispielsweise nicht mehr reflektiert wird, weil ja der narzisstische Partner an allem Schuld ist. Aus vagen Aussagen Diagnosen abzuleiten, sei es für die Mitmenschen oder gar sich selbst, kann schnell problematisch werden.

Besonders problematisch wird es, wenn unqualifizierte Anbieter mit psychologischen Methoden wie „Traumatherapie" oder „kognitiver Umstrukturierung" arbeiten, ohne eine fundierte Ausbildung. Laut der *American Psychological Association* sollten solche Techniken nur von Fachkräften angewendet werden, da sie bei unsachgemäßer Anwendung mehr Schaden als Nutzen bringen können. Weil der Markt heutzutage derart überschwemmt ist von unqualifizierten Anbietern, widmen wir diesen ein eigenes Kapitel. Denn nicht immer sind sich die Anbieter Risiken und Nebenwirkungen, welche durch bestimmte Techniken ausgelöst werden können, bewusst. Gerade dann, wenn keine fundierte therapeutische oder beraterische Ausbildung vorliegt, fällt es manchen Anbietern auch schwer, die eigenen Grenzen und die Grenzen ihrer Klienten einzuschätzen.

Auf der anderen Seite mangelt es an Therapieplätzen. Für Menschen in akuten Krisen sind, wie etwa Linda, ist es manchmal schwierig, lange auf einen Therapieplatz zu warten und man greift nach dem nächstbesten Strohhalm. Der Verfügbarkeit von Coachingangeboten, Retreats usw. ist viel niederschwelliger. Diese Unterversorgung öffnet unseriösen Anbietern Tür und Tor. Der Coachingmarkt erlebt derzeit einen bemerkenswerten Aufschwung, was auf mehrere Faktoren zurückzuführen ist. Eine gesteigerte Nachfrage nach persönlicher Entwicklung, beruflichem Erfolg und verbessertem Lebensmanagement spielen unter anderem eine wichtige Rolle. Zudem werden gesellschaftliche Veränderungen, wie beispielsweise der steigende Wert von Work-Life-Balance und die zunehmende Bedeutung von Selbstverwirklichung, als treibende Kräfte für den Boom des Coachingmarkts identifiziert.

Einer der Hauptgründe für den Boom im spirituellen und esoterischen Markt ist sicherlich in den gesellschaftlichen Veränderungen der letzten Jahrzehnte zu suchen. Nicht zuletzt hat gerade auch die Coronakrise dem Psychoboom noch einmal einen erheblichen Aufschwung gegeben. Dazu kommt: Mit der Zunahme von Individualisierung, Entfremdung und Unsicherheit in einer globalisierten Welt suchen immer mehr Menschen nach Sinn und Orientierung außerhalb traditioneller Institutionen wie Kirche oder Familie (Bauman, 2000).

Ein weiterer Faktor ist der Anstieg psychischer Belastungen und Erkrankungen in der Bevölkerung. Psychische Erkrankungen haben sich in den letzten Jahren zu einer der häufigsten Krankheitsbilder weltweit entwickelt (Tagesschau, 2022). Besonders in westlichen Gesellschaften nehmen Stress, Angststörungen und Depressionen zu, was zu einer erhöhten Nachfrage nach psychologischen Dienstleistungen und Selbsthilfeangeboten führt. Aber: In vielen Ländern, darunter auch Deutschland, gibt es nicht genug psychologische Fachkräfte, um der steigenden Nachfrage gerecht zu werden. Wartezeiten für Therapieplätze können mehrere Monate betragen, was viele Menschen dazu zwingt, alternative Wege der Unterstützung zu suchen. Diese Unterversorgung führt dazu, dass Menschen, die dringend psychologische Hilfe benötigen, oft auf spirituelle und esoterische Angebote zurückgreifen, da diese leichter zugänglich sind. Dies kann kurzfristig eine Entlastung bieten, aber langfristig besteht die Gefahr, dass die zugrunde liegenden psychischen Probleme nicht ausreichend behandelt werden.

> **Worauf sollten Sie achten, wenn Sie zu einem Heiler, Coach oder anderen Anbieter gehen möchten?**
> - **Klare thematische Abgrenzung:** Coaching eignet sich in der Regel für Themen wie berufliche Entwicklung, persönliche Zielsetzung, Entscheidungsfindung und allgemeine Lebensführung. Psychologische Beratung oder Therapie ist hingegen angezeigt, wenn es um tiefgreifende psychische Probleme, Traumata, Depressionen, Angststörungen oder andere ernsthafte emotionale oder mentale Herausforderungen geht.
> - **Fundierte Ausbildung:** Achten Sie darauf, ob der Coach eine fundierte Ausbildung durch eine anerkannte Coachingorganisation hat.
> - **Spezialisierung:** Erfahrene Coaches sollten in der Lage sein, Ihnen klar zu erläutern, in welchen Bereichen sie spezialisiert sind und welche Methoden sie anwenden.

- **Grenzsensibilität**: Seriöse Coaches kennen ihre Grenzen und wissen, wann sie einen Klienten an einen Therapeuten oder Psychologen weiterleiten müssen.
- **Methoden**: Erkundigen Sie sich, welche Methoden der Coach verwendet. Es ist wichtig, dass Sie verstehen, wie diese Methoden funktionieren und ob sie zu Ihnen passen.
- **Kosten:** Vergleichen Sie die Kosten verschiedener Anbieter und klären Sie alle Modalitäten im Vorfeld schriftlich.
- **Transparenz:** Der Coach sollte bezüglich der Ziele, des Zeitrahmens, des Preises transparent arbeiten. Vereinbaren Sie einen klaren zeitlichen und finanziellen Rahmen.
- **Aufklärung über Risiken und Nebenwirkungen:** Der Coach sollte Sie darüber informieren welche Risiken und Nebenwirkungen mit bestimmten Methoden verbunden sind.
- **Kritikfähigkeit**: Der Coach sollte angemessen mit kritischen Rückmeldungen umgehen. Seien Sie vorsichtig, wenn er mit Immunisierungsstrategien arbeitet (im Sinne von: Wenn es wirkt, liegt dies an mir, wenn es nicht wirkt, arbeiten Sie nicht gut genug mit).

1.4 Digitalisierung: Götter im Netz

Die Digitalisierung hat unsere Gesellschaft grundlegend verändert – von der Art und Weise, wie wir kommunizieren, bis hin zu den Methoden, mit denen wir unsere Einkäufe tätigen oder arbeiten. Doch diese Revolution macht auch vor den heiligsten und spirituellsten Ecken des Lebens nicht halt: Ob virtuelle Gottesdienste, spirituelle Apps oder Online-Rituale – das Internet hat sich zu einem neuen Tempel entwickelt, in dem Glaubensfragen diskutiert und spirituelle Rituale praktiziert werden und in welchem der Esoterikmarkt floriert. Während Corona erlebten wir einen enormen Digitalisierungsschub, der auch vor den Pforten von Glaubensinstitutionen keinen Halt machte (Hörsch, 2020). Plötzlich wurden Kirchen, Moscheen, Tempel und Synagogen geschlossen. Was tun, wenn der Sonntag ohne die Predigt zu still bleibt? Die Antwort lautete: Zoom, Youtube und Livestreaming! So fanden sich Gläubige aus der ganzen Welt in digitalen Gottesdiensten wieder. In Jogginghose und mit einer Tasse Kaffee in der Hand konnte man Pastoren, Imamen und Rabbinern lauschen.

Doch das Potenzial digitaler Verkündigungsformale, welches einige Kirchen und Institutionen erst während der Coronakrise entdeckten, wurde von findigen Coaches, esoterischen Anbietern und anderen Gruppierungen längst genutzt. Während es für einige Lifestyle-Gurus schon längst zur Normalität gehörte von Bali aus Online-Coaching anzubieten, die sozialen Medien zu nutzen und per Newsletter, Aboformaten oder Online-Gruppen mit der Kundschaft zu interagieren, entdecken manche Glaubensanbieter dieses Potenzial gerade erst. Nicht nur Gottesdienste, auch spirituelle Praktiken wie Meditation oder Gebete haben den Weg in den App-Store gefunden.

Ein Bereich, der besonders stark von der Digitalisierung profitiert hat, ist der Esoterikmarkt. Während der Pandemie stieg das Interesse an spirituellen und esoterischen Produkten rasant an (Theißl, 2021). Menschen suchten nach neuen Wegen, um mit der Unsicherheit und Isolation umzugehen, und fanden Trost in Räucherstäbchen, Heilsteinen und Tarotkarten. Der Online-Verkauf von esoterischen Produkten boomte – schließlich konnte man auch im Homeoffice hervorragend seine Chakren reinigen und hat gleichzeitig ein Sinnstiftungsangebot zum Anfassen. Plattformen wie Etsy oder Amazon bieten eine schier endlose Auswahl an spirituellen Produkten, von der energetisch gereinigten Amethystkette bis hin zur handgefertigten Räucherfeder aus nachhaltigem Bambus.

Doch nicht nur Produkte, auch esoterische Lehren verbreiten sich über das Internet schneller als jemals zuvor. Von Astrologie über Numerologie bis hin zu spirituellen Beratungsangeboten – das Netz bietet alles, was das esoterische Herz begehrt. Allerdings geht damit auch die Gefahr einher, dass fragwürdige und pseudowissenschaftliche Inhalte auf fruchtbaren Boden fallen. Besonders während der Pandemie breiteten sich Verschwörungstheorien und esoterische Lehren in einem besorgniserregenden Ausmaß aus (DW, 2021). Der Mix aus Angst, Unsicherheit und digitaler Informationsflut machte es leicht, auf fragwürdige Heilsversprechen hereinzufallen – von Wundermitteln gegen das Virus bis hin zu spirituellen Ritualen, die angeblich vor Ansteckung schützen. Die Digitalisierung von Spiritualität und Religion ist vermutlich kein vorübergehender Trend, sondern ein tiefgreifender Wandel, der unsere spirituellen Praktiken nachhaltig verändert. Die Pandemie hat diesen Prozess beschleunigt und gezeigt, dass Glaube und Spiritualität auch im digitalen Raum eine wichtige Rolle spielen können. Dabei bietet das Internet viele Vorteile, etwa den einfachen Zugang zu religiösen Angeboten oder die Möglichkeit, spirituelle Praktiken flexibel in den Alltag zu integrieren. Auch wir beobachteten in unseren Beratungsstellen eine deutliche Zunahme von Anfragen rund um esoterische Anbieter und Angebote.

Erwähnenswert ist außerdem die Tatsache, dass dank Digitalisierung auch regelrechte spirituelle Trendwellen entstehen können, vergleichbar mit der Okkultismuswelle der 1980er-Jahre. Auf TikTok etwa, der Plattform, die für kurze, kreative Videos bekannt ist, wurden in den letzten Jahren unter dem Hashtag „WitchTok" spirituelle und esoterische Inhalte geteilt und verbreitet. Tarot-Legungen, Mondrituale und Kräuterkunde erlebten ein Revival und kamen zurück in die Kinderzimmer. Man tauschte sich zu Ritualen aus, braute allerlei Zaubertränke oder verbreitete Tipps zur Manifestation von Wünschen (Hansel, 2024).

Das alles klingt nun erstmal ziemlich harmlos – ja im Prinzip sogar nach einem positiven Trend hin zu selbstbestimmtem Glauben und zurück zur Natur. Aber jede

Münze hat auch eine Kehrseite. Wie bei vielem schlummert auch in WitchTok zumindest ein gewisses kritisches Potenzial. Zwar trifft WitchTok in vielerlei Hinsicht den Nerv der Zeit und gibt einer vielleicht orientierungslosen Generation, welche in den letzten Jahren von Krise zu Krise schlitterte, so etwas wie Sinn und Hoffnung. Solange es gut geht, und kleine Rituale und Zaubereien Hoffnung spenden, ist dagegen ja auch erstmal nichts einzuwenden. Doch manchmal kann magisches Denken auch Ängste auslösen. Dann nämlich, wenn es nicht positiv läuft im Leben, wenn man das Gefühl hat, vom Unglück verfolgt zu sein. Und manch einer klagt darüber „die Geister die man rief" nicht mehr los zu werden. Was wirkt kann eben auch Nebenwirkung entfalten. So wie es einen Placeboeffekt gibt, existiert auch ein Noceboeffekt. Dessen sollte man sich bewusst sein. Magisches Denken ist in vielen Menschen tief verwurzelt. Eine trübe, langweilige Welt, die fremdbestimmt und krisenhaft erscheint, kann durch solche magischen Denkstrukturen erträglicher und bunter werden. Indem man kleine magische Rituale durchführt, erobern sich manche jungen Menschen ein Gefühl der Kontrolle über die Probleme auf der Welt zurück.

Doch gleichzeitig kann diese jugendliche Neugierde und die Lust am Experimentieren auch ausgenutzt werden. Dies sehen wir in den kommerzialisierten Angeboten, die darauf abzielen, dass Menschen Geld ausgeben, Selbstbestimmung abgeben und sich beispielsweise für 2000 € zur Hexe ausbilden lassen, wie uns eine Klientin berichtete. Hier entsteht nicht nur finanzieller Schaden, sondern bisweilen ist auch der emotionale Schaden hoch. Dann etwa, wenn Abhängigkeiten entstehen, wenn eine unsachgemäße Beratung (v. a. bei psychischen Leiden) stattfindet, wenn Therapien verhindert werden, wenn Autonomie abnimmt und wenn Selbstbestimmung abgegeben wird. Und bisweilen mischen sich auch menschenfeindliche Ansichten in die esoterische Melange.

Doch auch sog. „Christfluencer" nutzen Plattformen wie Instagram, Youtube und TikTok, um ihre religiösen Überzeugungen mit den Werkzeugen des modernen Influencermarketings zu verbreiten. Ähnliches spielt sich auch in anderen Religionen ab, islamische Influencer promoten beispielsweise ihren Glauben und auch orthodoxe Juden präsentieren sich in den sozialen Medien.

Diese christlichen, jüdischen oder muslimischen Influencer nutzen oft dieselben Mechanismen wie ihre säkularen Kollegen: Sie inszenieren ihr Leben ästhetisch ansprechend, arbeiten mit Marken zusammen und interagieren aktiv mit ihrer Community. Dabei entwickelt sich eine hybride Form von Religion, bei der der Glaube zum Lifestyle wird und spirituelle Botschaften in Form von kurzen, prägnanten Posts und Stories verbreitet werden. Was WitchTok, Christfluencer und islamische Influencer gemeinsam haben, ist ihre Fähigkeit, spirituelle Inhalte viral zu verbreiten und eine Gemeinschaft von Gleichgesinnten zu schaffen, die über die Grenzen traditioneller religiöser Institutionen hinausgeht. Diese Bewegungen sind Ausdruck einer breiteren kulturellen Tendenz, in der Spiritualität zunehmend individuell, divers und zugänglich wird.

Die virale Verbreitung solcher Inhalte führt jedoch auch zu einigen Herausforderungen. Einerseits können komplexe spirituelle Praktiken oder religiöse Lehren in der Kürze der Zeit und im Format der sozialen Medien oft nur oberflächlich behandelt werden. Andererseits besteht die Gefahr, dass tiefere spirituelle oder religiöse Inhalte kommerzialisiert oder vereinfacht werden, um eine möglichst breite Zielgruppe zu erreichen.

Ob diese Entwicklung die Tiefe und Authentizität der spirituellen Praxis bereichert oder sie oberflächlicher macht, hängt letztlich von den Akteuren und der Art und Weise ab, wie mediale und soziale Plattformen genutzt werden. Sicher ist jedoch, dass das Internet ein zentraler Ort für die Verhandlung von Glaubensfragen geworden ist.

Wie erkennt man kritische Influencer?

- Werden Ängste geschürt?
- Stehen klare Ver- und Gebote im Mittelpunkt?
- Wird mit angsterzeugenden Beispielen gearbeitet?
- Wird Druck aufgebaut?
- Übernimmt eine andere Person die Beurteilung, was falsch und was richtig ist?
- Werden Zitate aus dem Kontext gerissen?
- Werden Quellen nicht angegeben?
- Wird das Bild eines strafenden, sexistischen, tyrannischen, unberechenbaren Gottes genutzt?
- Steht Leistungsdenken im Vordergrund?
- Wird enthusiastisch ein Wunderprodukt beworben und aufgerufen, Geld in dieses zu investieren?
- Wird deine Entscheidungsfreiheit eingeschränkt?
- Wird in intime und persönliche Entscheidungen eingegriffen?
- Werden menschenverachtende, homophobe oder antisemitische Ideen geteilt?
- Wird gegen bestimmte Gruppen gehetzt?
- Geht es um Schwarz-Weiß-Denken?
- Gibt es häufig Streitereien oder negative Interaktionen mit anderen Nutzern oder Influencern vor allem im Kommentarbereich?
- Folgt dem Influencer eine Community, die sich durch Mobbing, Hasskommentare oder diskriminierende Kommentare auszeichnet?
- Hat der Influencer viele gefälschte bzw. gekaufte Follower? Das erkennt man an einer unnatürlich hohen Followerzahl bei gleichzeitig niedriger Interaktion.

1.5 Patchworkglauben: Wenn Glaube zum kreativen DIY-Projekt wird

Meine Freundin Heidi entdeckt alle paar Monate einen neuen spirituellen Trend für sich. Neuerdings meditiert sie in einem Zen-Kloster, noch vor ein paar Wochen schwörte sie auf Kakaozeremonien, besuchte einen Healing-Kreis, channelte ihre verstorbene Mutter und beschäftigte sich mit Quantenheilung. Wenn man wissen möchte, was gerade „In" ist, dann kann man sicher sein, Heidi hat es schon ausprobiert. Sie legt eine enorme Kreativität und Entdeckerfreudigkeit an den Tag, wenn es um Spiritualität geht und entdeckt alle paar Monate etwas Neues. DIY liegt im Trend. Und dank Online-Tutorial schaffe sogar ich es, einen Wasserhahn auszutauschen, meine Spülmaschine zu reparieren und ein ansprechendes Wandgemälde zu fabrizieren. Auch Glauben wird zunehmend zu einer selbstbestimmten Angelegenheit, immer mehr Menschen neigen zu religiöser Kreativität, Glaube wird zum Baukastenprinzip – der Trend geht zur Patchworkreligiosität. Mehr als ein Fünftel der Deutschen gehört laut einer Studie der Uni Münster zu den spirituellen Sinnsuchern bzw. pflegen eine Patchworkspiritualität (Universität Münster, 2012).

Patchworkreligiosität bedeutet, dass Menschen Elemente verschiedener religiöser und spiritueller Traditionen zu einem ganz persönlichen Glaubenssystem kombinieren. Ein bisschen Zen-Buddhismus hier, eine Prise Christentum dort, gewürzt mit einer Handvoll Esoterik – und voilà, schon ist die eigene Spiritualität zusammengestellt. Patchworkspiritualität entspricht dem Bedürfnis, das Leben selbst zu gestalten. Dieser Trend deckt sich auch mit Ergebnissen einer Studie von Mercadante (2014), der herausarbeitete, dass sich immer mehr Menschen als „spirituell, aber nicht religiös" betrachten. Diese Menschen lehnen traditionelle religiöse Institutionen ab, sind aber offen für spirituelle Praktiken, die sie oft in einem ganz eigenen Mix praktizieren. Die steigende Zahl derer, die sich keiner festen Religion zuordnen, spiegelt diesen Trend wider. In den USA beispielsweise gibt es laut Pew Research Center (2021) einen stetigen Anstieg der sogenannten „Nones" – Menschen, die sich keiner Religion zugehörig fühlen, aber dennoch spirituelle Interessen haben (Smith, 2021). Auch die

Sinus-Studie bezeichnet Jugendliche sehr treffend als „religiöse Touristen" mit einem Hang zur individuellen Patchworkreligion aus verschiedenen spirituellen Versatzstücken (Calmbach et al., 2020).

Dieser Trend zur Patchworkreligiosität geht Hand in Hand mit der DIY-Spiritualität. Statt sich traditionellen religiösen Autoritäten oder festen Dogmen zu unterwerfen, nimmt der moderne Spirituelle die Zügel selbst in die Hand. Meditationspraktiken, Tarotkarten, Kristalle und Rituale können nun in Eigenregie ausprobiert werden. Eine Reise nach Tibet oder der Besuch eines Schamanen ist nicht mehr notwendig – die Anleitung dazu gibt es auf Instagram oder TikTok. Laut Heelas und Woodhead (2008) spiegelt die DIY-Spiritualität den postmodernen Bruch mit traditionellen Institutionen wider und ist Ausdruck eines kulturellen Wandels hin zu Individualismus und Selbstoptimierung.

Eine nicht zu vernachlässigende Rolle spielt hier das Internet, welches einen einfachen Zugang zu den unterschiedlichen Praktiken liefert. Selbstbestimmung und die Emanzipation von Autoritäten kann grundsätzlich einmal ein positiver Entwicklungsprozess sein. Aber sind unsere Patchworkgläubigen tatsächlich emanzipiert in Glaubenssachen? Oft folgen Sie dennoch dem einen oder anderen Guru, hören auf Influencer und unterwerfen sich den Ideen fragwürdiger Coaches. Außerdem droht die Gefahr, dass sich eine „Wellness-Spiritualität" entwickelt, in der Meditation und Yoga vor allem der eigenen Optimierung dienen und der tiefere Sinn spiritueller Praktiken verwässert wird.

Ist Patchworkreligiosität damit eher Ausdruck unserer konsumorientierten Gesellschaft, die auch vor der Spiritualität nicht haltmacht? Eine eindeutige Antwort bleiben wir Ihnen hier schuldig. Fest steht, dass dieser Trend die traditionelle Religionslandschaft verändert und ein flexibleres, pluralistischeres Verständnis von Spiritualität fördert. Die

Herausforderung besteht darin, in der Fülle der Angebote nicht die Orientierung zu verlieren und die spirituelle Tiefe beizubehalten.

> **Worauf sollten Sie achten, wenn Sie mit verschiedenen spirituellen Praktiken experimentieren?**
> - **Authentizität der Quelle**: Informieren Sie sich über die Glaubwürdigkeit der Quellen, aus denen Sie die spirituellen Praktiken lernen (Lehrer, Bücher, Online-Ressourcen).
> - **Sicherheit**: Stellen Sie sicher, dass die Praxis keine gesundheitlichen Risiken birgt, besonders bei körperlich oder mental anspruchsvollen Techniken (z. B. Atemübungen, Meditation, schamanische Rituale).
> - **Reflexion über persönliche Motivation**: Überlegen Sie, warum Sie diese Praxis ausprobieren möchten – suchen Sie spirituelle Tiefe oder eher eine neue Erfahrung aus Neugier?
> - **Zeit und Geduld**: Spirituelle Praktiken erfordern oft Zeit, um tiefer verstanden und integriert zu werden. Schnelle Ergebnisse sind selten.
> - **Offenheit und Flexibilität**: Seien Sie bereit, verschiedene Ansätze auszuprobieren, aber auch Praktiken loszulassen, die für Sie nicht funktionieren oder sich nicht gut anfühlen.
>
> - **Gespräch und Reflektion**: Sprechen Sie mit anderen Menschen über Ihre Erfahrungen. und reflektieren Sie diese.
> - **Gesunde Skepsis**: Bleiben Sie kritisch gegenüber Influencern, Coaches und Gurus.
> - **Kosten- Nutzenabwägung**: Seien Sie vorsichtig, wenn es um's Geld geht.

1.6 Individualisierung: Glaube auf eigene Faust

„Ich mach mir die Welt, wie sie mir gefällt" trällerte Pippi Langstrumpf in den 1980er-Jahren und trifft damit auch in Bezug auf Weltanschauungsfragen den Nagel auf den Kopf. Wir leben heute in einer Generation voller Individualisten, die sich ihre Welt und Weltanschauungen kreativ selbst gestalten. Im vorherigen Kapitel haben wir uns mit dem Trend der Patchworkspiritualität beschäftigt. Letztlich jedoch ist dieser Hang zu dem eigenen selbstbestimmten DIY-Glauben auch Ausdruck von deutlichen Individualisierungstendenzen in unserer Gesellschaft. Diese Entwicklung ist eng mit den tiefgreifenden soziokulturellen Veränderungen der letzten Jahrzehnte verbunden, die einen stärkeren Fokus auf Individualität, Selbstverwirklichung und persönliche Freiheit legen. In den 1960er-Jahren noch prognostizierte man einen allgemeinen Rückgang der Religion in der modernen Welt voraus (Pollack, 2013). Stattdessen aber lässt sich beobachten: Glauben spielt im Leben vieler Menschen nach wie vor einer Rolle, aber hat sich von einer kollektiv geprägten Religion zu individueller Spiritualität gewandelt. Warum fand dieser Wandel statt? Werte in unserer Kultur haben sich fundamental verändert. Das autonome Selbst steht zunehmend im Mittelpunkt. Religion wird nicht mehr als starres Regelwerk, sondern als persönliches Erfahrungsfeld verstanden. Diese „Wahlfreiheit" ist charakteristisch für postmoderne Gesellschaften, in denen Menschen ihre Identität durch individuelle Entscheidungen formen. Dieser Prozess wird zudem durch Globalisierung und Digitalisierung befeuert. Individualisierte Religion zeichnet sich durch eine Abkehr von kollektiven religiösen Praktiken hin zu persönlichen spirituellen Erlebnissen aus. Meine Freundin Heidi hat der katholischen Religion längst den Rücken gekehrt, zu langweilig und uninspirierend erschienen ihr die Gottesdienste. Sie wollte was erleben, sie suchte nach Authentizität, Erfahrung und Erkenntnis. Heidi suchte nach spirituellen Formen, die mit ihrem Erleben und ihren Überzeugungen übereinstimmten. Und wie Heidi geht es vielen Menschen. Institutionen und Dogmata scheinen ihnen zu starr und passen nicht mehr zum Lebensstil.

Dieser Prozess der „Privatisierung" von Religion bedeutet, dass traditionelle religiöse Institutionen an Einfluss verlieren. Gleichzeitig entstehen neue spirituelle Bewegungen und Praktiken, die flexibler und individueller sind. Die Individualisierung von Religion hat tiefgreifende Auswirkungen auf die religiöse Landschaft. Einerseits führt sie zu einer Pluralisierung von Glaubensvorstellungen, die den gesellschaftlichen Zusammenhalt herausfordern kann.

Andererseits eröffnet die Individualisierung neue Freiräume für persönliche Entfaltung und spirituelle Kreativität. Menschen sind nicht mehr gezwungen, sich einer bestimmten religiösen Tradition zu unterwerfen, sondern können ihren eigenen Weg zur Sinnfindung gestalten. Dies kann zu einer tiefen und authentischen spirituellen Praxis führen, die besser mit den individuellen Bedürfnissen und Lebensumständen harmoniert.

Und ich? Fragekatalog um den eigenen Glaubensweg besser zu verstehen

- Was sind die Hauptgründe, weshalb Sie sich mit Spiritualität oder Religion beschäftigen möchten?
- Suchen Sie nach Sinn, Gemeinschaft, persönlichem Wachstum – oder etwas anderem?
- Welche persönlichen Erfahrungen oder Lebensumstände haben Sie zu Ihrer aktuellen spirituellen Suche geführt?
- Wie definieren Sie Spiritualität für sich persönlich?
- Welche Erwartungen haben Sie an Ihre spirituelle Praxis oder an eine religiöse Zugehörigkeit?
- Welche Auswirkungen könnte Ihre Entscheidung auf Ihre Beziehungen zu Familie, Freunden oder Kolleg:innen haben?
- Wie offen oder ablehnend könnte Ihr Umfeld auf Ihre spirituelle Entwicklung reagieren?
- Sind Sie bereit, in spirituelle Produkte oder Dienstleistungen zu investieren – und wenn ja, in welchem Rahmen?

1.7 Vermarktung: Faith Branding

Es gibt mittlerweile kaum mehr Grenzen, dessen, was sich zu Geld machen lässt. Insbesondere mit dem Seelenheil und Gesundheit lässt sich Geschäft machen. Wo im Mittelalter noch Ablassbriefe die Kasse klingeln ließen, tun dies heute findige Anbieter, die auf Esoterikmessen, im Internet oder bei Workshops Produkte vermarkten. Da wird im wahrsten Sinne des Wortes Scheiße zu Geld gemacht. Googeln Sie mal nach „Agnihotra Doop" (hier kann man sich den Dung von Demeterkühen bestellen, der dann im Rahmen von Feuerzeremonien zum Einsatz kommt). Aus rein wissenschaftlichem Interesse besuchte ich vor ein paar Jahren solch eine Zeremonie und saß anschließend einem Verkaufsprofi gegenüber, der es beinahe geschafft hätte, nicht nur 20 anderen Zuhörenden, die ihm gebannt an den Lippen hingen, sondern auch mir, eine Tüte Dung aufzuschwatzen (für den Schnäppchenpreis von 14 € – der finanzielle Schaden hält sich im Rahmen, trotzdem ist es einfach nur Scheiße. Wir führen in unserer Beratungsstelle eine interne Liste auf der wir vermerken, wie hoch der finanzielle Schaden ist, den ein Anbieter dem Konsumenten zugefügt hat. Bisher wird diese Liste von einem Wahrsager angeführt, der 800.000 € in einem Zeitraum von drei Jahren mit einer mittelständischen Familie verdiente. Später werden wir uns mit der Frage beschäftigen, wie er das gemacht hat. Wir sehen an diesem Beispiel: wenn es heutzutage um Spiritualität, Esoterik, und Glauben geht, dann spielen häufig auch monetäre Aspekte eine nicht zu unterschätzende Rolle. Willkommen im Zeitalter des „Faith Branding", in dem Religion nicht nur eine Frage des Glaubens, sondern auch der Marke und v. a. der Vermarktung ist. Von spirituellen Influencern auf Social Media bis hin zu „Yoga-to-go" und christlichen Merchandising-Artikeln –

Spiritualität hat den Sprung in den Kapitalismus geschafft. Aber was genau bedeutet es, wenn Glaube vermarktet wird, und wie verändert dies die religiöse Landschaft? „Faith Branding" bezieht sich auf die Praxis, religiöse Symbole, Werte und Praktiken so zu verpacken, dass sie marktfähig werden – vergleichbar mit dem Branding von Mode- oder Technikprodukten (Einstein, 2007). Von Tees mit spirituellen Affirmationen bis hin zu Apps, die tägliche Andachten bieten – alles wird gebrandet, um ein spirituelles Erlebnis zu verkaufen, das den Käufer dazu verführt, nicht nur an einer Religion teilzuhaben, sondern auch Teil einer Marke zu sein. Religiöse Symbole und Praktiken werden so zu „Waren" und Konsumgütern.

Wenn nun aber Glaube zum Konsumgut wird, dann verhindert dies Tiefe, und zudem findet oft eine Entkontextualisierung statt, zugunsten monetärer Aspekte. Ein bekanntes Beispiel ist das Yoga-Phänomen, das in westlichen Ländern von einer tief verwurzelten spirituellen Praxis zu einer Wellness-Marke geworden ist. Und wenn es um Vermarktung geht, dann spielen auch Aspekte wie Konkurrenzfähigkeit, Social Media, Gewinnmaximierung, Zielgruppenerreichung uvm. eine Rolle. Um „konkurrenzfähig" zu blieben, passen sich immer mehr religiösen Organisationen an, bespielen beispielsweise Social-Media-Kanäle und inszenieren Gauben im ungünstigsten Fall als „Life-Style- Produkt."

Die Kapitalisierung von Spiritualität wirft wichtige Fragen auf: Führt die Kommerzialisierung zu einer Verwässerung tiefer spiritueller Praktiken? Oder ist sie lediglich ein Ausdruck des Wandels, bei dem sich Spiritualität an die Bedürfnisse der modernen Gesellschaft anpasst? Unabhängig von der Antwort steht fest, dass Spiritualität zunehmend als Produkt wahrgenommen wird, das nach den Regeln des Marktes funktioniert.

Übersicht

Glaube als Konsumgut ist eine Realität. Die folgende Checkliste hilft bei der Einschätzung.

- Wer sind die Anbieter oder Lehrer? Verfügen sie über nachweisbare Qualifikationen oder relevante Erfahrungen?
- Prüfen Sie deren Hintergründe sowie die Qualität der angebotenen Inhalte sorgfältig.
- Welche ethischen Prinzipien verfolgt das Angebot oder die Gemeinschaft?
- Sind die Preise für Produkte oder Dienstleistungen klar, transparent und nachvollziehbar?
- Gibt es versteckte Kosten oder zusätzliche Gebühren?
- Was erhalten Sie konkret für Ihr Geld? Welche Leistungen oder Vorteile sind inbegriffen?
- Vergleichen Sie Ihre Auswahl mit anderen, ähnlichen Angeboten auf dem Markt.
- Wie viel sind Sie bereit, für spirituelle oder religiöse Angebote auszugeben?
- Legen Sie ein Budget fest, das zu Ihren finanziellen Möglichkeiten passt.
- Warum interessiert Sie dieses spezifische Angebot? Suchen Sie nach einer authentischen spirituellen Erfahrung – oder werden Sie möglicherweise durch Werbung beeinflusst?
- Reflektieren Sie: Wie stark wirkt Werbung auf Sie? Sind Sie sich der eingesetzten Marketingstrategien bewusst?
- Wie lange planen Sie, sich mit diesem Angebot zu beschäftigen? Handelt es sich um eine kurzfristige Entscheidung oder um eine längerfristige Verpflichtung?
- Wie flexibel ist das Angebot gestaltet, falls Sie Ihre Meinung oder Ihre Bedürfnisse ändern?
- Wie transparent sind die Anbieter in Bezug auf ihre Methoden, Inhalte und finanziellen Strukturen?
- Werden Sie unter Druck gesetzt, mehr zu investieren oder zusätzliche Produkte zu erwerben?
- Werden manipulative Verkaufsstrategien eingesetzt, um Sie zum Kauf zu bewegen?

Stellen Sie sicher, dass die Ausgaben für spirituelle oder religiöse Angebote in Ihr persönliches Budget passen und keine finanziellen Belastungen verursachen. Investieren Sie nur so

> viel, wie Sie für angemessen halten, basierend auf dem Wert und den Vorteilen, die Ihnen das Angebot bietet. Achten Sie darauf, dass Sie genau verstehen, wofür Sie bezahlen und dass die Preise fair und gerechtfertigt sind.
> Vermeiden Sie es, sich von Marketingstrategien zu übermäßigen Ausgaben verleiten zu lassen.

1.8 Begriffsdschungel

Wenn es um Religion und den Weltanschauungsmarkt geht, dann begegnen uns oft sehr unterschiedliche Begrifflichkeiten.

1.8.1 Was ist eine Sekte?

Landläufig hält sich der Begriff „Sekte" hartnäckig, obgleich schon vor mehr als 25 Jahren im Rahmen der Enquete-Kommission zum Thema der sog. Psychogruppen und Sekten diskutiert wurde, inwiefern dieser noch zeitgemäß ist (Deutscher Bundestag, 1998). Mit **Sekte** bzw. dem sozialpsychologischen Sektenbegriff verbinden viele Menschen die Vorstellung einer religiösen oder spirituellen Gruppe, die sich von etablierten Glaubensgemeinschaften abgrenzt und oft unkonventionelle, von der Mehrheit abweichende Lehren verfolgt. Sie wird meist als geschlossene, hierarchisch strukturierte Gemeinschaft beschrieben, die ihren Mitgliedern strikte Verhaltensnormen und Glaubenssätze aufzwingt. Meist ist der Begriff abwertend konnotiert, oft verbunden mit Vorstellungen von Manipulation und Kontrolle.

Der heute im alltagssprachlichen gebrauchte Sektenbegriff ist vor unterschiedlichen Hintergründen jedoch problematisch, da er oft ohne klare Definition verwendet wird und stark wertend ist. Religionswissenschaftliche oder soziologische Definitionen weichen deutlich ab von diesem alltagssprachlichen Sektenbegriff. Der alltagssprachliche Sektenbegriff kann leicht zu Stigmatisierung führen und ist zudem oft mit einer vereinfachten, einseitigen Darstellung von religiösen oder spirituellen Bewegungen verbunden. Viele Gruppen, die außerhalb des Mainstreams agieren, praktizieren harmlose, alternative Glaubenssysteme und bieten ihren Mitgliedern eine unterstützende Gemeinschaft. Aufgrund der stigmatisierenden Wirkung nehmen wir hier Abstand davon den Sektenbegriff zu benützen.

1.8.2 Was ist eigentlich Esoterik?

Esoterik ist ein ebenso unscharfer Sammelbegriff, der eine Vielzahl von spirituellen, mystischen und okkulten Praktiken und Lehren umfasst. Ursprünglich bezog sich der Begriff auf geheimes Wissen, das nur einer kleinen, ausgewählten Gruppe zugänglich war. Heute wird Esoterik jedoch oft als Sammelbegriff verwendet, um eine breite Palette von spirituellen und philosophischen Strömungen zu beschreiben, die jenseits von etablierten Religionen liegen. Dies schließt Astrologie, Wahrsagerei, Meditationstechniken, Heilmethoden und das Streben nach höherem, verborgenen Wissen ein. Der Begriff wird oft negativ konnotiert, insbesondere wenn es um pseudowissenschaftliche Ansätze oder fragwürdige Heilmethoden geht. Diese Vieldeutigkeit und die teils unklare Abgrenzung von etablierten Religionen oder wissenschaftlichen Erkenntnissen führen zu Missverständnissen und Vereinfachungen.

Viele Praktiken und esoterische Glaubenssysteme sind durch eine gewisse Religions- und Weltanschauungskritik geprägt, einschließlich einer kritischen Haltung gegenüber Pharmaindustrie, Medizin, Wissenschaft und Forschung oder Staat. Genau hier sehen wir auch die Anschlussfähigkeit an andere Denkkonzepte mit antistaatlichem oder antipharmazeutischem Tenor (Stichwort braune Esoterik, Reichsbürger). Bisweilen kann über die geteilten Feindbilder ein Einstieg beispielsweise in verschwörungsideologische Weltbilder erfolgen.

1.8.3 Was bedeutet Coaching?

Was hat Coaching mit Weltanschauungsfragen zu tun oder gar Spiritualität? Coaching ist ein Begriff, der in den letzten Jahren zunehmend populär wurde und vor allem in den Bereichen Persönlichkeitsentwicklung, Karriereberatung und Unternehmensführung Anwendung findet. Der Begriff Coaching wird im Bereich der **Weltanschauungen** zunehmend diskutiert, weil er häufig in esoterischen oder spirituellen Kontexten auftaucht, aber keine gesetzlich geschützte Berufsbezeichnung ist. Das führt dazu, dass der Begriff von verschiedenen Personen und in sehr unterschiedlichen Bereichen verwendet werden kann – ohne dass eine einheitliche Ausbildung oder standardisierte Qualifikation erforderlich ist. Jeder kann sich als Coach bezeichnen, was es schwierig macht, die Qualität und die Methodik des Coachings zu überprüfen. Wenn wir uns auf dem Markt der Weltanschauungen umsehen, dann entsteht manchmal der Eindruck, dass die Gurus von gestern die Coaches von heute sind. Insbesondere im Bereich der Esoterik kann dies problematisch sein, da hier häufig der Eindruck erweckt wird, dass Coaching in Verbindung mit spirituellen Praktiken oder Weltanschauungen zu einer schnelleren oder besseren Persönlichkeitsentwicklung führt, obwohl dies nicht immer durch fundierte Ansätze oder wissenschaftliche Methoden gestützt ist. Außerdem finden wir oft eine ungünstige Vermischung mit psychologischen Theorien und Modellen, die jedoch von unqualifizierten Anbietern entkontextualisiert und missbräuchlich angewendet werden.

1.8.4 Was versteht man unter Fundamentalismus?

Wenn es um sehr gläubige Menschen geht, taucht oft der Begriff „Fundamentalisten" auf – und das nicht nur im christlichen Kontext. Doch was bedeutet Fundamentalismus eigentlich genau?

Der Begriff beschreibt eine religiöse Haltung, die sich durch ein starres Festhalten an bestimmten „Grundwahrheiten" auszeichnet – meist in Form einer wörtlichen Auslegung heiliger Schriften. Fundamentalistische Strömungen lehnen in der Regel moderne Entwicklungen, wissenschaftliche Erkenntnisse oder gesellschaftliche Veränderungen ab, wenn diese im Widerspruch zu ihrer religiösen Weltanschauung stehen. Dabei geht es oft nicht nur um persönliche Frömmigkeit, sondern oft auch um eine umfassende Ablehnung pluralistischer Werte und liberaler Denkweisen.

Ursprünglich stammt der Begriff aus dem frühen 20. Jahrhundert und bezieht sich auf eine protestantisch-evangelikale Bewegung in den USA. Diese Bewegung wandte sich gegen die historisch-kritische Bibelauslegung und den Einfluss moderner Wissenschaft. Ihre Anhänger forderten eine Rückbesinnung auf die „Fundamente des Glaubens" – darunter die Unfehlbarkeit der Bibel, die Jungfrauengeburt Jesu und weitere zentrale Dogmen.

Heute wird der Begriff „Fundamentalismus" jedoch weit über das Christentum hinaus verwendet – etwa im Islam, im Judentum, im Hinduismus oder sogar in säkularen Weltanschauungen, wenn dort ähnlich starre und ausschließende Haltungen auftreten. Gemeinsam ist all diesen Ausprägungen der Anspruch auf absolute Wahrheit und der Ausschluss anderer Denk- und Lebensweisen.

Fundamentalistische Gruppen bieten Orientierung, Sicherheit und klare Regeln – besonders in Zeiten gesellschaftlicher Unsicherheit. Doch diese Klarheit hat ihren

Preis: Sie lässt oft keinen Raum für Zweifel, Entwicklung oder individuelle Freiheit. Der Glaube wird zu einem starren System, das mehr kontrolliert als trägt.

Wichtig ist: Nicht jeder, der fromm oder konservativ glaubt, ist automatisch fundamentalistisch. Fundamentalismus beginnt dort, wo Vielfalt zur Bedrohung wird – und wo Glaube nicht mehr öffnet, sondern abschottet.

1.8.5 Was ist Verschwörungsglauben?

Last but not least nehmen wir uns an dieser Stelle noch den Begriff des Verschwörungsglaubens vor. Dieser Begriff wird im Buch an der einen oder anderen Stelle auftauchen. Verschwörungsglaube bezeichnet die Überzeugung, dass bedeutende Ereignisse oder Phänomene nicht durch offizielle oder zufällige Erklärungen erklärbar sind, sondern das Ergebnis geheimer Machenschaften von mächtigen Akteuren. Diese Überzeugungen basieren oft auf der Vorstellung, dass die Wahrheit von Institutionen oder Medien absichtlich verborgen wird. Menschen, die an Verschwörungen glauben, tendieren dazu, offizielle Erklärungen zu hinterfragen und alternative Theorien zu akzeptieren, die ihre Weltsicht stützen. Der Glaube an Verschwörungen wird besonders in Zeiten der Unsicherheit oder Krisen verstärkt und führt oft zu einem Misstrauen gegenüber staatlichen Institutionen und den Medien (Pohl & Dichtel, 2021).

Literatur

Antidiskriminierungsstelle des Bundes. (2016). *Akzeptanz religiöser und weltanschaulicher Vielfalt in Deutschland. Ergebnisse einer repräsentativen Umfrage im Auftrag der Antidiskriminierungsstelle des Bundes*, Berlin.

Arp, D. (2017). Mit dem Körper beten. Yoga zwischen Spiritualität und Fitness. https://www.deutschlandfunk.de/mit-dem-koerper-beten-yoga-zwischen-spiritualitaet-und-100.html. Zugegriffen am 13.01.2025.

Bauman, Z. (2000). *Liquid modernity*. Polity Press.

Bundeszentrale für politische Bildung. (2019). Religiöser und spiritueller Glaube. https://www.bpb.de/kurz-knapp/zahlen-und-fakten/europa/70645/religioeser-und-spiritueller-glaube/. Zugegriffen am 13.01.2025.

Bynum, C. W. (1987). *Holy feast and holy fast: The religious significance of food to medieval women*. University of California.

Calmbach, M., Flaig, B., Edwards, J., Möller-Slawinski, H., Borchard, I. & Schleer, C. (2020). *SINUS-Jugendstudie 2020: Wie ticken Jugendliche? (624 Seiten)*. Bundeszentrale für politische Bildung/SINUS-Institut

Creswell, J. D. (2017). Mindfulness interventions. *Annual review of psychology, 68*(1), 491–516.

Davidson, R. J., & McEwen, B. S. (2012). Social influences on neuroplasticity: Stress and interventions to promote well-being. *Nature neuroscience, 15*(5), 689–695.

DER SPIEGEL. Jugendsekten. Die neue Droge. Titelcover Nr. 29 / 16.07.1978. https://www.spiegel.de/spiegel/print/index-1978-29.html. Zugegriffen am 13.01.2025.

Deutscher Bundestag. (1998). *Neue religiöse und ideologische Gemeinschaften und Psychogruppen in der Bundesrepublik Deutschland*. Endbericht der Enquete-Kommission „Sogenannte Sekten und Psychogruppen". Bonn.

Diemand, S. (2023). Das Geschäft mit dem Aberglauben. https://www.faz.net/aktuell/wirtschaft/schneller-schlau/das-geschaeft-mit-dem-aberglauben-esoterik-ist-ein-milliardenschwerer-markt-18946519.html. Zugegriffen am 13.02.2025.

DW. (2021). Esoterik als Türöffner für Verschwörungen. https://www.dw.com/de/corona-esoterik-als-t%C3%BCr%C3%B6ffner-f%C3%BCr-verschw%C3%B6rungstheorien/a-60293376. Zugegriffen am 15.01.2025.

Ebert. (2023). „Mit Ayahuasca reinigen wir unsere Seele". Tagesschau. https://www.tagesschau.de/ausland/amerika/brasilien-ayahuasca-101.html. Zugegriffen am 13.01.2025.

Einstein, M. (2007). *Brands of faith: Marketing religion in a commercial age.* Routledge.
FOWID. (02.07.2024) Forschungsgruppe Weltanschauungen in Deutschland. Entwicklung der Kirchenmitglieder 1992–2023. https://fowid.de/meldung/entwicklung-kirchenmitglieder-1992-2023. Zugegriffen am 13.01.2025.
GEO. (2018). Ayahuasca - ein Zaubertrank aus dem Urwald wird zur Lifestyle-Droge. https://www.geo.de/magazine/geo-chronik/18795-rtkl-halluzinogener-pflanzensud-ayahuasca-ein-zaubertrank-aus-dem-urwald. Zugegriffen am 13.01.2025.
Hansel, P. (2024). Netzphänomen „WitchTok": Lebenshilfe von der guten Hexe? https://www.br.de/nachrichten/kultur/netzphaenomen-witchtok-lebenshilfe-von-der-guten-hexe,U52ReOR. Zugegriffen am 15.01.2025.
Heelas, P., & Woodhead, L. (2008). *The spiritual revolution: Why religion is giving way to spirituality.* .
Hörsch, D. (2020). Digitale Verkündigungsformate während der Corona-Krise. *Eine Ad-hoc-Studie im Auftrag der Evangelischen Kirche in Deutschland. Midi. Ebook.* Available online: https://www.mi-di.de/materialien/digitale-verkuendigungsformate-waehrendder-corona-krise. Zugegriffen am 15.01.2025.
Hofmann, L., & Heise, P. (Hrsg.). (2016). *Spiritualität und spirituelle Krisen: Handbuch zu Theorie, Forschung und Praxis.* Schattauer Verlag.
Kruger, J., & Dunning, D. (1999). Unskilled and unaware of it: How difficulties in recognizing one's own incompetence lead to inflated self-assessments. *Journal of Personality and Social Psychology, 77*(6), 1121–1134.
Lindahl, J. R., Fisher, N. E., Cooper, D. J., Rosen, R. K., & Britton, W. B. (2017). The varieties of contemplative experience: A mixed-methods study of meditation-related challenges in Western Buddhists. *PloS one, 12*(5), e0176239.
Mercadante, L. A. (2014). *Belief without borders: Inside the minds of the spiritual but not religious.* Oxford University Press.
Olsen, D. H., & Timothy, D. J. (Hrsg.). (2022). *The Routledge handbook of religious and spiritual tourism.* Routledge.
Pohl, S., & Dichtel, I. (2021). *Alles Spinner oder was?: Wie Sie mit Verschwörungsgläubigen gelassener umgehen.* Vandenhoeck & Ruprecht.

Pollack, D. (2013). Säkularisierungstheorie, Version: 1.0, in: Docupedia-Zeitgeschichte, 07.03.2013 http://docupedia.de/zg/pollack_saekularisierungstheorie_v1_de_2013. Zugegriffen am 16.01.2025.

Schmidt, L. E. (2014). *Restless souls: The making of American Spirituality from Emerson to Oprah*. University of California Press.

Schneiderman, N., Ironson, G., & Siegel, S. D. (2005). Stress and health: Psychological, behavioral, and biological determinants. *Annual Review of Clinical Psychology, 1*, 607–628. https://doi.org/10.1146/annurev.clinpsy.1.102803.144141

Schweitzer, F., Wissner, G., Bohner, A., Nowack, R., Gronover, M., & Bos, R. (2018). *Jugend-Glaube-Religion: Eine Repräsentativstudie zu Jugendlichen im Religions- und Ethikunterricht*. Waxmann Verlag.

Smith, G. A. (2021). About three-in-ten US adults are now religiously unaffiliated. *Pew Research Center, 14*. https://www.pewresearch.org/religion/2021/12/14/about-three-in-ten-u-s-adults-are-now-religiously-unaffiliated/. Zugegriffen am 04.01.2025.

Tagesschau. (2022). WHO-BerichtMehr psychische Krankheiten durch Corona. https://www.tagesschau.de/ausland/europa/who-corona-anstieg-psychische-krankheiten-101.html. Zugegriffen am 14.01.2025.

Theißl, B. (2021). Corona-Politik: Spirituelle Fundamentalopposition. https://www.derstandard.de/story/2000123148289/corona-politik-spirituelle-fundamentalopposition. Zugegriffen am 15.01.2025.

Tweed, T. A. (2011). *America's church: The national shrine and catholic presence in the nation's capital*. Oxford University Press.

Universität Münster (2012). Wenn Familien zweimal Weihnachten feiern. https://www.uni-muenster.de/Religion-und-Politik/aktuelles/2012/dez/News_Patchwork_Religiositaet.shtml. Zugegriffen am 15.01.2025.

Varela, F. J., Thompson, E., & Rosch, E. (2017). *The embodied mind: Cognitive science and human experience*. MIT Press.

2

Besser verstehen: Warum geraten Menschen an unseriöse Anbieter, in sektiererische Gruppen?

Wie konnte mir das nur passieren? Hinterher ist man meist klüger. Oft hadern Menschen, nachdem sie aus einer Gruppe ausgestiegen sind oder sich von einem toxischen Führer gelöst haben, mit sich selbst. Sie fragen sich, wie es nur so weit kommen konnte, sie verurteilen sich selbst, sie haben das Vertrauen in ihre eigene Einschätzungsfähigkeit und ihren inneren Kompass verloren. Doch es hat nichts mit mangelnder Intelligenz, sozialer Inkompetenz oder psychischer Vulnerabilität zu tun, wenn wir an die Falschen geraten. Prinzipiell sind wir alle an dem einen oder anderen Punkt verführbar. Denn wir alle haben sehr menschliche Bedürfnisse nach Zugehörigkeit, nach Kontakten, nach Sinn und Sinnhaftem. Wir stellen Ihnen im Folgenden verschiedene Modelle vor, anhand derer man identitätsstiftende Funktionen erkennen kann, die von toxischen Anbietern übernommen werden. Nach dem Passungsmodell und den Säulenmodellen folgt ein neu entwickeltes

Modell (Flower-of-Power-Modell), das den Fokus noch mehr auf den Aspekt der Zugehörigkeit lenkt.

Die folgenden Modelle können helfen, sich selbst oder Angehörige besser zu verstehen.

2.1 Person-Umwelt-Passung

Viele Aussteigerinnen und Aussteiger stellen sich die Frage, weshalb sie sich einer totalitären Gruppe angeschlossen hatten, auf einen Scharlatan oder ein unseriöses Coachingangebot hereingefallen sind, obwohl sie doch hätten erkennen müssen, dass es ihnen schadet.[1] Diese Frage beschäftigt uns in der Beratung regelmäßig und wird gleichermaßen von Selbstbetroffenen als auch von Angehörigen und Freunden gestellt. Eine Antwort liefert das „Passungsmodell", das in der Sozial- und Religionspsychologie verwendet wird, um die Anziehungskraft von ideologischen Gruppen zu beschreiben. Es wird als Erklärungsansatz im Rahmen von Theorien zur Gruppenzugehörigkeit und Anfälligkeit für sogenannte Sekten diskutiert (Murken & Namini, 2004).

Eine Forschungsgruppe hatte im Rahmen der Erstellung des Endberichts der Enquete-Kommission „Sogenannte Sekten und Psychogruppen" als Ergebnis ein Modell erarbeitet. Dieses „Bedürfnis-Kult-Passung-Modell" (Utsch, 2023) soll verdeutlichen, dass „Menschen, die sich zu neuen religiösen oder ideologischen Gemeinschaften und Psychogruppen hingezogen fühlen, keine „passiven Opfer" sind." Vielmehr bringen sie eine Reihe von Bedürfnissen, Wünschen oder Lebensproblemen zusammen mit der Hoffnung mit, dass diese in der Gemeinschaft erfüllt werden. Die Qualität der „Passung" zwischen den Erwartungen der suchenden Men-

---

[1] Wir gehen an späterer Stelle auf den wichtigen Aspekt ein, dass wir in diesem Buch den Fokus auf die freie Entscheidung im Erwachsenenalter gelegt haben und es nicht um sogenannte „Sektenkinder" geht, die in eine Gruppe hineingeboren werden.

schen und den Angeboten und dem Milieu der Gemeinschaften entscheidet über Einstieg in die Gemeinschaft, Verbleib oder Ausstieg. Inhaltlich und konzeptionell betont das Modell die Bedeutung der Übereinstimmung zwischen persönlichen Eigenschaften und Bedürfnissen und den Anforderungen der Umwelt für das psychische Wohlbefinden. Wichtig ist hierbei die Betonung darauf, dass es nicht einen „Typ" Menschen, oder eine „Sekten-Persönlichkeit" gibt, die besonders anfällig für den Beitritt einer sogenannten Sekte ist. Die individuelle Betrachtung der Person und ihren Lebensumständen ist entscheidend.

Bezugnehmend auf das Thema „Sekteneinstieg" geht das Modell davon aus, dass die Entscheidung für den Eintritt in eine ideologisch oder spirituell aufgeladene Gruppe nicht einfach „aus dem Nichts" entsteht, sondern als Reaktion auf eine Diskrepanz zwischen dem Individuum und seiner Umwelt verstanden werden muss. Grundsätzlich fußt es auf der Annahme, dass die Anziehungskraft einer Gemeinschaft durch die Passung zwischen den individuellen Bedürfnissen, Erwartungen und Lebenssituationen einer Person einerseits und andererseits den Angeboten, Strukturen sowie Überzeugungen der Gruppe bestimmt wird.

Mit anderen Worten: **Es passte vorher nicht.** Die eigenen Bedürfnisse, Fähigkeiten, Wünsche oder Werte stimmten nicht mehr mit dem überein, was die bisherige Umgebung geboten hatte. Und genau an diesem Punkt kann der Eintritt in eine neue Gruppe oder Gemeinschaft die einzig logische Konsequenz darstellen. Die neue Gemeinschaft scheint für die Person in diesem Moment die offenkundigste Option zu sein, die fehlende Passung wiederherzustellen.

Das Modell berücksichtigt folglich das Wechselspiel zwischen der Person (mit all ihren Problemen, Krisen und Sehnsüchten) und ihrer direkten Umwelt. Entscheidend ist dabei nicht die objektive Realität, sondern wie diese Passung subjektiv vom Individuum erlebt wird. Man fühlt sich plötzlich verstanden, gesehen, angenommen. Und oft ist das kein Zufall: Konflikthafte Gruppen „senden" ganz gezielt Angebote in Richtung jener Menschen, die auf der Suche sind. Sie versprechen schnelle Lösungen, Halt, Orientierung, Zugehörigkeit – all das, was in der bisherigen Lebenswelt gefehlt hat.

Fallbeispiel Lea, koreanische „Sekte"
Lea (19) ist neu in der Stadt. Sie ist nach dem Abitur direkt in eine andere Stadt gezogen, um dort mit ihrem Traumstudium zu beginnen. Sie hatte den Wunsch die Heimatstadt zu verlassen, da sie sich zu Hause nicht gesehen gefühlt hatte. Ihre alleinerziehende Mutter hatte nie Zeit für sie. Es fiel ihr nicht schwer wegzuziehen, denn Freunde in der Schule hatte es nie wirklich gegeben. Nun in der neuen Stadt angekommen, fühlt sie sich aber nun doch einsamer als zuvor und mit der Gesamtsituation überfordert. Als sie durch die Einkaufspassage schlendert, wird sie von netten „Studentinnen" angesprochen und gefragt, ob sie ihnen bei einer Hausarbeit über den christlichen Glauben und beim Verständnis der heiligen Schrift helfen könnte. Die Bibel hatte sie schon immer interessiert und sie hat keine Pläne für den Nachmittag. Sie geht mit den netten jungen Frauen mit und sie tauschen ihre Handynummern und -adressen aus.

Lea ist jung, unerfahren, einsam und daher auf der Suche nach neuen Kontakten. Christliche Inhalte interessieren sie und die persönliche freundliche Ansprache gefällt ihr. Meistens ist es dem Zufall geschuldet, dass man in eine ganz bestimmte konflikttträchtige Gemeinschaft gerät. Es kann – wie bei Lea – die persönliche Ansprache oder aber eine Empfehlung eines Arbeitskollegen oder ein Youtube-Video im richtigen (falschen) Moment sein.

Menschen in persönlich schwierigen Situationen stehen vor einer großen Herausforderung. Manche sind in diesen Situationen überfordert und sie begeben sich auf die Suche nach neuen Wegen und alternativen Handlungsoptionen. Sie streben nach Veränderung und gleichzeitig brauchen sie

Stabilität und Sicherheit. Häufig ist in diesen manchmal ausweglos erscheinenden Situationen der eigene Selbstwert geschädigt. Man fühlt sich hilflos, schwach und wertlos. Wenn man sich in diesen Momenten von einer Ideologie angesprochen fühlt, überwiegt häufig die Sehnsucht nach Entlastung. Die Ansprache oder Art der „Werbestrategie" ist ein wichtiger Baustein. So kann eine Empfehlung einer Freundin, eine grundsätzlich eher skeptische Person schon eher überzeugen, ein Angebot zu nutzen, als ein Flyer, der von einer fremden Person übergeben wird.

Es kommt im Grunde nur auf das „perfekte Match" an: Welche Person wird ...

- in welcher Situation,
- von welcher Gruppe,
- wie angesprochen?

Das folgende Schaubild macht das Zusammenspiel der einzelnen Faktoren deutlich (Abb. 2.1):

Um das Schaubild besser verstehen zu können, werden nun die einzelnen Bereiche im Detail beschrieben.

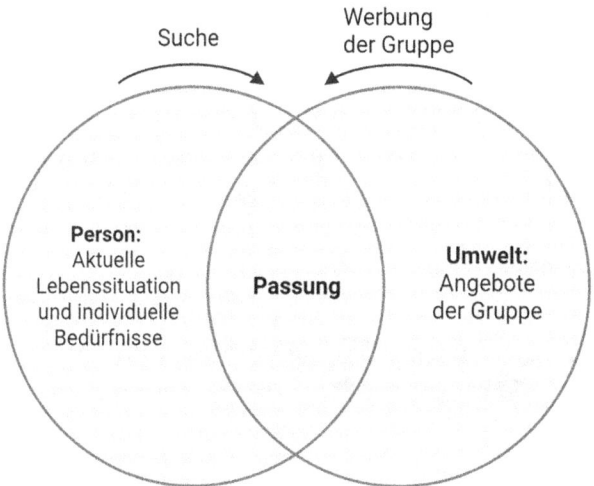

Abb. 2.1 Schaubild Passung

2.1.1 Aktuelle Lebenssituation und individuelle Bedürfnisse

Menschen, die sich einer konfliktträchtigen Gemeinschaft anschließen, befinden sich häufig in einer Lebensphase, in der sie vor schwierigen Entscheidungen stehen oder sich in einer Ausnahmesituation befinden. Diese Phase kann durch Unsicherheit, Hoffnungs- und Hilflosigkeit und/ oder Orientierungslosigkeit geprägt sein. In vielen Fällen stellt sich im Beratungsgespräch heraus, dass sich die Menschen vor Eintritt in eine Gemeinschaft in einer Lebenskrise befanden. Ein häufig anzutreffendes Motiv ist der Mangel an Zugehörigkeit, das Gefühl einsam zu sein und sich nach einer liebevollen Umgebung zu sehnen. Oftmals werden als Auslöser auch das Versterben oder die schwere Erkrankung einer sehr nahestehenden Person genannt. Auch eigene gesundheitliche Probleme oder die Suche nach einem festen Lebenspartner können dazu führen, auf die Suche nach neuen Bewältigungsstrategien zu gehen. Die grundsätzliche Suche nach dem Sinn des Lebens, der Wunsch nach einer klaren Weltanschauung oder das Bedürfnis, die eigene Identität zu definieren und zu festigen, sind ebenfalls häufige Motive, sich einer Gemeinschaft anzuschließen. All diese genannten Bedürfnisse eint, dass dadurch die Menschen motiviert sind, nach Gemeinschaften zu suchen, die ihnen das Gefühl geben, verstanden, akzeptiert und unterstützt zu werden. Je größer die Bedürfnisse und somit der Mangel und die Not des Menschen ist, desto vulnerabler ist man dann dafür, die kritischen Aspekte einer Gemeinschaft anfangs zu übersehen.

2.1.2 Angebote der weltanschaulichen Gemeinschaft

Einer der charakteristischen Kriterien, woran man eine sogenannte Sekte erkennen kann, ist die scheinbar einfache und schnelle Lösung aller Probleme.[2] Zugegebenermaßen folgt nun ein sehr drastisches, aber durchaus realistisches Beispiel:

Fallbeispiel Steffi, Selbstheilungskräfte
Steffi (58) wendet sich an unsere Beratungsstelle. Sie erlebe ihren Mann Matthias (62) als „total verändert" und eher durch Zufall habe sie Bücher und einen Podcast auf seinem Handy entdeckt, die sie zum Nachdenken bringen. Seit einiger Zeit besuche er außerdem eine Selbsthilfegruppe, von der sie dachte, dass diese sich mit dem Thema „Burn-out" beschäftigt. Ihre Recherche im Netz machte sie skeptisch und sie habe ihren Mann direkt auf ihren Fund angesprochen. Unter Tränen habe er ihr gebeichtet, dass er von seinem Arzt die Diagnose Darmkrebs erhalten habe. Da die Erkrankung schon fortgeschritten sei, empfehle der Arzt neben einer Operation auch eine anschließende Chemotherapie. Das habe ihm solche Angst gemacht, dass er die Diagnose vor seiner Frau geheim gehalten habe. Sie fühle sich zwar „irgendwie hintergangen", aber gerade stehe für sie die Sorge um ihn an erster Stelle. Sie ist fassungslos, denn sie erfährt von ihrem Mann, dass in dieser Gruppe seine Erkrankung – ihrer Meinung nach – nicht wirklich ernst genommen wird. Ihr Mann habe diese Selbsthilfegruppe bei der Suche nach Alternativen im Internet gefunden, in der man lernt, die eigenen Selbstheilungskräfte zu aktivieren. Sein Krebs sei nur eine Folge seiner inneren Konflikte, löse er die Konflikte, würde auch der Krebs verschwinden. Gemeinsam mit der Gruppe sei er nun angeblich auf dem Weg der Besserung.

Gerade bei gesundheitlichen Problemen ist eine schnelle und erfolgreiche Lösung sehr attraktiv. Die Not der nach Hilfe suchenden Person ist groß und es ist sehr leicht nach-

---

[2] Siehe auch Checkliste.

zuvollziehen, dass in dieser Lebenskrise verbunden mit großen Ängsten, die schnelle Lösung der aufwendigen und angsteinflößenden Alternative vorgezogen wird. In der Selbsthilfegruppe von Matthias spielt nicht nur der gesundheitliche Aspekt eine Rolle. Er fühlt sich im Kreis von Gleichgesinnten verstanden und die Gemeinschaft tut ihm gut. Wer wünscht es sich nicht, gerade in schwierigen Lebenslagen unterstützt, verstanden und bedingungslos akzeptiert zu werden?

Wie wir später im Kapitel über Gruppenanbieter noch ausführlich zeigen, ist das Gefühl der Zugehörigkeit ein fundamentales Bedürfnis und besonders wirkmächtig. Dieses wird zusätzlich durch die Übernahme der Weltanschauung gestärkt. Man fühlt sich als Teil einer starken Gemeinschaft, die sich gemeinsam für „das Richtige" einsetzt. Von Aussteiger:innen wird sehr häufig berichtet, dass anfangs alle so „unheimlich nett" waren. Man hatte das Gefühl, es gäbe niemals Streitigkeiten. Später stellt sich dann leider heraus, die perfekte Harmonie war doch nur ein trügerischer Schein.

Neben der Zugehörigkeit als wichtiges Bedürfnis steht die Aussicht, endlich die spirituelle Erfüllung gefunden zu haben, ganz weit oben auf der Liste der Prioritäten von sich auf der Suche befindenden Menschen. Das Bedürfnis nach etwas Sinnhaftem oder der Wunsch eine bessere Lebensführung zu erlernen, wird in Beratungssituationen oftmals als ein wesentlicher Faktor für den Eintritt genannt. Hinzu kommt, dass die beiden großen christlichen Kirchen unter großem Mitgliederschwund leiden (Evangelische Kirche Deutschland, 2025; Bingener, 2025) und weniger christliche Veranstaltungen aufgesucht werden (Bundesministerium für Familie, Senioren, Frauen und Jugend, 2024). Deshalb sind Menschen aber nicht weniger spirituell und daher suchen sie sich alternative spirituelle, religiöse Angebote. Insbesondere ideologisch sehr aufgeladene Gemeinschaften, mit strengen Regeln und Hierarchien sind meist sehr attraktiv für Menschen, die nach Identität, Authentizität und Orientierung suchen.

> **Typische „Angebote" von konflikträchtigen Gemeinschaften:**
>
> **Gemeinschaft:**
> Enge soziale Beziehungen, Gemeinschaftsgefühl, Zugehörigkeit
> **Weltanschauung:**
> Eine klare und oftmals einfache Ideologie, die eine eindeutige Orientierung bietet
> **Rituale:**
> Regelmäßige Zeremonien, Gebete, Meditationen, spirituelle Messen u. ä., die das Zusammengehörigkeitsgefühl stärken
> **Problemlösung:**
> Unterstützende Angebote in allen Lebensfragen durch Beratung, (spirituelles) Coaching, Führung und Entscheidungshilfen
> **Exklusivität:**
> Das Gefühl auserwählt zu sein, elitär, Teil einer Gemeinschaft zu sein, die den einzig richtigen Weg geht
> **Sinnhaftigkeit:**
> Teil dieser Gemeinschaft zu sein und für sie tätig zu sein, ist sinnstiftend, denn es geht darum, seinen Beitrag für die Gemeinschaft zu leisten
>
> Die Angebote sind meistens so gestaltet, dass sie die Bedürfnisse der Menschen ansprechen und ihnen das Gefühl geben, verstanden und angenommen zu sein.

2.1.3 Passung zwischen Angebot und Bedürfnis:

Fallbeispiel Tobias, utopische Lebensgemeinschaft
Tobias (28) meldet sich mit dem Wunsch für ein Beratungsgespräch. Er ist aus einer utopischen Lebensgemeinschaft ausgetreten. In der Wohngemeinschaft (WG) lebten

18 Frauen und Männer, die nach der Lehre eines Gurus ihr gesamtes Leben ausgerichtet haben. Sie befolgten seine Regeln, strenge Ernährungsvorschriften gehörten ebenso dazu wie auch die Vorgabe, wer mit wem Sexualverkehr haben durfte. Es gab eine strenge, hierarchische Ordnung. Oberstes Ziel war es, das „Ego zu brechen" und dem Guru mit Hingabe zu begegnen, um den Weg zur Erleuchtung zu finden. Neben dem Guru gab es einen engeren Kreis und es herrschte ein „Hauen und Stechen" um die Gunst des Gurus. Als eine schwangere Mitbewohnerin zur Abtreibung gezwungen werden sollte, da der Vater kein Mitglied der Gemeinschaft war, erkannte Tobias, dass seine eigenen Werte massiv verletzt wurden. Er verließ die Gemeinschaft. Er fühlt sich nun sehr einsam und perspektivlos, viele seiner engsten Freunde leben nach wie vor in der WG. Er fühlt einen großen Sog zurück zur Gemeinschaft und ist sich unsicher, ob er die richtige Entscheidung getroffen hat.

Wir sehen an diesem Beispiel, welche Faktoren Tobias dazu gebracht haben, aus der Wohngemeinschaft auszuziehen. Ein wichtiger Aspekt wurde noch nicht erwähnt: Was hatte ihn dazu gebracht, dieser Gruppe angehören zu wollen? In weiteren Gesprächen wurde klar, dass er vor seinem Eintritt in die WG nicht so genau wusste, was ihn wirklich ausmacht. Er war auf der Suche nach seiner eigenen Identität. Außerdem quälte ihn die Frage, aus welchem Grund er auf der Welt sei und welche Aufgabe er zu erfüllen habe. Auf der Suche nach Sinn und Orientierung trifft er auf eine utopisch geprägte Gemeinschaft. Die strengen Regeln, die klare Rollenverteilung und das gemeinsame Ziel der „spirituellen Entwicklung" – all das gibt ihm in einer Phase der Unsicherheit Halt. Es entsteht eine Passung, die zunächst stabilisierend wirkt. Erst als die Werte dieser Gemeinschaft mit seinen eigenen in massiven Widerspruch geraten, beginnt er zu zweifeln. Die Passung bricht und mit ihr sein inneres Gleichgewicht. Der Ausstieg wird zur logischen Konsequenz, aber eben auch zur tiefen Krise.

Einfach auf den Punkt gebracht: Je besser die Angebote der weltanschaulichen Gemeinschaft zu den eigenen Bedürfnissen passen, desto größer ist die Wahrscheinlichkeit der Gemeinschaft beizutreten. Wenn jemand beispielsweise nach Zugehörigkeit und Sinn sucht, würde eine sogenannte Sekte in Form einer scheinbar harmonischen Gemeinschaft mit einer klaren Ideologie perfekt passen.

2.1.4 Passt wie angegossen

Die subjektive Wahrnehmung spielt eine ganz wesentliche Rolle beim Grad der Passung. Der sogenannte Bestätigungsfehler (Confirmation Bias) ist ebenfalls relevant, denn Menschen neigen dazu, für ihre Entscheidungen bestätigende Informationen zu suchen und sie dementsprechend zu interpretieren. Dieser Bestätigungsfehler beeinflusst unsere Wahrnehmung, widersprüchliche Informationen werden in der Regel entweder komplett ignoriert oder aber abgewertet.

Fallbeispiel Claudia, Angebot einer Heilerin
Claudia (39) berichtet, ihre Arbeitskollegin habe sich entschieden, einer spirituellen Heilerin zu vertrauen. Diese habe ihr prophezeit, dass eine „energetische Blockade" sie daran hindere, beruflich erfolgreich zu sein. In den folgenden Wochen fiel Claudia auf, dass ihre Kollegin nur noch auf Dinge achte, die dieses Bild bestätigen: Immer wenn sie mal einen Fehler mache und sei er noch so gering, sehe sie das als Zeichen für ihre Blockade, – selbst wenn es eigentlich nur Flüchtigkeitsfehler seien oder sie offenbar nur unkonzentriert oder durch berichteten Schlafmangel übermüdet am Schreibtisch sitze. Positive Rückmeldungen oder Komplimente von ihr oder den anderen Kolleg:innen, werden damit kommentiert, dass sie es ja „nur nett meinen" würden und nicht ehrlich seien.

Die Arbeitskollegin von Claudia sucht gezielt nach Belegen, welche die Deutung der Heilerin bestätigen, und blendet die widersprüchlichen Aussagen ihres Umfeldes aus. Je besser die Angebote zu den eigenen Bedürfnissen passen, desto stärker ist dann auch die Bindung an die Gruppe. Die Passung ist kein statischer Zustand und sie kann sich im Laufe der Zugehörigkeit verändern. Oft gibt es die Frage von Angehörigen danach, wie lange es denn dauern kann, bis jemand die „Sekte" wieder verlässt. Dafür gibt es leider keine einfache Antwort oder gar zuverlässige Prognose. Die jeweilige Passung hat einen sehr großen Einfluss darauf, wie lange jemand in der Gruppe bleibt. Manchmal werden die Bedürfnisse, die ursprünglich dazu geführt hatten, der Gemeinschaft beizutreten sogar noch verstärkt. In manchen Fällen ist das Bedürfnis nicht mehr so stark vorhanden, vielleicht sogar durch das Mitwirken derjenigen, die sich große Sorgen machen und ihr eigenes Verhalten gegenüber der Person in der konfliktträchtigen Gruppe verändern.

Exkurs

Der **Confirmation Bias** oder Bestätigungsfehler – beschreibt unsere Neigung, Informationen so auszuwählen und zu bewerten, dass sie unsere bestehenden Überzeugungen bestätigen (Wason, 1960). Man hört lieber das, was man ohnehin schon glaubt. Daher blenden wir Widersprüchliches oft unbewusst aus. In Gruppen zeigt sich dieser Mechanismus besonders deutlich: Eine geteilte Meinung wird schnell zur vermeintlichen Wahrheit, während kritische Stimmen entweder abgewertet oder gar nicht erst wahrgenommen werden.

In einer 2018 veröffentlichten Studie (Talluri et al., 2018) konnte gezeigt werden, dass selbst dann, wenn es um völlig unbedeutende Entscheidungen geht, der Bestätigungsfehler eintritt. Die Versuchsteilnehmenden sollten sich eine Punktewolke mit hoher Unschärfe anschauen. Ihre Aufgabe war es, zu entscheiden, ob sich diese Wolke nach rechts oder nach links bewegt. Im zweiten Durchlauf erhielten sie neue Informationen, mit dem eigentlichen Ziel, ihre Entscheidung verbessern zu können. Anschließend hatten sie die Möglichkeit, ihre erste Entscheidung zu verändern.

Die Teilnehmenden interpretierten die zweite, objektivere Information nicht neutral, sondern mehrheitlich in die Richtung, die ihre erste Einschätzung bestätigte. Sie zeigten einen deutlichen Bestätigungsfehler, obwohl noch nicht einmal ein emotionaler oder ideologischer Inhalt vorlag.

Menschen wollen recht behalten. Selbst dann, wenn es nur um Punkte auf einem Bildschirm geht.

Gerade deshalb ist es so wichtig, kritisches Denken zu fördern: Wir müssen Räume schaffen, in denen Irritationen erlaubt sind – und sogar gewollt. Denn echte Entwicklung beginnt dort, wo Gewissheiten ins Wanken geraten.

2.1.5 Zusammenfassung zum Passungsmodell

Das Passungsmodell erklärt, dass die Anziehungskraft einer konfliktträchtigen Gruppe in erster Linie durch die Passung zwischen den individuellen Bedürfnissen und den Angeboten der Gruppe bestimmt wird. Menschen in Krisen (z. B. Trauer, Krankheit, spirituelle Krise, berufliche, partnerschaftliche, familiäre Probleme, soziale Isolation) oder mit einem geringen Selbstwertgefühl sind besonders gefährdet. Es handelt sich um eine Art „Passform" zwischen Person und Gruppe, die entscheidet, ob sich jemand dauerhaft an eine sogenannte Sekte bindet.

Warum dieses Modell wichtig ist
Das Passungsmodell hilft uns, die Gruppenzugehörigkeit nicht zu bewerten, sondern die Perspektive zu verändern und zu verstehen. Es geht nicht darum, jemanden zu „verurteilen", weil er oder sie sich einer „speziellen" Gemeinschaft anschließt, sondern sich selbst Fragen zu stellen:

- Wann tauchte zum ersten Mal der Name der Gemeinschaft auf bzw. wann wurde das erste Mal davon erzählt?
- Wenn der Gruppenname unbekannt ist, was könnte ich tun, um mehr zu erfahren, ohne Grenzen zu überschreiten und „auszuhorchen"?
- Gab es einen Auslöser? War es eine gezielte Suche, ein Zufall oder gab es eine Empfehlung?
- Was hat diese Gemeinschaft angeboten, was vorher fehlte?
- Welche Bedürfnisse wurden oder werden dort noch (scheinbar) erfüllt?
- Wie könnte die Umwelt so gestaltet werden, dass diese Passung auch außerhalb einer konflikthaften Gruppe möglich ist?

Gerade in der Begleitung von Aussteiger:innen eröffnet dieses Modell **neue Perspektiven**. Denn wer versteht, weshalb etwas „gepasst" hat, kann besser erkennen, **was** nach dem Ausstieg gebraucht wird. Es sollte eben nicht die „Schädlichkeit der Sekte" allein im Mittelpunkt stehen, sondern die Analyse der individuellen Lebenslage. Nach einem Austritt ist die Passung verschwunden – aber angenommen das Bedürfnis nach Zugehörigkeit war vorherrschend – bleibt dieses nach dem Verlassen weiter bestehen. Es entsteht eine große Lücke und die Herausforderung besteht dann darin, wie und wo man sich außerhalb einer konflikttächtigen Gemeinschaft den Wunsch nach Zugehörigkeit erfüllen kann.

Doch nicht nur für Aussteigerinnen und Aussteiger ist dieses Modell hilfreich. Es hilft auch den Angehörigen und Freunden von „Sektenmitgliedern", besser zu verstehen, was so faszinierend an der Gemeinschaft ist und was so fest daran bindet. Wenn man das tiefgreifende Bedürfnis kennt, kann man versuchen, Interventionen zu erarbeiten, die genau dieses Bedürfnis außerhalb der Gemeinschaft bedient. Diese sind natürlich nicht einfach aus dem Ärmel geschüttelt. Selbst wenn man sich dann „kluge" Strategien zurechtgelegt hat, gleicht die Umsetzung dann eher einem Marathon denn einem Sprint. Geduld spielt eine wesentliche Rolle beim Umgang mit Menschen in konfliktreichen Gemeinschaften.

Fallbeispiel Jonas, religiöse Gruppierung

Jonas (17), lebt in einer Kleinstadt und besucht die 11. Klasse eines Gymnasiums. Seit einiger Zeit zieht er sich immer mehr zurück. In der Schule hat er Schwierigkeiten, Anschluss zu finden, fühlt sich missverstanden – sowohl von seinen Lehrern als auch von seinen Eltern. Besonders nach der Trennung seiner Eltern hat er das Gefühl, „zwischen den Welten" zu stehen. Er stellt zunehmend gesellschaftliche Werte infrage und sucht nach einem tieferen Sinn im Leben. Eines Tages wird er auf der Straße von Mitgliedern einer religiösen Gruppierung angesprochen. Diese laden ihn zu einem offenen Jugendabend ein. Dort erlebt Jonas zum ersten Mal seit Langem echte Zuwendung, Wertschätzung und klare Antworten auf seine inneren Fragen. Die Gruppe spricht von einer höheren Wahrheit, Gemeinschaft und einem klaren Lebensziel. Jonas fühlt sich sofort „angekommen" – endlich jemand, der ihn versteht.

Manchmal ist es hilfreich, die Situation in einer Tabelle darzustellen. Anhand des Beispiels von Jonas werden daher die Bedürfnisse und die aktuelle Lebenssituation von Jonas den Angeboten der „Sekte" gegenübergestellt und auf eine mögliche Passung überprüft:

Tabellarische Analyse des Fallbeispiels von Jonas mit dem Passungsmodell

Person (Jonas)	Umwelt („Sekte")	Passung
Soziale Isolation, Rückzug	Starke Gemeinschaft, Aufnahme ohne Vorbehalt	✓
Identitätsunsicherheit	Klare Werte, Orientierung, „Wahrheit"	✓
Bedürfnis nach Sinn	Religiös-spirituelle Weltsicht, klare Mission	✓
Wunsch nach Anerkennung	Lob, Zugehörigkeit, „du bist wichtig"	✓
Familiäre Konflikte	Ersatzfamilie, starke Gruppenbindung	✓

Das Ergebnis ist eindeutig. Die Passung zwischen Jonas' Bedürfnissen und dem Angebot der religiösen Gemeinschaft ist (aus subjektiver Sicht von Jonas) sehr hoch. Er erlebt die Gruppe zunächst als Lösung seiner inneren Probleme, was voraussichtlich seine Bereitschaft zur Bindung stark erhöhen wird.

2.2 Die Säulen der Identität

Es gibt noch weitere Modelle, die auf den Bereich der weltanschaulichen Beratungsarbeit angepasst wurden. Die Bundesstelle für Sektenfragen in Österreich hat beispielsweise das Modell „Die fünf Säulen der Identität" (Petzold & Orth, 1994) auf ihr Beratungskonzept übertragen und nach ihren Anpassungen „Das Säulenmodell" genannt (Neuberger 2018). Um das adaptierte Modell besser verstehen zu können, wird kurz das Modell der „Fünf Säulen der Identität" und im Anschluss das „Säulenmodell" vorgestellt. Im Anschluss wird erläutert, wie man das Modell praktisch anwenden kann.

Das von Hilarion Petzold entwickelte Modell beschreibt die wesentlichen Lebensbereiche, die das Selbstverständnis und die psychische Stabilität eines Menschen tragen. Mit einfachen Worten ausgedrückt: Der Mensch (seine Identität) wird von 5 Bereichen bestimmt. Sind diese Bereiche („Säulen") intakt, fühlen wir uns stabil und psychisch gesund. Entscheidend bei dieser Grundidee ist, dass Identität nicht als starres „Gebäude", sondern als dynamische Wechselwirkung verstanden wird, die sich immer wieder verändern kann.

Es geht uns gut – unsere Identität ist stabil, wenn alle fünf Bereiche ausreichend gefestigt und ausgewogen zueinander sind. Kommt es in einem der fünf Bereiche zu Einschränkungen, wie zum Beispiel durch eine schwere Krankheit oder den Verlust des Arbeitsplatzes, kann die Stabilität in der Regel durch die Festigkeit der anderen Säulen kompensiert werden. Betrifft die Einschränkung aber mehrere Bereiche oder die Säulen waren bereits „beschädigt", kann die gesamte Identität ins Wanken geraten. In diesen herausfordernden Situationen sucht der Mensch nach Kohärenz. Man versucht, die Harmonie wiederherzustellen.

> **Die fünf Säulen der Identität nach H. Petzold:**
> 1. *Leiblichkeit*
>   Der Körper als Grundlage des Selbstseins. Subjektiv erlebte Gesundheit, körperliches Empfinden, Fitness und der Umgang mit dem eigenen Körper.
> 2. *Soziale Beziehungen*
>   Bindungen zu Familie, Freunden, Partnerschaften und anderen sozialen Gruppen.
> 3. *Arbeit und Leistung*
>   Beruf, Ausbildung, Hobbies oder ehrenamtliche Tätigkeiten.
> 4. *Materielle Sicherheit*
>   Finanzielle und wirtschaftliche Absicherung, wie z. B. Wohnung, Einkommen.
> 5. *Werte und Sinn*
>   Individuelle Überzeugungen, ethische Haltungen, Religion oder spirituelle Orientierungen.

Übertragen auf die Bedeutung für Beratung und Begleitung von Betroffenen im weltanschaulichen Bereich hat die Bundesstelle für Sektenfragen die Säulen angepasst. Die Säulen unterscheiden sich nur in wenigen Aspekten: Die Säulen „Leiblichkeit", „Soziales Netz" und „Materielle Sicherheit" sind nach wie vor Bestandteil des Modells. Nur die Säulen 4 und 5 wurden verändert.

Die erste Säule *„Leiblichkeit"* beinhaltet alle Aspekte, die das physische und psychische Wohlbefinden betreffen. Es geht um die Wahrnehmung des eigenen Körpers. Fühle ich mich wohl, so wie ich bin? Es geht nicht um die ärztliche oder psychiatrische Diagnostik, sondern um die subjektiv wahrgenommene Gesundheit.

Fallbeispiel Angela, Ernährungsberaterin

Angela (48) meldet sich bei uns und bittet um Rat. Es ginge um ihre 20-jährige Tochter Vanessa. Sie sei eine hübsche junge Frau und „nicht auf den Kopf gefallen". Ihre Mutter verstehe gar nicht weshalb, doch seit einiger Zeit ziehe sie sich immer in ihr Zimmer zurück und möchte auch gar nichts mehr mit ihren beiden jüngeren Schwestern und ihren Eltern unternehmen. Früher haben sie immer alles am Wochenende zusammen gemacht, das wäre nun nicht mehr so. Sie habe zwar ihr Abitur nur mit „Ach und Krach" geschafft, aber das sei auch kein Wunder, weil Vanessa eine schwere Krankheit hinter sich habe. Nach ihrem Abitur habe sie erstmal gar nicht gewusst, was sie eigentlich als nächstes machen möchte. Seitdem war sie viel im Internet und folgt seit nun bald einem Jahr einer Influencerin. Vor 6 Monaten lud diese zu einer Art „Retreat" auf Mallorca ein. Danach begann ihrer Meinung nach die starke Veränderung. Vanessa fing an, immer dünner zu werden und extrem viel Sport zu machen. Darüber haben sich alle zunächst gefreut, da sie sich schon immer zu dick gefühlt habe, auch wenn das andere nicht so sehen würden. Die Videos und Beiträge der Influencerin, die sich als Ernährungsberaterin versteht, verunsichern Angela sehr. Die Aussagen darin spiegeln ein Verständnis von Körperlichkeit wider, das ihre Mutter für nicht gesund hält.

Bei der Darstellung von Vanessas Identität am Säulenmodell würde man die Säule „Leiblichkeit" als stark belastet einzeichnen. Obwohl sie objektiv betrachtet gesund ist, nimmt sie sich selbst als zu dick und unansehnlich wahr. Sie fühlt sich in ihrem Körper einfach nicht wohl. Trotz der Bestätigung von außen, dass sie gar nicht zu dick sei, leidet Vanessa offenkundig unter ihrer Körperwahrnehmung. Bei dieser Säule ist es wichtig, die Wahrnehmung der betroffenen Person zu bedenken und nicht das, was man von außen beurteilt. Auch körperliche Erkrankungen können von Menschen sehr unterschiedlich wahrgenommen werden, so wie zum Beispiel auch das Schmerzempfinden von Mensch zu Mensch unterschiedlich sein kann.

Die zweite Säule *„Soziales Netz"* betrifft wie die Bezeichnung bereits vermuten lässt, die Einschätzung des sozialen Umfeldes. Es soll hier beurteilt werden, wie gut man sich in seinem Umfeld eingebettet fühlt. Damit sind die Menschen gemeint, mit denen man sich tagtäglich umgibt: Familie, Freunde, Vereins- und Arbeitskolleg:innen.

Die dritte Säule, die in der adaptierten Version nun die *„Materielle Sicherheit"* repräsentiert, geht es um die finanziellen Rücklagen und regelmäßigen Einnahmen, die uns ein mehr oder weniger gutes Gefühl von Sicherheit in materieller Hinsicht geben.

Die Säule „Arbeit und Leistung" wurde in *„Sinn"* umbenannt und beinhaltet nun mehr die Grundidee, dass ein Mensch Sinn in seinem Handeln sieht bzw. eine Lebensaufgabe hat und darin etwas Sinnhaftes sieht. Ihr wird eine besondere Bedeutung zugewiesen. Sie soll, sofern sie stabil ist, auch andere Säulen stützen können. Ist sie hingegen schwach, kann sie andere Säulen stark in ihrer Stabilität beeinträchtigen.

Die 5. Säule wurde aufgrund der vorherigen Umbenennungen ebenfalls neu beschrieben in: *„Werte und Normen"*. Hier sind die Grundprinzipien und Orientierungshilfen des Menschen zu verorten. Die Regeln, nach denen der Mensch sich grundsätzlich in seiner Umwelt orientiert. Die Säule umspannt alle Einstellungen, die sich auf die eigene Lebensphilosophie beziehen: politische, ethische, moralische, aber auch spirituelle Grundeinstellungen.

> **Die fünf Säulen des „Säulenmodell" im Überblick:**
>
> *Leiblichkeit*
> Wie auch schon im ursprünglichen Modell ist hiermit im weitesten Sinne die Gesundheit des Individuums gemeint.
> *Soziales Netz*
> Einbindung in ein soziales Netzwerk, Familie, Freunde …
> *Materielle Sicherheit*
> Alles, was der Mensch besitzt und sein materielles Überleben sichert.
> *Sinn*
> Sinnhaftes Handeln, Lebensaufgabe.
> *Werte und Normen*
> Grundprinzipien, Lebensphilosophie.

Genau wie das „Passungsmodell" geht auch dieses Modell davon aus, dass Menschen in krisenhaften Situationen anfällig für den Eintritt in eine konfliktträchtige Gemeinschaft sind. Der Vorteil dieses Modells ist, dass man es sehr gut in der praktischen Beratungsarbeit anwenden kann. Es ist ein Angebot sowohl für Betroffene, die nach dem Austritt aus einer schädigenden Gruppe zu uns in die Beratung kommen, als auch für sekundär Betroffene, die sich um ihre Angehörigen oder Freunde sorgen. Anhand eines Schaubildes der fünf Säulen kann man zunächst die Identität und die dahinterliegenden Bedürfnisse erklären. In den meisten Fällen beginnt nun bereits der Anstoß, über Probleme oder Lebenskrisen zum Zeitpunkt des Eintritts in die sogenannte Sekte zu sprechen. Im Anschluss daran haben die Klient:innen die Möglichkeit, aus ihrer subjektiven Sicht die Defizite der einzelnen Säulen einzuzeichnen. Wichtig ist darauf hinzuweisen, dass die subjektive Einschätzung dabei von Bedeutung ist. Denn es geht um die emotionalen Hintergründe und nicht um eine faktenbasierte Einordnung. Bei sekundär Betroffenen ist demnach darauf hinzuweisen, dass sie sich in die Gefühlswelt des Gruppenmitglieds einfühlen sollten (Abb. 2.2).

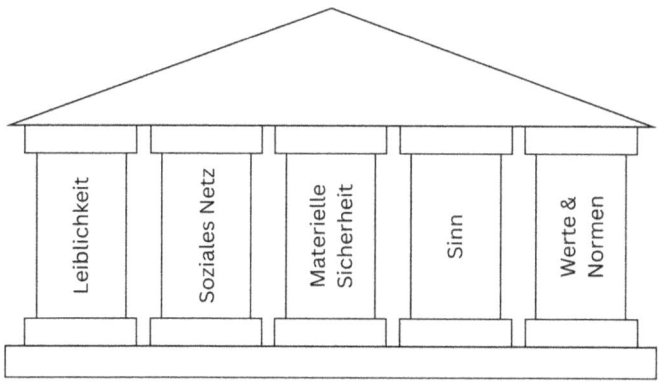

Abb. 2.2 Schaubild des Säulenmodells

Fallbeispiel Monika, Verschwörungsglaube

Holger (56) meldet sich bei uns, weil sein Frau Monika (56) seit der Coronapandemie neben den, wie er sagt „üblichen Corona betreffenden Theorien", eine große Verschwörung im Bereich des Finanzmarktes vermutet. Während sich die Themen um die „Zwangsimpfung" etwas beruhigt hatten und er geglaubt hatte, dass sich alles etwas entspannt, komme Monika nun „mit dieser Theorie um die Ecke". Sie glaubt, dass sie bald zwangsenteignet werden: Sie würden ihr Haus und ihr ganzes Gespartes verlieren. Schon während der Pandemie hatte er bereits Hilfe bei Freunden und in der Familie gesucht. Einige Freunde haben sich abgewandt, die Familie hat ihn aber immer in seiner Entscheidung unterstützt, trotz mancher abstrusen Bemerkungen fest an der Seite seiner Frau zu stehen. Immerhin seien sie schon über 25 Jahre verheiratet. Nach all den Schwierigkeiten der letzten Jahre fühle er sich überfordert, ihm fehle die Kraft, das noch weiter „durchzustehen". Seine Frau sei beruflich sehr erfolgreich, auch wenn sie mit dem, was sie macht, schon seit langer Zeit unglücklich ist. Schon seit längerem klagt sie, dass sie kurz vor einem Burn-out stünde. Er versteht ihre Sorgen einfach nicht. Das Säulenmodell konnte bei der Einordnung eine Hilfe sein und einen Perspektivwechsel ermöglichen.

Holger hatte während der Beratung im Schaubild die Einschätzung von Monikas Wohlbefinden eingezeichnet. Dadurch erkannte er, dass sie in vielen Bereichen selbst überlastet und voller Sorgen war. Ihre beste Freundin und ihr Mann waren durch die Maßnahmen während der Coronapandemie in finanzielle Schwierigkeiten geraten und waren gezwungen, für ihre eigene Firma, die schon in mehreren Generationen von der Familie geführt worden war, Insolvenz anzumelden. Monika hatte zusehen müssen, wie sehr ihre Freundin darunter litt, ihre Existenz verloren zu haben. Eine biografische Einordnung festigte den Eindruck, dass Monika ebenfalls starke Existenzängste entwickelt hat: Sie stammte aus sehr einfachen Verhältnissen, ihre Mutter hat eine winzige Rente und spart, wo sie nur kann. Monika hat große Angst davor, ihre mittlerweile hart erarbeiteten Standards zu verlieren.

Zusammenfassung

Das Säulenmodell zeigt auf, dass der Eintritt in eine konfliktträchtige Gruppe vor allem aufgrund vorheriger schwieriger Lebenssituationen erfolgt. Schafft man es bei der betroffenen Person die Bedürfnisse zu erkennen und andere Lösungswege aufzuzeigen, kann man erreichen, dass die Gruppe (Ideologie) an Bedeutung verliert. Es handelt sich um einen systemischen Ansatz mit der Grundannahme, dass man durch eine Veränderung im System auch eine Veränderung bei den einzelnen Personen bewirkt. Durch die Analyse des Säulenmodells kann ein Veränderungsprozess angestoßen werden.

Warum dieses Modell wichtig ist

In der Beratungssituation kann das Modell helfen, anschaulich und visuell zu erarbeiten, welche Säulen stabil, belastet oder beschädigt sind. Es dient der Psychoedukation, zum

2 Besser verstehen: Warum geraten Menschen...

besseren Verständnis, weshalb jemand ein unseriöses Angebot, Verschwörungsglauben oder eine konfliktträchtige Gemeinschaft als Lösung herangezogen hat. Es hat den Vorteil, dass man ein Bild vor Augen hat und man durch den Perspektivwechsel die Sicht des anderen einnehmen kann. Manche Menschen können Informationen visuell schneller und besser verstehen. Durch die schematische Darstellung wird eine strukturierte Reflexion eröffnet:

- Wo bestehen Ressourcen, die man zur Regulierung der „bedrohten" Säulen stärken kann?
- Wo braucht es Unterstützung? Gibt es praktische, emotionale, finanzielle Möglichkeiten?
- An welcher Stelle bedient die „Sekte" einen Mangel?
- Gab es ein besonders einschneidendes Ereignis, weshalb eine Säule besonders stark belastet ist oder liegt schon länger eine Belastung auf mehreren Ebenen vor?
- Wie lange ist die Betreffende bereits Mitglied, gab es vorher auch schon andere Gruppen, die Ihnen komisch vorkamen? (Man könnte dann auch mehrere Modelle anfertigen.)
- Welche Bedürfnisse wurden oder werden noch dort (scheinbar) erfüllt?
- Wo könnte man helfen, um die Säulen wieder kohärent werden zu lassen?

Besonders in der Begleitung von Menschen, die sich aus konfliktträchtigen Gemeinschaften lösen oder nach neuen Lebensperspektiven suchen, bietet das Modell eine hilfreiche Orientierung. Denn nach dem Austritt bleibt oftmals eine Lücke. Das Bedürfnis bzw. die Lösung der Probleme, die ursprünglich durch die Gemeinschaft oder das Angebot bedient wurde, muss zunächst identifiziert und reflektiert werden, um dann durch bessere Lösungsansätze ausgefüllt zu werden. Oftmals ist es den Menschen gar nicht bewusst, wodurch sie von der Gemeinschaft so angezogen wurden. Zunächst fühlten sie sich so entlastet und glücklich. Nach dem Austritt wird durch eine Reflektion erst klar, dass die Gruppe keine Lösung geboten hat und sich die Lebenssituation durch andere Belastungen sogar noch verschärft hat. Ohne diese Reflektion kommt es zuweilen dazu, dass Menschen trotz ihrer sehr schlechten Erfahrungen, sich erneut einer schwierigen Gruppe oder einem Scharlatan zuwenden. Das erscheint zunächst kontraintuitiv, zeigt es doch, dass man offenbar aus „seinen" Fehlern nicht gelernt hat. Man sollte sich dann noch einmal verdeutlichen, dass der Eintritt in die Gemeinschaft meistens nur ein Symptom ist, der Ursprung ist an anderer Stelle zu finden.

Auch für sekundär Betroffene ist das Säulenmodell hilfreich. Zum einen können sie stellvertretend für das Mitglied, das sich noch in einer totalitären Gruppe befindet, das Modell zur Visualisierung der Problembereiche nutzen. Zum anderen können sie auch für sich selbst feststellen, ob sie genügend Ressourcen haben, um die oft kräftezehrende Begleitung zu bewerkstelligen. Wir wissen nicht, wann und ob diese Person die Gruppe verlassen wird. Die Begleitung kann ein sehr mühsamer und geduldiger Weg sein. Wenn man als sekundär Betroffene(r) das Säulenmodell nutzt, können sich auch Fragen für einen selbst ergeben:

- Haben Sie genügend Ressourcen oder sind Ihre eigenen Säulen an manchen Stellen gerade selbst stark beschädigt?
- Wo brauchen Sie Unterstützung, wenn Sie sich auf den mitunter langen Weg der Begleitung begeben?
- Wie ist Ihre Säule „Soziales Netz" beschaffen? Können Sie Familie oder Ihren Freundeskreis mit einbeziehen? Haben Sie jemanden, mit dem Sie über Ihre Sorgen sprechen können?
- Können Sie Ihre eigenen Grenzen rechtzeitig erkennen und sie dann auch benennen?
- Sind Sie in Ihren Werten gefestigt?

- Können Sie Stabilität ausstrahlen?
- Wie bzw. an welcher Säule sehen Sie, dass Sie auf die Person einwirken und ihre Umwelt verbessern könnten? Gibt es andere Personen, die an den als problematisch definierten Säulen besser einwirken könnten?

Fallbeispiel Markus, die Coachingausbildung

Markus (45) arbeitet seit über 20 Jahren als Maschinenbauingenieur in einem mittelständischen Unternehmen. Seit einigen Monaten klagt er zunehmend über Erschöpfung, Antriebslosigkeit und Schlafprobleme. Bei seinem Arbeitgeber gehen gerade weniger Aufträge ein als gewohnt und im Kollegium werden Gerüchte laut, dass man demnächst Einsparungen plane. Das alles belastet ihn zunehmend. Bei seiner Suche im Internet nach Hilfe, entdeckt er ein erfolgversprechendes Coachingangebot. Er bucht sein erstes Seminar und seine Frau ermutigt ihn auch dazu, dieses zu besuchen. Nach dem Seminar kommt Markus völlig euphorisiert und begeistert zurück. Er ist seitdem mit den anderen Teilnehmenden in einer kleinen Gruppe vernetzt. Markus' Frau ist zunächst froh, dass es Markus besser zu gehen scheint. Er plant, weitere Seminare zu besuchen, seinen bisherigen Arbeitsplatz zu kündigen, um selbst Coach zu werden. In den letzten Wochen hat er sich rasant verändert, er ist nur noch am Handy. Er schreibt intensiv mit einer Frau aus der Gruppe und spricht davon, dass sie seine „Seelenverwandte" sei. Es könne kein Zufall sein, dass er diese Frau kennengelernt habe. An diesem Punkt wendet sich die Ehefrau an uns, denn sie hat gehört, dass es durchaus auch unseriöse Angebote im Coachingbereich gibt und möchte sich informieren. Anhand ihrer Einschätzung über die Gefühlswelt von Markus kann man anstatt eines Schaubilds alternativ auch eine Tabelle erstellen. In der ersten Sitzung zeigt sich, dass Markus' Identitätsbalance deutlich gestört ist.

Markus: Tabellarische Analyse anhand des Säulenmodells

Säule	Status/Beschreibung	Anzeichen für Instabilität
Leiblichkeit	**Stark belastet** Erschöpfung, Schlafprobleme, körperliche Stresssymptome	Deutliche psychosomatische Belastung, Energiemangel
Soziales Netz	**Stark belastet** Belastete Ehe, neue emotionale Bindung an eine Gruppenteilnehmerin	Rückzug aus bestehender Beziehung, neue Abhängigkeit
Materielle Sicherheit	**Belastet** Arbeitsplatz unsicher, Kündigungsabsicht ohne klare neue Perspektive	Bedrohung der wirtschaftlichen Existenz
Sinn	**Stark belastet** Coaching als neue Sinnquelle, euphorische Suche nach Lebensaufgabe	Sinnüberhöhung, Realitätsverlust
Werte und Normen	**Belastet** Werteverschiebung hin zu neuen Gruppennormen („Seelenverwandtschaft", Schicksalsglaube)	Auflösung bisheriger Werthaltungen, Instabilität

Die Darstellung in einer Tabelle macht auf einen Blick sichtbar, dass mindestens drei zentrale Säulen (Leiblichkeit, Soziales Netz, Sinn) bei Markus aktuell stark belastet sind. Die materielle Sicherheit ist belastet, bietet nur begrenzte emotionale Stabilität. Die Säule „Werte und Normen" zeigt erste Risse.

2.3 Flower-of-Power-Modell

Die bisher vorgestellten Modelle sind wertvolle Werkzeuge für die Beratungsarbeit. Sie bieten die Möglichkeit, die Gründe einer „Sektenmitgliedschaft" besser zu verstehen und einen Perspektivwechsel anzustoßen. Dabei ist vor allem für die praktische Arbeit in der Beratung eine visuelle Darstellung hilfreich. Die Klient:innen können aktiv an der Darstellung der Problemlage arbeiten. Das Säulenmodell bietet außerdem den Vorteil, dass man es sowohl Selbst-, aber auch Sekundär-Betroffenen anbieten kann.

Weiterentwicklung des Säulenmodells
Das Bedürfnis nach Zugehörigkeit ist fundamental. Die Bedeutung von **Zugehörigkeit** im menschlichen Leben wird zwar in der Säule „Soziales Netz" abgebildet, jedoch wird ihre zentrale Rolle nicht ausreichend widergespiegelt. Das soziale Umfeld kann zuweilen von außen betrachtet bei jemandem groß erscheinen und dennoch kann eine Person durch ihre empfundene Einsamkeit stark belastet sein. Seit der Coronapandemie zeigte sich ein besorgniserregender Trend auf. Besonders betroffen ist die Altersgruppe der 18- bis 35-Jährigen.

Exkurs Aktuelle Entwicklungen Einsamkeit:

> Aktuelle Entwicklungen zum Thema Einsamkeit:
>
> 1. Eine repräsentative Umfrage der Bertelsmann Stiftung (Luhmann, Schäfer u. Steinmayer 2024) zeigt, dass 57 % der 18- bis 35-Jährigen in Europa sich moderat bis stark einsam fühlen. In Deutschland liegt der Anteil im Gesamtvergleich etwas niedriger, aber immer noch bei erschreckenden 51 %. Besonders betroffen sind Menschen mit niedrigerem Bildungsstand. Die Studie betont, dass Einsamkeit unter jungen Erwachsenen ein strukturelles und gesellschaftliches Problem darstellt.

2. Laut dem Einsamkeitsreport der Techniker Krankenkasse (2004) geben 60 % der Menschen in Deutschland an, Einsamkeit zu kennen. Für 4 % ist sie ein häufiger Begleiter. Auch in dieser Befragung gab besonders die Gruppe der jüngeren Menschen Grund zur Besorgnis. In der Altersgruppe der 18- bis 39-Jährigen gaben sogar 68 % an, sich häufig, manchmal oder selten einsam zu fühlen. Es ist aber nicht nur die Häufigkeit, die Sorgen bereitet. Sie leiden deutlich mehr unter dem Gefühl von Einsamkeit. Bei der jungen Generation sagten 36 %, dass sie dadurch stark bis sehr stark belastet sei. Bei den älteren Altersgruppen (40 bis 59 J.) und bei der Generation 60+ lagen die Angaben zwischen 19 und 21 %.
3. Die Bundeszentrale für politische Bildung untersucht in ihrer Ausgabe der „Aus Politik und Zeitgeschichte" Einsamkeit aus verschiedenen Perspektiven, psychologisch, sozial und politisch (Bundeszentrale für politische Bildung, 2024). Es werden die Unterschiede zwischen Einsamkeit und sozialer Isolation aufgezeigt und hervorgehoben, dass Einsamkeit nicht nur ein individuelles und subjektives, sondern ein ernst zu nehmendes gesellschaftliches Phänomen ist.
4. Das Einsamkeitsbarometer der Bundesregierung (Bundesministerium für Familie, Senioren, Frauen und Jugend, 2024) ist kein neues Instrument und hält die Entwicklungen seit 1992 im Blick. Auch in dieser Analyse wird betont, dass Einsamkeit als eine gesamtgesellschaftliche Herausforderung gesehen werden muss. Das Einsamkeitsempfinden stieg während der COVID-19-Pandemie stark an und bleibt noch auf einem höheren Niveau als vor der Pandemie, auch wenn die Zahlen gesunken sind. Dort wird hervorgehoben, dass die Besuche religiöser Veranstaltungen besonders bei der jüngeren Generation abnehmen. „Diese Säkularisierungsdynamik stellt eine der zentralen Herausforderungen für die Weiterentwicklung des Angebots gegen Einsamkeit dar, das in vielen Fällen von Trägern vorgehalten wird, die eng mit den christlichen Kirchen in Deutschland verbunden sind."

2 Besser verstehen: Warum geraten Menschen…

Neben diesen ernstzunehmenden hohen Zahlen ist ein weiterer Aspekt für die weltanschauliche Beratung von Relevanz. Die Untersuchungen zeigen, dass Einsamkeit immer noch ein großes Tabuthema ist. Nur zwischen 22 und 40 % der unter Einsamkeit leidenden Menschen sprechen offen darüber. Vor allem Männer (22 %) sprechen selten bis gar nicht mit jemandem über das Gefühl der Isolation. Jeder dritte Mann und jede fünfte Frau haben sich noch nie jemandem gegenüber geöffnet. Den meisten einsamen Menschen ist es sehr unangenehm, darüber zu sprechen. Entweder aus Scham und einem unangenehmen Gefühl heraus oder sogar, weil sie annehmen, sie würden anderen zur Last fallen.

Aus den Erkenntnissen der vorherigen Modelle sollten wir den Hinweis auf die Gefahr ernstnehmen, dass Menschen in einsamen Situationen und ihrer Suche nach Gemeinschaft, Hilfe und Unterstützung in konfliktträchtigen Gemeinschaften finden. Der Mangel an Zugehörigkeit ist ein entscheidender Aspekt und rückt in der aktuellen Zeit vielleicht mehr denn je in den Vordergrund. Es ist in vieler Hinsicht wichtig, über Einsamkeit in den Austausch zu kommen. Besorgniserregend ist die Erkenntnis, dass nicht nur, wie oftmals falsch vermutet, die ältere Generation, sondern praktisch alle Altersgruppen betroffen sind. Die zunehmenden Möglichkeiten, alles von zu Hause aus dem „stillen Kämmerlein" zu erledigen, sind reizvoll und praktisch zugleich. Sie bergen aber auch die Gefahr, dass unsere persönliche Kommunikation darunter leidet. Wir verbringen viel Zeit im mobilen Arbeiten von zu Hause aus, tauschen uns mittlerweile mehr über Messengerdienste denn in einem persönlichen Telefonat aus. Selbst wenn wir eine Reklamation über eine Bestellung aufgeben möchten oder eine Frage an unseren Stromanbieter haben, landen wir meistens bei einem durch künstliche Intelligenz programmierten Chat. Unsere Lebensmittel und Getränke können bequem in einer mobilen App bestellt und bezahlt werden.

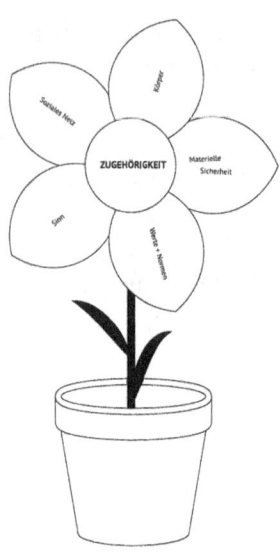

Abb. 2.3 Flower-of-Power-Modell

Auf Wunsch wird unser Einkauf dann vor der Tür abgestellt. Die Sehnsucht nach Zugehörigkeit wächst und das machen sich auch konfliktträchtige Gemeinschaften und unseriöse Anbieter:innen zu Nutzen. Der weltanschauliche Markt war noch nie so pulverisiert wie heute und die Anpassung an unsere Bedürfnisse ist schneller denn je (Abb. 2.3).

Aus diesen Überlegungen bietet sich ein weiterentwickelter Ansatz des Säulenmodells als Alternative an. Das Flower-of-Power-Modell soll zum einen psychoedukativ die zentrale Bedeutung der Zugehörigkeit erklären und zum anderen nach wie vor die Möglichkeit bieten, einen systemischen Blick auf die Gründe der „Sektenmitgliedschaft" zu eröffnen.

Im Zentrum dieses Modells steht die **Zugehörigkeit**. Die Blütenblätter repräsentieren verschiedene zentrale Lebensbereiche:

2 Besser verstehen: Warum geraten Menschen… 75

- **Körper** (wahrgenommene seelische und physische Gesundheit),
- **Soziales Netz** (Freund*innen, Familie, Gemeinschaft),
- **Materielle Sicherheit** (Wohnung, Einkommen, Versorgung),
- **Sinn**,
- **Werte und Normen**.

Dadurch ergibt sich ein ganzheitliches Modell, bei dem Zugehörigkeit den zentralen Aspekt bzw. ein verbindendes Glied für menschliches Wohlbefinden darstellt. Die Blüte symbolisiert, dass diese Bereiche sich um die Zugehörigkeit herum entfalten und gegenseitig beeinflussen. Die Bereiche stehen in dynamischer Wechselwirkung miteinander und tragen gemeinsam zur individuellen Lebensqualität und psychischen Gesundheit bei. Damit ist gemeint, dass wie auch bei den vorherigen Modellen von keinem starren Gefüge, sondern von einer dynamischen Struktur ausgegangen wird. Die dynamische Annahme eröffnet die Möglichkeiten, Interventionen zur Veränderung zu erarbeiten. Jedes Blütenblatt ist gleich wichtig und hängt mit der Mitte (Zugehörigkeit) zusammen. Die Bereiche beeinflussen sich auch gegenseitig: Wenn z. B. die materielle Sicherheit „welkt", kann dadurch auch das soziale Netz oder das Empfinden von Sinn beeinträchtigt werden – und damit auch das Gefühl der Zugehörigkeit. Alle Lebensbereiche sollen betrachtet werden, aber ein zentraler Gedanke beim Flower-of-Power Modell ist, den Aspekt Zugehörigkeit in den Fokus zu nehmen. Durch diesen konzentrierten Blick können wichtige Interventionen und unterstützende Maßnahmen entwickelt werden, die den Betroffenen helfen sollen, sich von den starken Bindungen und der emotionalen Abhängigkeit zu lösen und ein gesundes Zugehörigkeitsgefühl außerhalb der „Sekte" aufzubauen.

1. **Wiederherstellung eines sicheren sozialen Netzwerks**
   - **Ziel:** Aufbau eines gesunden und unterstützenden sozialen Netzwerks.
   - **Intervention:** Beratung oder Begleitung bei der Kontaktaufnahme zu nichtsektenbezogenen sozialen Kreisen (Freunde, Familie, Vereine). Das Angebot von Selbsthilfegruppen kann ebenfalls hilfreich sein, da sie einen Raum bieten, in dem Betroffene ihre Erfahrungen teilen können, ohne stigmatisiert zu werden.
   - **Fokus:** Wiedererlernen von Vertrauen und sozialen Bindungen, die nicht von einer kontrollierenden Ideologie geprägt sind.
2. **Förderung der Selbstbestimmung und Identitätsbildung**
   - **Ziel:** Rückkehr zur persönlichen Identität und Unabhängigkeit.
   - **Intervention:** Unterstützung bei der Wiederentdeckung von Interessen und Lebenszielen, die nicht durch die Ideologie der „Sekte" beeinflusst werden. Berufsberatung, Aus- und Weiterbildung, neue Hobbys.
   - **Fokus:** Förderung von Selbstständigkeit, Selbstwert und Selbstwirksamkeit, Kontrolle über das eigene Handeln zurückgewinnen.
3. **Sicherung der emotionalen Stabilität**
   - **Ziel:** Wiederherstellung der emotionalen Stabilität.
   - **Intervention:** Beratungsgespräche und wenn erforderlich Hilfe bei der Anbindung an Psychotherapeutische Praxen herzustellen. Interventionen (z. B. kognitive Verhaltenstherapie), die helfen, die emotionale und psychologische Belastung zu reduzieren. Der Fokus liegt auf der Entwicklung gesunder emotionaler Resilienz.
   - **Fokus:** Bewältigung der Trauer und des Verlusts von Gemeinschaft und Identität, die oft mit dem Verlassen einer „Sekte" verbunden sind.
4. **Rekonstruktion von moralischen und ethischen Werten**
   - **Ziel:** Suche nach den (ursprünglichen) eigenen moralischen Werte und Überzeugungen.
   - **Intervention:** Unterstützung bei der Reflexion über persönliche Werte und Ethik, die nicht durch die ehemaligen Dogmen geprägt sind. Hier können ethische und philosophische Diskussionen hilfreich sein, um eine persönliche Werteorientierung zu entwickeln.

- **Fokus:** Eigene Werte festlegen, die auf individueller Reflexion basieren, statt auf einer im Vorfeld festgelegten Sektenideologie.
5. **Förderung der Zugehörigkeit in einer Gemeinschaft**
   - **Ziel:** Aufbau von Zugehörigkeit.
   - **Intervention:** Ermutigung, sich einer breiteren gesellschaftlichen oder religiösen Gemeinschaft anzuschließen, die nicht durch Kontrolle und Isolation gekennzeichnet ist. Hierbei können kirchliche oder andere weltanschauliche Beratungsstellen Hilfe bei der Orientierung auf dem Markt bieten. Eine Alternative können auch Wohltätigkeitsorganisationen oder gemeinnützige Vereine sein, die weltanschaulich neutral organisiert sind.
   - **Fokus:** Schaffung eines unterstützenden, (aber nicht kontrollierenden!) sozialen Rahmens, der auf gesunder Interdependenz basiert.
6. **Aufklärung und Entlarvung der „Sektenstruktur"**
   - **Ziel:** Ehemals manipulative Mechanismen reflektieren, um die erlebten Erfahrungen in einem klareren, objektiveren Licht zu sehen.
   - **Intervention:** Psychoedukation, gemeinsam Aufklärungsmaterialien oder vergleichbare Erfahrungsberichte durchgehen. Dies kann Betroffenen helfen, den ehemaligen Einfluss zu verstehen und ihn in ihre persönliche Geschichte einzuordnen.
   - **Fokus:** Klarheit über die Erfahrungen und die schrittweise Verarbeitung dieser Erlebnisse, um zu einem gesünderen Selbstverständnis zu gelangen.

Ein wesentlicher Baustein in der beraterischen Arbeit ist die sogenannte Biografiearbeit (Schäfer, 2003). Sie gilt in der psychosozialen Beratung als zentrales Element – insbesondere, wenn es darum geht, die Selbstreflexion anzuregen, verfestigte Lebensmuster zu erkennen und notwendige Veränderungsprozesse anzustoßen und zu begleiten. Das Flower-of-Power-Modell folgt einem organischen Aufbau und lädt daher auch zur biografischen Deutung ein. Es soll die

„Kraft" der Zugehörigkeit und die Wichtigkeit der identitätsstiftenden Faktoren visualisieren. In der Natur ist keine Blume perfekt. Auch bei dem Schaubild sollte nicht die Erwartung einer perfekten Pflanze bestehen. Es ist wichtig zu berücksichtigen, dass Pflanzen, genau wie alles Lebendige, natürliche Variationen aufweisen und nicht immer perfekt aussehen. Das macht sie auch so interessant und einzigartig! Der Blumentopf im Schaubild soll die eigenen Wurzeln, den Nährboden symbolisieren. Das Modell bietet viele fantasievolle Anregungen. Während des Beratungsprozesses könnten durch die Klient:innen nach ihren Wünschen, Bedürfnissen und aufkommende Fragen weitere Symbole eingefügt werden. Es bieten sich Symbole wie Sonne, Gießkanne oder Dünger zur Besprechung weiterer Aspekte an.

Zusammenfassung
Das Flower-of-Power-Modell soll eine Erweiterung des Säulenmodells um den Aspekt der Zugehörigkeit darstellen. Die ursprünglichen fünf Lebensbereiche zum Verständnis der Identität: Körper, Soziales Netz, materielle Sicherheit, Sinn sowie Werte und Normen bleiben weiterhin Bestandteil. Wie auch beim Säulenmodell geht es um den systemischen Grundgedanken, die Lebenssituation ganzheitlich zu betrachten und Veränderungsprozesse anzustoßen. Das Modell kann sowohl bei Selbstbetroffenen, aber auch bei nahestehenden Personen, Verwandten und Freunden in der Beratung eingesetzt werden.

Warum das Modell wichtig ist
Das Modell eignet sich insbesondere zur Analyse sozialer Prozesse, pädagogischer Interventionen und individueller Resilienzförderung. Der fokussierte Blick auf das Gefühl der Zugehörigkeit ergibt aus vielen Aspekten heraus Sinn. Zugehörigkeit **ist ein zentrales menschliches Grundbe-**

dürfnis und gehört zu den fundamentalen Bedürfnissen, ähnlich wie Nahrung oder Sicherheit (Maslow, 1943). Konfliktträchtige Gemeinschaften bieten eine scheinbar einfache Lösung für dieses Bedürfnis und geben Struktur, Identität, Gemeinschaft und Schutz. Nach einem Austritt verlieren Betroffene oft von jetzt auf gleich dieses Gefühl von Geborgenheit. Oftmals entsteht eine massive psychosoziale Lücke, die zu (erneuter) Einsamkeit und Identitätskrisen führen kann. Häufig stoßen diese vulnerablen Menschen trotz ihrer schlechten Erfahrungen in einer totalitären Gemeinschaft erneut auf eine Gruppe, die ihnen langfristig nicht guttut. Ohne neues Gemeinschaftsgefühl bleibt ein emotionales „Vakuum", das Ehemalige sogar Überlegungen anstellen lässt, in die „alte" Gruppe zurückzukehren, obwohl sie ihnen geschadet hatte. Durch den fokussierten Blick auf das zentrale Bedürfnis kann man in der Beratung auf problematische Ersatzbindungen (z. B. Abhängigkeiten von einzelnen Personen oder auch dem Beratungssetting) aufmerksam machen.

Menschen, die aus einer schädigenden Gemeinschaft ausgetreten sind, haben nicht nur den Verlust ihrer bisherigen sozialen Gemeinschaft zu verkraften, sondern haben zuweilen ihre Identität, ihre Lebensaufgabe und Selbstdefinition verloren. Außerdem zeigen Studien, dass Menschen, die ihre Zugehörigkeit verlieren, ein signifikant höheres Risiko für Depressionen, Angststörungen und psychosomatische Erkrankungen haben (Cacioppo & Cacioppo, 2018). In sogenannten Sekten wird oft eine fremdbestimmte Identität gelebt („Du bist nur wertvoll, wenn du der Gemeinschaft dienst"). Das Individuum ist dem Ziel der Gruppe untergeordnet. Damit eine individuelle Identitätsentwicklung nach dem Austritt stattfinden kann, ist ein Gefühl von Zugehörigkeit förderlich. Auch bei der Förderung der Selbstwirksamkeit und eines guten

Selbstwertgefühls bietet dieser „sichere Raum" den notwendigen Halt. Durch den Aufbau einer neuen Zugehörigkeit wird die Integration in die Gesellschaft erleichtert. Viele ehemalige Mitglieder haben das Gefühl, „zwischen den Welten" zu stehen. Die neue soziale Anbindung, zum Beispiel durch das Engagement im Ehrenamt, Teilnahme an Kursen oder in Vereinen, kann helfen, sich wieder aufgehoben und sicherer zu fühlen und proaktiv eigene Lebenswege zu gestalten.

> Die wesentlichen Aspekte im Überblick:
>
> - Zugehörigkeit als zentrales Bedürfnis
> - Verlust von Zugehörigkeit verursacht starke psychische Belastungen
> - „Gesunde" Zugehörigkeit schützt vor „Rückfällen" in Abhängigkeitsstrukturen
> - Die Entwicklung der eigenen Identität ist eng mit der Zugehörigkeit verknüpft
> - Zugehörigkeit stärkt langfristig Selbstwirksamkeit und Selbstwertgefühl
> - Der gesellschaftliche Wiedereinstieg wird erleichtert

Das Modell ist wichtig, weil Zugehörigkeit der Schlüssel zur emotionalen Stabilisierung, Identitätsbildung und sozialen Integration von ehemaligen „Sektenmitgliedern" ist. Ohne neue Zugehörigkeit bleibt der Ausstieg oft brüchig und kann langfristige psychische Folgen nach sich ziehen.

2.4 Zusammenhang zwischen Zugehörigkeit und Interventionen

Aspekt	Problem ohne Zugehörigkeit	Intervention	Ziel
Soziales Netzwerk	Isolation, Einsamkeit	Aufbau neuer sozialer Kontakte	Soziale Anbindung, emotionale Unterstützung
Identität	Identitätsverlust, Orientierungslosigkeit	Förderung von Interessen, Hervorheben der eigenen Fähigkeiten und Stärken, persönliche Ziele und Selbstwirksamkeit	Selbstbestimmte Identität
Emotionale Stabilität	Psychische Belastungen wie Depression, Angst; Rückkehr in Abhängigkeitsstrukturen	Psychologische Beratung, Resilienztraining	Emotionale Gesundheit
Werte und Normen	Moralische, ethische Verunsicherung	Reflexion und Entwicklung eigener Werte	Ethische Selbstverortung
Gesellschaftliche Integration	Gefühl von Fremdheit, Exklusion, „Zwischen den Welten"	Teilhabe an offenen Gemeinschaften, Vereinen, Ehrenamt	Positive soziale Rollen, Selbstwirksamkeit

Literatur

Bingener, R. (2025). Kirchen haben 2024 mehr als eine Million Mitglieder verloren. https://www.faz.net/aktuell/politik/inland/kirchen-haben-2024-mehr-als-eine-million-mitglieder-verloren-110382733.html. Zugegriffen am 12.05.2025.

Bundesministerium für Familie, Senioren, Frauen und Jugend. (2024). Einsamkeitsbarometer 2024. https://www.bmfsfj.de/resource/blob/240528/5a00706c4e1d60528b4fed062e9debcc/einsamkeitsbarometer-2024-data.pdf. Zugegriffen am 28.04.2025.

Bundeszentrale für politische Bildung (Hrsg.). (2024). Einsamkeit (Aus Politik und Zeitgeschichte, Nr. 52/2024). Bundeszentrale für politische Bildung.

Cacioppo, J. T., & Cacioppo, S. (2018). The growing problem of loneliness. *The Lancet, 391*(10119), 426.

Evangelische Kirche in Deutschland. (2025, März). *Kirchliche Statistik 2024.* https://www.ekd.de/ekd-veroeffentlicht-mitgliederzahlen-2024-89315.htmStartseite www.ekd.de+1LokalKlick.eu+1. Zugegriffen am 28.04.2025. Deutsche Bischofskonferenz. (2025, März). *Kirchenstatistik 2024.*

Murken, S., & Namini, S. (2004). Psychosoziale Konflikte im Prozess des selbst gewählten Beitritts zu neuen religiösen Gemeinschaften. *Zeitschrift für Religionswissenschaft* (Bd 12, 2, S. 141–187).

Luhmann, M., Schäfer, B., & Steinmayer, R. (2024). Bertelsmann Stiftung (Hrsg.): *Einsamkeit junger Menschen 2024 im europäischen Vergleich.* https://www.bertelsmann-stiftung.de/de/publikationen/publikation/did/einsamkeit-junger-menschen-2024-im-europaeischen-vergleich. Zugegriffen am 28.04.2025

Maslow, A. H. (1943). A theory of human motivation. *Psychological Review, 50*(4), 370–396.

Neuberger, S. (2018). *Menschen auf der Suche.* facultas.

Petzold, H. & Orth, I. (1994). Kreative Persönlichkeitsdiagnostik durch mediengestützte Techniken in der Integrativen Therapie und Beratung. In H. Petzold (Hrsg.), *Integrative Therapie. Zeitschrift für vergleichende Psychotherapie und Methodenintegration* (Bd. 20, S. 312–391). : Junfermann Verlag.

Schäfer, G. (2003). *Biografiearbeit. Theorie und Praxis.* Lambertus.

Talluri, B. C., et al. (2018). Confirmation bias through selective overweighting of choice-consistent evidence. *Current Biology, 28*(19), 3128–3135.e8.

Techniker Krankenkasse. (2004). Einsamkeitsreport 2024. https://www.tk.de/presse/themen/praevention/gesundheitsstudien/einsamkeitsreport-60-prozent-kennen-einsamkeit-2187212?utm_source=chatgpt.com&tkcm=ab. Zugegriffen am 28.04.2025.

Utsch, M. (2023). Beratungsherausforderungen im weltanschaulichen Pluralismus. In H. Giesekus, & E. M. Jäger (Hrsg.), Integrative Beratung: Grundlagen und Perspektiven für die Praxis (S. 220–234). Vandenhoeck & Ruprecht.

Wason, P. C. (1960). On the failure to eliminate hypotheses in a conceptual task. *Quarterly Journal of Experimental Psychology, 12*(3), 129–140.

3

Nicht ohne meine Gruppe – Vom Gemeinschaftsgefühl zur Abhängigkeit: Gruppenanbieter im Blick

In Abgrenzung zum klassischen Einzelanbieter, bei dem man als Konsument ohne eine Anbindung an eine Gemeinschaft ein Angebot nutzt, sind bei einem konfliktträchtigen Gruppenanbieter abweichende Aspekte von Bedeutung. Zwar kann man auch bei Einzelanbietern durchaus zuweilen erkennen, dass sich beispielsweise Messengerdienst-Gruppen bilden, in denen man sich gemeinsam austauscht. Die Interessen und Ziele der Gemeinschaft stehen bei Gruppenanbietern dennoch meist mehr im Fokus als die persönliche, spirituelle Weiterentwicklung, wie wir sie bei Einzelanbietern zum Beispiel im esoterischen Bereich noch kennenlernen werden. Menschen mit einem ausgeprägten Bedürfnis nach Zugehörigkeit suchen im Alltag häufiger Anschluss an gemeinschaftliche Aktivitäten (Gabriel et al., 2016). Die Teilnahme an Gruppenangeboten scheint dabei weit mehr zu sein als bloße Beschäftigung – sie wird zum Resonanzraum, in dem soziale Nähe erlebt und das Zugehörigkeitsgefühl gestärkt werden kann. Das persönliche Be-

© Der/die Autor(en), exklusiv lizenziert an Springer-Verlag GmbH, DE,
ein Teil von Springer Nature 2025
B. Liebrand, S. Pohl, *Plötzlich fremd - im Sog toxischer Spiritualität*,
https://doi.org/10.1007/978-3-662-72031-8_3

dürfnis nach Zugehörigkeit und sozialer Anbindung stehen beim Gruppenanbieter meist im Vordergrund. Anhand von zwei Beispielen wird dies sicherlich deutlich.

Fallbeispiel Andrea, Einzelanbieter Wahrsagerin
Andrea (54) ruft bei der Beratungsstelle an. Sie ruft regelmäßig und manchmal sogar mehrfach täglich bei einer Weissagerin an. Mittlerweile hat sie monatliche Ausgaben von über € 600. Eigentlich kann sie sich diese Ausgaben gar nicht leisten und hat sogar schon Schulden bei Freunden gemacht. Sie ist arbeitslos und lebt alleine. Obwohl sie einen recht großen Freundeskreis hat sucht sie Trost bei ihrer hellsichtigen Lebensberaterin. Sie möchte ihre Freunde mit ihren Problemen nicht belasten. Ihr großer Wunsch ist es, einen „Seelenverwandten" zu finden und nicht mehr alleine leben zu müssen. Eigene Entscheidungen trifft sie erst nach Rücksprache mit ihr, damit ihr keine Fehler unterlaufen. Sie hat große Angst, die Chance auf ein Treffen mit ihrem ersehnten, bisher noch unbekannten, Partner zu verpassen. Obwohl ihr klar ist, dass sie mittlerweile kaum ohne den Ratschlag der Beraterin zurechtkommt, kann sie sich nicht von ihr trennen.

Fallbeispiel Tobias, Gruppenanbieter utopische Lebensgemeinschaft
Tobias (28) meldet sich mit dem Wunsch für ein Beratungsgespräch. Er ist aus einer utopischen Lebensgemeinschaft ausgetreten. In der Wohngemeinschaft lebten 18 Frauen und Männer, die nach der Lehre eines Gurus ihr gesamtes Leben ausgerichtet haben. Sie befolgten seine Regeln, strenge Ernährungsvorschriften gehörten ebenso dazu wie auch die Vorgabe, wer mit wem Sexualverkehr haben durfte. Es gab eine strenge, hierarchische Ordnung. Oberstes Ziel war es, das „Ego zu brechen" und dem Guru mit Hingabe zu begegnen, um den Weg zur Erleuchtung zu finden. Neben dem Guru gab es einen engeren Kreis und es herrschte

ein „Hauen und Stechen" um die Gunst des Gurus. Als eine schwangere Mitbewohnerin zur Abtreibung gezwungen werden sollte, da der Vater kein Mitglied der Gemeinschaft war, erkannte Tobias, dass seine eigenen Werte massiv verletzt wurden. Er verließ die Gemeinschaft. Er fühlt sich nun sehr einsam und perspektivlos, viele seiner engsten Freunde leben nach wie vor in der Wohngemeinschaft. Er fühlt einen großen Sog zurück zur Gemeinschaft und ist sich unsicher, ob er die richtige Entscheidung getroffen hat.

Im ersten Beispiel lernen wir eine Person kennen, die sich regelmäßig alleine bei einer Wahrsagerin die Zukunft vorhersagen lässt. Ohne die Weissagung vermag sie keine alltäglichen Entscheidungen mehr zu treffen. Sie hat eine enge Beziehung zur Wahrsagerin aufgebaut, auf den ersten Blick erscheint es wie ein Ersatz für die fehlende Paarbeziehung.

Im zweiten Beispiel wiederholen wir die Fallbeschreibung von Tobias, der in einer Wohngemeinschaft lebte, in der sich alle Bewohnerinnen und Bewohner gemeinsam einem Guru angeschlossen haben. Es gab einen engen Zusammenhalt und die strengen Vorschriften ließen die Mitglieder der WG nur noch enger zusammenwachsen.

Bei beiden Beispielen können wir von einer starken emotionalen Abhängigkeit ausgehen. Das ist nicht allzu schwer zu analysieren. Was mache ich nun mit dieser „Erkenntnis"? Ist das Thema dann einfach damit abgehakt? Nein, denn es ist durchaus komplexer. Das wirkt zwar vielleicht zunächst erschreckend, aber gerade durch die Vielzahl an ursächlichen Bindungsfaktoren ergeben sich auch mehr Möglichkeiten, wie man Menschen in konfliktträchtigen Gemeinschaften begegnen und im besten Fall auch einen Weg hinaus zeigen kann. Dabei ist es durchaus sinnvoll, sich genauer mit den vorliegenden Strukturen zu beschäftigen. Es macht einen Unterschied, ob man sich einer konfliktträchtigen Gemeinschaft angeschlossen hat, und sich dort integriert hat, oder ob man beispielsweise ein unseriöses Coachingangebot genutzt hat. Beide Angebote haben gemein, dass ihre Nutzung sowohl psychische als auch physische Folgen nach sich ziehen können, im besten Fall hat man nur eine Menge Geld verloren. Der Unterschied besteht vor allem darin, welche Bedürfnisse bedient werden oder wurden. Dies ist sowohl wichtig, für den Umgang mit der nahestehenden Person, um die man sich sorgt, als auch für denjenigen, der sich von einem Angebot gelöst hat. Wie bereits zuvor erwähnt, ist die Ablösung als ein Prozess zu betrachten, der bei jedem Menschen unterschiedlich lange dauern kann.

In diesem Kapitel geht es um Gruppenanbieter wie sie in dem Beispiel von Tobias beschrieben wurden. Ein wesentlicher Aspekt wurde bisher noch nicht erwähnt. Wichtig ist die Unterscheidung zwischen einer im Erwachsenenalter frei gewählten Gemeinschaft und einer Gemeinschaft, in die man hineingeboren wurde. Wird man in eine konfliktträchtige Gemeinschaft hineingeboren, wächst man mit diesen Strukturen auf. Man kennt zunächst nur diese und kann daher auch nur schwer schädigende Verhaltensweisen und Regeln erkennen. Meist wachsen Kinder in konfliktträchtigen Gemeinschaften sehr abgeschottet auf, was bereits eines der konfliktträchtigen Merkmale ausmacht. Durch diese Isolation und den mangelnden Austausch mit Andersdenkenden ist es besonders schwer, als Heranwachsende(r) zu erkennen, dass die erlernten Verhaltensweisen und Regeln in anderen Familien nicht gelten. Gerade als Jugendliche(r) sucht man dann die Schuld für das „Anecken" in der eigenen Familie bei sich selbst.

Fallbeispiel Janne, Brüdergemeinde
Janne (25) ist in einer geschlossenen Brüdergemeinde aufgewachsen. Sie berichtet, dass sie in ihrer Kindheit in ihrem Zimmer ein Plakat mit mehr als 75 Regeln hängen hatte. Das Missachten der Vorschriften hatte harte Strafen als Konsequenz. Züchtigungen durch Schläge standen auf der

Tagesordnung. Lange Zeit war es für sie normal, doch nach und nach kamen ihr Zweifel am strengen Glauben ihrer Eltern. Ihre Zweifel wurden von den Eltern damit begründet, dass Dämonen und der Satan persönlich in ihr wohne. Nur durch noch mehr Schläge und Bestrafungen könne man die Dämonen vertreiben. Sie berichtet, mit 16 Jahren von zu Hause fortgegangen zu sein. Glücklicherweise hatte sie sich an eine Vertrauenslehrerin gewandt und das Jugendamt half ihr, das Elternhaus zu verlassen. Der noch immer bestehende Kontaktabbruch zur restlichen Familie ist kaum zu ertragen, sie leidet unter Panikattacken, Alpträumen und großen sozialen Ängsten. Außer zu ihren Großeltern hat sie keine sozialen Kontakte, lebt sehr für sich allein.

Janne ist eine starke Persönlichkeit. Sie hat es geschafft, sich aus der strengen Glaubensgemeinschaft zu befreien. Doch es wird für sie noch ein schwieriger Weg, zunächst ganz alleine durchs Leben zu gehen. Es war nicht ihre Entscheidung, so aufzuwachsen. Häufig werden die Gründe für das „Anderssein", wie auch in diesem Beispiel, durch die konfliktträchtige Gemeinschaft auch noch zusätzlich bestärkt. Zweifel an der Gemeinschaft werden meist mit Strafen belegt und die Schuld daran bei dem Kind oder Jugendlichen gesucht. Für Außenstehende ist es oftmals schwierig nachzuvollziehen, dass die Eltern den Glauben vor das Wohl des Kindes stellen. Die Wahrnehmung der Eltern ist eine andere. Sie glauben, zum Wohle des Kindes zu handeln und es auf den richtigen Weg zu führen, so absurd dies auch klingen mag. Diese besondere Art des Aufwachsens wird in diesem Buch nicht weiter thematisiert, auch wenn dies gerade in Bezug auf eine mögliche Kindeswohlgefährdung ein absolut wichtiges Thema darstellt. An dieser Stelle sei auf drei lesenswerte Bücher hingewiesen, die sich ausführlich mit dem Themen Kindeswohlgefährdung und Aufwachsen in einer neureligiösen Gemeinschaft beschäftigten (Kaufmann et al., 2020; Pohl & Wiedemann, 2023; Gollan et al., 2018)

Übersicht

Kinder, die in abgeschotteten religiösen Gemeinschaften aufgewachsen sind, bringen oft spezifische Belastungen und Erfahrungen mit. Um sie gut zu begleiten, braucht es besondere Sensibilität und Fachwissen:

Worauf es bei Kindern aus geschlossenen religiösen Gruppen besonders ankommt

- **Traumatisierungen erkennen:** Viele Kinder tragen psychische Verletzungen oder Ängste mit sich. Sie brauchen einfühlsame und traumasensible Unterstützung.
- **Geduld und Verständnis zeigen:** Ihre Denkmuster und Verhaltensweisen sind meist tief verankert. Veränderungen brauchen Zeit und Sicherheit.
- **Vertrauen behutsam aufbauen:** Häufig besteht ein tiefes Misstrauen gegenüber Außenstehenden. Ehrlichkeit, Verlässlichkeit und Beständigkeit sind essenziell.
- **Nicht mit neuen Regeln überfordern:** Die neue Lebenswelt ist oft fremd. Kinder sollten Schritt für Schritt eingeführt werden – mit klarer, aber sanfter Orientierung.
- **Identitätsfindung begleiten:** Viele müssen sich selbst jenseits der Gruppe erst kennenlernen. Dieser Prozess braucht Raum, Zeit und liebevolle Begleitung.
- **Schuld- und Schamgefühle thematisieren:** Diese Gefühle sind weit verbreitet und sollten achtsam angesprochen und bearbeitet werden.
- **Struktur und Stabilität bieten:** Alltagsroutinen, Verlässlichkeit und klare Rahmenbedingungen vermitteln Sicherheit.
- **Religiöse Themen sensibel behandeln:** Glaube kann mit Angst oder Verunsicherung verbunden sein – hier ist besondere Vorsicht und Offenheit gefragt.
- **Kritisches Denken fördern:** Kinder brauchen Ermutigung, eigene Gedanken zu entwickeln und sich eine eigene Meinung zu bilden – ohne Druck.
- **Professionelle Unterstützung einbeziehen:** Fachleute mit Erfahrung im Bereich Sektenausstieg oder Traumatherapie sind eine wichtige Ressource
- **Auf die Sprache und Formulierungen achten:** Kinder aus totalitären Gemeinschaften haben zuweilen andere Definitionen von z. B. Liebe, „geschlagen werden" u. ä., sorgsames Zuhören, Spiegeln dessen, was man verstanden hat, offene statt geschlossene Fragen stellen und Nachfragen, wenn etwas unklar scheint.

3.1 Soziale Gruppen und ihre Schattenseiten

Schauen wir uns zum besseren Verständnis zunächst die Definition einer sozialen Gruppe an. Ganz simpel gesprochen ist eine soziale Gruppe, eine Anzahl von mindestens drei Menschen, die durch gemeinsame Interessen und Werte miteinander verbunden sind. Sie stehen über einen längeren Zeitraum in regelmäßigem Kontakt miteinander und verfolgen gemeinsame Aktivitäten. Ein wichtiges Merkmal ist außerdem, gemeinsame Ziele zu verfolgen und sich als zusammengehörig zu empfinden (Schäfers, 2016).

Jede soziale Gruppe hat das Potenzial, sich zu einer sogenannten Sekte zu entwickeln. Es sind uns einige Gruppen bekannt, die sich unter dem Label „Alternative Lebensgemeinschaft" gründeten und ganz redliche Ziele für sich gemeinsam gesetzt haben. Irgendwann setzte sich dann aber ein „Guru" an die Spitze und übernahm die Leitung. Es wurden strenge Regeln aufgestellt, der Leiter fühlte sich mehr und mehr in seiner Rolle bestätigt, da ihm alle bereitwillig folgten. Daraus entwickelte sich rasch ein sich stetig steigernder Machtmissbrauch.

Soziale Gruppen haben eine wesentliche Bedeutung für die Struktur einer Gesellschaft, da sie den einzelnen Individuen sowohl Unterstützung in ihrer persönlichen Entwicklung als auch Zugehörigkeit und ein Gefühl der eigenen Identität bieten. Sie stellen die entscheidenden sozialen Netzwerke zur Verfügung, die den Austausch von Informationen, Ressourcen und emotionaler Unterstützung überhaupt erst ermöglichen. Außerdem üben sie großen Einfluss auf das Verhalten ihrer Mitglieder aus, indem sie Normen, Werte und Erwartungen mit einander verbinden, die das Denken und Handeln innerhalb und außerhalb der Gruppe leiten.

Die Dynamik innerhalb sozialer Gruppen ist meistens so komplex, dass selbst die Gruppenmitglieder sich ihrer nur selten bewusst sind. Es gibt verschiedene Rollenbilder und Hierarchien, die sich auch stetig verändern und weiterentwickeln können. Es ist in der Regel so, dass bestimmte Mitglieder mehr Einfluss oder Macht haben als andere, auch wenn eine Rangordnung nach Außen offiziell zuweilen kategorisch abgelehnt wird und es angeblich keine gäbe. Das größte Konfliktpotenzial in einer Gruppe entsteht dann, wenn individuelle Interessen mit den Interessen der Gruppe konkurrieren. Soziale Gruppen sind die ideale Plattform für soziale Veränderung und Aktivismus, da sie durch ihren Zusammenhalt gemeinsam Anliegen und Ziele verfolgen.

Zusammenfassend sind soziale Gruppen ein wichtiger Bestandteil des menschlichen Zusammenlebens, da sie zum einen die individuelle Identität fördern und zum anderen Werte, Normen und das soziale Gefüge einer Gesellschaft formen. Soziale Gruppen sind nicht nur wichtig für unsere individuelle und soziale Entwicklung, sondern sind sogar essenziell. Das evolutionär bedingte Grundbedürfnis nach Zugehörigkeit kann in sozialen Gruppen bedient werden. Fehlt uns die soziale Einbettung in die Gesellschaft, fühlen wir uns ausgegrenzt und schlecht.

In unserem Beispiel (Tobias in der WG) geht es um eine frei gewählte Gruppe. Anders als bei der Familie als Gemeinschaft, in die man hineingeboren wird, hatte Tobias die Möglichkeit, sich eine Gemeinschaft zu suchen, die er als besonders attraktiv empfand. Zur Erinnerung: Es gab dann diese Abtreibungsempfehlung für ein Gruppenmitglied, die im Widerspruch zu seinen eigenen Werten stand. Obwohl er ganz klar erkannte, dass die Werte der Gemeinschaft nicht den eigenen Werten entsprachen, fühlte er sich nach dem Verlassen der Gruppe schlecht und würde am liebsten zurückkehren. Das Bedürfnis nach Zugehörigkeit ist so groß, dass Tobias sogar Zweifel an seiner Entscheidung und somit seinen grundlegenden Werten hegt.

Checkliste: Soziale Gruppe oder Sekte? Woran erkennt man eine konfliktträchtige Gemeinschaft?

Je mehr Fragen Sie mit einem „Ja" beantworten, desto eher handelt es sich um eine konfliktträchtige Gruppe.[1] Schon bei wenigen „Treffern" ist Vorsicht geboten!

- Sollen Sie sehr schnell Teil der Gemeinschaft werden?
- Ist es dazu notwendig, dass Sie dort einziehen?
- Hören Sie Aussagen, wie z. B. „deine Eltern/Freunde bremsen dich in deiner spirituellen Entwicklung", „die anderen gönnen dir deine spirituelle Weiterentwicklung nicht, können das gar nicht verstehen, wenn sie es nicht kennengelernt haben."
- Wird Ihnen geraten, Ihre sozialen Kontakte außerhalb der Gruppe abzubrechen?
- Wird Ihre eigene Meinung ernst genommen oder wird sie als „egoistisch" bezeichnet?
- Stehen klare Verbote und Regeln im Mittelpunkt?
- Wird mit angsterzeugenden Beispielen gearbeitet? (z. B. „außerhalb unserer Gruppe ist es gefährlich, nur bei uns bist Du sicher", „wie leben in einer Matrix, draußen herrscht Dunkelheit, das Böse".
- Wird Druck aufgebaut/werden Ängste geschürt, wenn Sie andeuten, die Gruppe zu verlassen?
- Wird Ihre freie Zeit immer weniger, investieren Sie jede freie Minute in die Gemeinschaft?
- Übernimmt eine andere Person die Beurteilung, was falsch und was richtig ist?
- Werden Zitate aus dem Kontext gerissen?
- Wird das Bild eines strafenden, sexistischen, unberechenbaren Gottes genutzt?
- Steht Leistungsdenken im Vordergrund?
- Wird Ihre Entscheidungsfreiheit eingeschränkt?
- Wird in intime und persönliche Entscheidungen eingegriffen?
- Wird vorgeschrieben, wer mit wem in einem Zimmer wohnt?

---

[1] Eine ausführliche Checkliste finden Sie auch auf der Internetseite des Sekten-Info NRW e. V.: https://sekten-info-nrw.de.

- Werden menschenverachtende, homophobe oder antisemitische Ideen geteilt?
- Wird gegen bestimmte Gruppen gehetzt?
- Werden Menschen, die nicht der Gemeinschaft angehören, mit diffamierenden Bezeichnungen betitelt? (z. B. „Energievampire", „Unbeseelte", „Nichtmenschen", …)
- Wird fast alles in Gut/Böse, Richtig/Falsch eingeteilt, gibt es ein Schwarz-Weiß-Denken?
- Gibt es häufig Streitereien oder negative Interaktionen mit anderen Gruppenmitgliedern?
- Gibt es eine strenge Hierarchie? Gibt es einen „inneren" Kreis?
- Werden Ihre persönlichen Probleme, ohne Zustimmung, in der Gruppe diskutiert?
- Werden die Gruppenmitglieder unterschiedlich behandelt?
- Gibt es Mobbing gegenüber einigen wenigen Mitgliedern?
- Wird viel Wert wird auf Beiträge, Spenden und andere materialistische Aspekte gelegt?
- Ist es auch möglich, sich mal über die Gruppe etwas lustig zu machen?
- Wird Ihnen gesagt, dass Sie auserwählt sind und zur Elite gehören?
- Können Sie durch den Beitritt in die Gruppe alle Ihre Probleme lösen?
- Haben Sie eigentlich freie Zeit für sich allein?
- Können Sie Zweifel oder Kritik benennen?

3.2 Gruppen: Chaos mit System

3.2.1 The Need to Belong – das Bedürfnis nach Zugehörigkeit

Aus sozialpsychologischer Sicht kann man anhand unseres Verhaltens das grundlegende soziale Bedürfnis erkennen, sich einer Gruppe zugehörig zu fühlen und von den Mitgliedern der Gruppe akzeptiert und gemocht zu werden.

Um von der Gruppe anerkannt zu werden, schließt man sich in der Regel der vorherrschenden Meinung an. In der sogenannten Need-to-Belong-Theorie wird die Motivation, einer Gruppe angehören zu wollen, als eines der mächtigsten, universellsten und einflussreichsten menschlichen Bedürfnisse beschrieben (Baumeister & Leary, 1995).

Zugehörigkeit ist eine grundlegende Voraussetzung für Sicherheit, Geborgenheit, Fortpflanzung und psychische Gesundheit. Es ist fast selbsterklärend, dass der Mensch, rein evolutionär betrachtet, eine Reihe von Vorteilen hatte, wenn er sich einer Gruppe mit sozialen Beziehungen anschloss. Wie bereits in der Definition einer sozialen Gruppe deutlich wurde, haben soziale Gruppen eine sehr wichtige Bedeutung für unsere gesellschaftliche, aber auch für unsere individuelle Entwicklung.

In einer Studie von Kieckhaefer et al. (2022) wurden die Daten von etwa 40.000 Teilnehmenden untersucht. Die Auswertung zeigte, dass die Zugehörigkeit zu sozialen Gruppen wie Sportteams, religiösen Gemeinschaften oder sozialen Clubs mit spezifischen Strukturen und Funktionen im Gehirn zusammenhängt.

Diese Ergebnisse unterstützen die Annahmen der Need-to-Belong-Theorie, indem sie belegen, dass das Bedürfnis nach sozialer Zugehörigkeit nicht nur ein psychologisches Konzept, sondern tief in den neurologischen Strukturen und Funktionen des Gehirns verankert ist.

Weitere metaanalytische Auswertungen mit großen Datenmengen zeigen, wie tief soziale Konformität im menschlichen Gehirn verwurzelt ist. Beispielsweise konnten Wu, Luo und Feng (2016) in einer umfassenden Analyse bildgebender Studien zeigen, dass bei abweichender Gruppenmeinung spezielle Hirnregionen systematisch aktiviert werden. Die identifizierten Regionen sind unter anderem für die Verarbeitung von Belohnung, Konflikten und Fehlern zuständig. Die Aktivierung eben genau dieser

Netzwerke lässt die Schlussfolgerung zu, dass nonkonformes Verhalten als eine Ausprägung sozialer „Abweichung" erlebt und entsprechend im Gehirn verarbeitet wird. Diese Verarbeitung sorgt für spürbare Konsequenzen für das individuelle Verhalten des Menschen in Gruppensituationen.

3.2.2 „Mitläufer gesucht!" – Wenn Zugehörigkeit zur Falle wird

Toxische Gemeinschaften sind charakterisiert durch manipulative Verhaltensweisen, Kontrolle, Isolation von Außenstehenden und das Schüren von Angst oder Schuldgefühlen. Es werden Feindbilder geschaffen und Emotionen manipuliert. Diese Manipulationen führen dazu, dass Mitglieder oft nicht in der Lage sind, die schädlichen Dynamiken zu erkennen oder zu hinterfragen. Die Folgen können sehr schwerwiegend sein. Die ehemaligen Mitglieder leiden unter emotionalen und psychischen Belastungen, Verlust der eigenen Identität und des Selbstwertgefühls, soziale Isolation und Schwierigkeiten, gesunde Beziehungen außerhalb der Gemeinschaft aufzubauen. Der Heilungsprozess ist oftmals mühsam und langwierig. Wichtig ist dabei vor allem, auf die Bedürfnisse zu schauen, die in der Gemeinschaft für den Betroffenen eine bedeutsame Rolle gespielt haben. Das Grundbedürfnis nach Zugehörigkeit wird von fast allen Betroffenen genannt, die aus einer Gemeinschaft ausgetreten sind. In ihrem Buch „Toxische Gemeinschaften" beschreibt die Autorin Butenkemper (2023) genau diese Beobachtungen. In Interviews mit Aussteiger:innen wurde benannt, dass man auf der Suche nach einer Art „Ersatzfamilie" war. Auch wenn die gesellschaftliche Entwicklung zu immer mehr Individualität strebt, macht uns ein Mangel am Gefühl von Zugehörigkeit anfällig für konfliktträchtige Gemeinschaften. Zugehörigkeit spielt fast immer eine große Rolle und wird daher im Kapitel zum Umgang noch einmal aufgegriffen.

Im Umkehrschluss konnten Studien, die sich mit den Folgen einer Zurückweisung durch die Gruppe befassten, auch die teils drastischen und auf den ersten Blick rätselhaften Reaktionen nach einem Gruppenaustritt sichtbar machen. So wurden nach Ausschlusssituationen neben zunehmender Aggressionsbereitschaft und selbstzerstörerischen Handlungen, auch eine Abnahme von Hilfsbereitschaft, Kooperation, Selbstkontrolle und intelligentem Denken beobachtet. Es konnte mehrfach gezeigt werden, dass Probanden nach ausgrenzenden Situationen in einem Intelligenztest deutlich schlechter abschnitten als vor der Ausgrenzung. Weitere Untersuchungen konnten belegen, dass Ausgrenzung zu Depressionen und zu einem Gefühl der Hilflosigkeit führen kann (Williams, 2007). Diese Effekte zeigen sich sogar dann, wenn man aus einer Gruppe ausgestoßen wird, zu der man eigentlich gar nicht wirklich gehören wollte. Das Gefühl, nicht dazu gehören zu dürfen, ist tiefgreifend und kann sogar sehr leicht in einem einfach aufgebauten Versuchsablauf simuliert werden.

Fallbeispiel Daniel, Ausstieg
Daniel (45) hatte über 20 Jahre in einer streng hierarchisch organisierten religiösen Gemeinschaft gelebt, die sich selbst als einzige „Trägerin der Wahrheit" verstand. Das Leben in der Gruppe war bis ins Detail vorgegeben – von Kleidung und Ernährung bis hin zu Freundschaften und Medienkonsum. Abweichungen vom geregelten Weg wurden als Sünde gewertet, Zweifel als Zeichen eines schwachen Glaubens. Daniel war engagiert, gewissenhaft und fest überzeugt, seinen Glauben und seine Gemeinschaft gefunden zu haben – bis sich nach einem Todesfall in seiner Familie erste Risse im Weltbild zeigten. Fragen nach dem Sinn und dem Umgang mit seiner Trauer, wurden mit Bibelzitaten

oder Schuldzuweisungen beantwortet. Als er begann, sich leise zu distanzieren – etwa durch das Fernbleiben von Veranstaltungen und die Kontaktaufnahme zu ehemaligen Mitgliedern, reagierte die Gruppe prompt. Er wurde öffentlich ermahnt, ihm wurden „geistige Krankheiten" unterstellt. Die Beschuldigungen, dass er nicht fest in seinem Glauben sei, trafen ihn hart. Seine Hoffnung, dass der Glaube ihm einmal Halt in schwierigen Zeiten geben würde, zerbrach und die Zweifel wurden lauter. Er gab den Mitgliedern bekannt, dass er gehen würde. Kurz darauf wurde er in einem internen Schreiben als „Abgefallener" benannt – ein Ausschluss, der einer sozialen Auslöschung gleichkam.

Was folgte, war eine tiefe Krise: Daniel verlor schlagartig fast sein gesamtes soziales Umfeld und seine Alltagsstruktur. Zu vielen Freunden aus früheren Zeiten hatte er den Kontakt abgebrochen, was ihm blieb war der Kontakt zu engen Angehörigen. Er litt unter Schlafstörungen, Schuldgefühlen, Panikattacken und einem erschütterten Selbstbild. In alltäglichen Situationen erlebte er sich als „falsch", „beschmutzt" oder „orientierungslos". Selbst Entscheidungen im Supermarkt überforderten ihn: „Ich wusste nicht einmal mehr, ob ich Schokolade kaufen darf."

In der anschließenden Beratung zeigte sich: Die massive Kontrolle und emotionale Abhängigkeit hatten seine Fähigkeit zu eigenständigem Denken und Handeln über Jahre eingeschränkt. Der Ausschluss traf ihn nicht nur als Verlust der Gruppe – sondern als fundamentale Identitätskrise. Obwohl er die Lehren längst infrage stellte, wirkte das Gefühl, „verstoßen von der Wahrheit" zu sein, noch lange nach.

Aus vielen Beratungsfällen kennen wir die Berichte von Menschen, die sich sowohl psychisch als auch körperlich schlecht fühlen, sogar wenn sie sich aus eigenen Stücken dazu entschieden haben, eine Gruppe endgültig zu verlassen. Kurzum: Sie haben sich aufgrund eigener, schlechter

Erfahrungen dazu entschieden, einer Gruppe nicht mehr länger anzugehören. Nun sollte man erwarten, dass diese Menschen sich erleichtert und glücklich fühlen, weil sie es geschafft haben, sich aus toxischen und grenzüberschreitenden Strukturen zu befreien. Doch statt Erleichterung verspüren diese Menschen oftmals eine große Sehnsucht nach der ehemaligen Gemeinschaft, sie fühlen sich isoliert und allein. Dies konnten wir auch am Beispiel von Tobias sehen, der sich sicher war, nicht länger Teil einer Gruppe sein zu können, die eine Abtreibung aufgrund der Vaterschaft eines Nichtmitglieds empfiehlt. Diese Empfehlung stand im direkten Widerspruch zu seiner moralischen Überzeugung und dennoch fühlt er sich schlecht und würde am liebsten zurück in die Gemeinschaft. Es ist wichtig, auch diesen Aspekt zu würdigen. Nach dem Verlassen einer Gruppe bleibt eine Lücke und es ist elementar, diese zu erkennen und adäquat zu füllen. Der Ausstieg ist stets als Prozess zu begreifen und endet nicht mit dem „Schritt aus der Tür". Bleiben die Lücke und das Bedürfnis unreflektiert, besteht die Gefahr, dass man ohne große Umwege von der einen in die nächste konfliktträchtige Gruppe schlittert.

> **Wenn Zugehörigkeit stärkt, statt einengt**
>
> Das Bedürfnis nach Zugehörigkeit ist zutiefst menschlich – aber nicht jede Form von „Dazugehören" tut gut. So lässt sich Zugehörigkeit bewusst und gesund gestalten:
>
> - **Echte Beziehungen pflegen**: Suchen Sie Menschen in verschiedenen Kontexten, bei denen Sie sich angenommen, sicher und verstanden fühlen. Man kann auch Teil mehrerer Gruppen sein.
> - **Eigene Grenzen wahren**: Zugehörigkeit bedeutet nicht, sich zu verbiegen oder alles mitzumachen, nur um dazuzugehören.
> - **Vielfalt statt Gleichschritt**: Gute Gruppen respektieren Unterschiede – niemand muss gleich denken, fühlen oder handeln.

- **Werte bewahren**: Eine gesunde Gemeinschaft achtet persönliche Überzeugungen und moralische Integrität.
- **Frei entscheiden dürfen**: Man darf „Nein" sagen oder die Gruppe verlassen – ohne Drohungen, Schuldgefühle oder Angst vor Ausgrenzung.
- **Kritik ist willkommen**: In stabilen Gruppen ist Raum für Fragen, Zweifel und neue Ideen.
- **Zugehörigkeit auf mehreren Ebenen**: Freundinnen, Familie, Kolleginnen, Hobbys – Vielfalt der Zugehörigkeit schützt vor Abhängigkeit.
- **Selbstbestimmung stärken**: Zugehörigkeit sollte ermutigen, man selbst zu sein und sich nicht kleiner zu machen.

3.2.3 „Du kommst hier nicht rein!"

Zu einem unseren Erfahrungen bestätigenden Ergebnis kam eine amerikanische Untersuchung im Zusammenhang mit Gruppenausschluss (Williams & Nida, 2011). Zunächst wurden die Versuchsteilnehmenden über ihren seelischen und körperlichen Zustand sowie ihre politische Einstellung befragt. Im weiteren Versuchsverlauf wurde ihnen mitgeteilt, dass die Mitglieder des rassistischen und gewalttätigen Ku-Klux-Klans sie nicht aufnehmen möchten. Obwohl sich die Teilnehmenden von extremem und gewalttätigem Gedankengut distanziert hatten und nie einer solchen Gruppierung angehört hatten, fühlten sie sich aufgrund des Ausschlusses deprimiert und unwohl. Diese Ergebnisse zeigen das fundamentale Ausmaß von Ausgrenzung sehr anschaulich, denn man kann sich sogar dann ausgegrenzt fühlen, wenn man einer Gruppe gar nicht angehören möchte.

Auch bei Tobias bleibt das Gefühl, dass er sich nach dem Austritt unwohl fühlt. Die Menschen in der Gemeinschaft sind ihm ans Herz gewachsen. Er selbst zog sogar den Vergleich zu einer gefühlten Familie. Im weiteren Prozess ist es für ihn nun wichtig, seine Werte zu überprüfen und „Red Flags" zu hissen. Er möchte sich selbst treu bleiben und für ihn steht fest, dass in der Gruppe eine Grenze übertreten wurde. Es ist schwierig, denn die Gefühle für die anderen sind und waren auch echt, aber für ihn steht nun fest: Es gibt kein Zurück.

3.2.4 Gruppenausschluss – Ostrazismus

In der Sozialpsychologie werden Situationen, in denen man von anderen ausgeschlossen oder ignoriert wird, Ostrazismus genannt. Einer der renommiertesten Forscher auf diesem Gebiet ist der amerikanische Psychologe Kipling Williams. Um die Auswirkungen von Ausgrenzung besser erforschen zu können, entwickelte er ein Computerspiel namens Cyberball (Williams, 2007). Dabei werfen sich fiktive Figuren einen Ball zu, wobei eine Figur von dem Versuchsteilnehmenden selbst gesteuert wird. Nach einigen Würfen bekommt die Teilnehmer:in keinen Ball mehr zugepasst. Das ganze Spiel dauert nur ca. 2 Minuten und obwohl sich die Proband:in bewusst ist, dass es sich nur um ein Spiel handelt, fühlt sie/er sich extrem traurig und wütend. Diese Laborstudien legten den Grundstein dazu, die Basisfunktionen von Emotionen zu hinterfragen und zu untersuchen, wie Emotionen nach einem Gruppenausschluss das menschliche Verhalten beeinflussen.

Ostrazismus kann ein derart starkes Verlangen wecken, dazuzugehören, von irgendjemandem gemocht zu werden, dass unsere Fähigkeit schwindet, zwischen Gut und Böse zu unterscheiden und war so weit, dass wir uns von so ziemlich jeder Gruppe angezogen fühlen, die bereit ist, uns aufzunehmen – sogar von „Sekten" oder Extremisten (Williams, 2007, S. 428).

Das Gefühl, ausgeschlossen zu werden – 7 Schritte, wenn Zugehörigkeit plötzlich fehlt

1. Gefühle anerkennen und zulassen
   - ☐ Erlauben Sie sich, traurig, wütend oder verletzt zu sein.
   - ☐ Versuchen Sie, Ihre Gefühle nicht herunterzuspielen oder sich dafür zu schämen.
   - ☐ Schreiben Sie Ihre Gedanken auf oder sprechen Sie mit einer vertrauten Person darüber.
2. Die Situation reflektieren
   - ☐ Fragen Sie sich ehrlich: Woran liegt der Ausschluss? (Missverständnis, Gruppendynamik, Mobbing, persönliche Differenzen?)
   - ☐ Unterscheiden Sie, ob es sich um einen persönlichen Angriff oder einen allgemeinen Gruppenprozess handelt.
   - ☐ Überlegen Sie: Sagt das Verhalten der Gruppe vielleicht mehr über sie als über Sie aus?
3. Eigene Werte bewahren
   - ☐ Erinnern Sie sich: Ihr Wert hängt nicht davon ab, einer bestimmten Gruppe anzugehören.
   - ☐ Bleiben Sie sich selbst treu, auch wenn das bedeutet, sich nicht der Gruppenmeinung anzupassen, nur um dazuzugehören.
   - ☐ Fragen Sie sich: Wofür stehe ich – unabhängig von dieser Gruppenerfahrung?
4. Das Gespräch suchen (wenn möglich und von Ihnen gewünscht!)
   - ☐ Wenn es die Situation erlaubt: Sprechen Sie ruhig und wertschätzend an, wie Sie sich fühlen.
   - ☐ Verwenden Sie Ich-Botschaften: „Ich habe das Gefühl, außen vor zu sein ..."
   - ☐ Stellen Sie offene, klärende Fragen: Ist etwas vorgefallen, das ich nicht mitbekommen habe?
5. Neue Verbindungen suchen
   - ☐ Überlegen Sie: Wo könnten Sie auf Menschen treffen, bei denen Sie sich wohlfühlen?
   - ☐ Suchen Sie gezielt nach Gruppen, Aktivitäten oder Orten, die besser zu Ihnen passen (z. B. Hobbys, Kurse, Online-Communities, Vereine).
   - ☐ Erlauben Sie sich, neue Erfahrungen zu machen, ohne sich selbst zu verlieren.

6. Selbstfürsorge stärken
   - ☐ Was tut Ihnen persönlich gut – unabhängig von der aktuellen Gruppensituation?
   - ☐ Planen Sie bewusst Aktivitäten ein, die Ihr Wohlbefinden stärken: Natur, Bewegung, Kreativität, Achtsamkeit.
   - ☐ Trauen Sie sich, professionelle Hilfe in Anspruch zu nehmen, wenn Sie Unterstützung brauchen.
7. Grenzen setzen
   - ☐ Achten Sie darauf, ob der Gruppenausschluss für Sie belastend oder verletzend ist.
   - ☐ Sie haben das Recht, sich aus schädlichen Dynamiken zurückzuziehen.
   - ☐ Abstand nehmen, kann ein Akt von Selbstachtung und gesunder Abgrenzung sein.

Das Gruppengefühl und die Identifizierung mit der Gruppe wird umso mehr geprägt und gefestigt, je ähnlicher die Normen, Werte und Verhaltensweisen von den Gruppenmitgliedern vertreten werden.

Gerade in konfliktträchtigen Gemeinschaften gibt es einen großen Konsens sowohl über Werte und Normen als auch strenge Vorschriften, die oftmals von allen kontrolliert werden. Die Mitglieder schauen untereinander oft sehr genau, ob die anderen sich auch an die Regeln halten, deren Bruch zum Teil hart bestraft wird. Dabei sind die Strafen, die auf Missachtung der Regeln folgen, meist gar nicht das wichtigste Werkzeug zur Einhaltung der Regeln. Es sind meist die Ängste, die innerhalb der Gruppe geschürt werden. Verhält man sich nicht den Regeln entsprechend, droht der Verstoß aus der Gemeinschaft, eine schwere Krankheit oder die Bestrafung durch eine höhere spirituelle Dimension, wie zum Beispiel ein schlechtes Karma oder das drohende Fegefeuer in der Hölle. Besonders bedrohlich für die Gruppenmitglieder ist meist die Vorstellung, sich spirituell nicht mehr weiterentwickeln zu können oder gar zurück auf eine niedrigere Stufe zu fallen.

Um sich in einer Gruppe besonders wohl und behütet zu fühlen, sind die sozialen Interaktionen innerhalb der Gemeinschaft besonders entscheidend. Man kann beobachten, dass sich oftmals für den Außenstehenden fast plötzlich, die Sprache eines nahen Angehörigen oder Freundes verändert. Mitglieder konflikträchtiger Gruppen verwenden oftmals eine ganz fremde Ausdrucksweise oder sie verwenden Worte wie „Liebe" in einem anderen Kontext. Auf einmal ist die Rede von besonderen Energien und Schwingungen, man müsse „sich um das innere Kind kümmern" oder „sich zunächst selbst lieben, bevor man andere lieben könne". Das sind nur wenige von zahlreichen Aussagen, die dann scheinbar plötzlich geäußert werden. Tatsächlich geht es auch sehr schnell, dass wir uns an die Sprache anderer anpassen. Vielleicht haben Sie es auch schon selbst kennengelernt. Man verbringt sehr viel Zeit mit der besten Freundin oder dem besten Freund und übernimmt dann einige der Aussagen in das eigene Repertoire.

Ähnlich schnell ist auch die äußerliche Veränderung wahrzunehmen. Um bei den anderen Gruppenmitgliedern nicht anzuecken und sich dieser Norm anzupassen, wird sehr häufig ein veränderter Kleidungsstil beobachtet. Menschen haben oft das Bedürfnis, sich auch äußerlich der Gruppe anzupassen, um sich dann von anderen Gruppen abzugrenzen und auch im Außen zu zeigen, dass man dazugehört. Plötzlich wird beispielsweise alles Materialistische abgelehnt und man versucht, sich möglichst einfach zu kleiden. Konsum wird nur auf das Notwendigste minimalisiert und der Fokus liegt nur noch auf der Gemeinschaft, das Individuum zählt nicht mehr. Manchmal wird auch nur noch eine ganz bestimmte Farbe der Kleidung vorgeschrieben oder man darf als Frau nur noch Röcke und Kleider tragen.

Aber es gibt nicht nur Kleidervorschriften. Zuweilen wird auch die Art, wie man sich frisiert, vorgeschrieben. Manche Gruppierungen schreiben vor, dass Männer Bärte tragen müssen oder Frauen sich kahl rasieren müssen. Das klingt sehr drastisch, wenn man die Menschen zuvor anders erlebt und gesehen hat. Für neue Gruppenmitglieder ist diese Anpassung aber oft sehr hilfreich. Diese Veränderungen sind zunächst leicht umzusetzen, erzeugen aber schon einen sehr großen Effekt und erleichtern dem neuen Gruppenmitglied einen großen Schritt in Richtung Zugehörigkeit.

3.3 Verändert – aber warum? Anzeichen für eine toxische Gruppenzugehörigkeit

Folgende Fragen helfen, mögliche erste Hinweise auf die Veränderung durch eine Zugehörigkeit einer manipulativen Gruppe zu erkennen

- Spricht die Person plötzlich mit veränderter Sprache? Spricht sie nur noch von „Energien", „Schwingung", „Liebe", „Prozess" „Gottes Gnade" oder „Sünde"?
- Hat sie keine Zeit mehr für gemeinsame Unternehmungen, die sie früher sehr gerne gemacht hat?
- Zieht sie sich mehr und mehr zurück?
- Ist sie telefonisch nur noch schwer erreichbar?
- Sind ihr Treffen mit der Gruppe immer wichtiger als andere Termine, wie z. B. der Geburtstag der Großeltern?
- Hat sie einen neuen Kleidungsstil? Trägt sie die Haare anders?
- Ernährt sie sich neuerdings anders? Lehnt sie bestimmte Lebensmittel kategorisch ab?
- Trägt sie Schmuck, den sie vorher nicht trug oder umgekehrt?
- Versucht sie, Sie ebenfalls für die Gruppe zu begeistern?
- Ist die Person euphorisch und spricht nur noch über die Gruppe?

3.4 Was ist Gruppendruck oder „normative soziale Beeinflussung"?

Unsere Beratungsstellen haben das Ziel, Menschen zu unterstützen, deren Persönlichkeit, zwischenmenschliche Beziehungen, sowie Normen und Werte durch neue religiöse und ideologische Gemeinschaften und Psychogruppen erschüttert und/ oder verändert wurden. Viele suchen nach Lösungswegen, wie man mit den oftmals schwerwiegenden Folgen umgehen kann. Die individuelle Aufarbeitung in einem Beratungsgespräch ist nach wie vor der Goldstandard, aber sicherlich ist es hilfreich, vorab schon erste grundlegende Mechanismen – wie sie in Gruppen vorkommen – zu kennen. Gemeinsam mit den Betroffenen – ob primär oder sekundär – einen individuellen Lösungsweg zu erarbeiten, kann durch das Hintergrundwissen nur ergänzt, aber nicht ersetzt werden. Mit anderen Worten. Das Wissen allein, dass es sich tatsächlich um eine schädigende Gruppe handelt, hilft nur dabei, besser zu verstehen und beeinflusst dadurch die weiteren Handlungsmöglichkeiten.

Fast täglich stellen uns Selbstbetroffene oder auch deren Angehörige und Freunde die Frage, wie es dazu kommen konnte, sich einer konfliktträchtigen Gemeinschaft anzuschließen. Häufig berichten uns Aussteiger:innen davon, Wut und Enttäuschung über das eigene Versagen zu fühlen. Sie waren sich so sicher, dass sie den richtigen Weg gewählt haben. Nie hätten sie gedacht, dass ihnen „so etwas" passieren könnte. Sie waren in ihrem Leben doch bisher immer eher kritisch und haben alles hinterfragt. Sie fühlen sich ausgenutzt und hintergangen.

Neben diesen Gefühlen sind aber auch die Schuld- und Schamgefühle sehr groß. Uns begegnen dann verzweifelte

Fragen wie: „Warum bin ich nicht aufgestanden und gegangen?" und: „Warum habe ich mich deren Meinung angeschlossen?"

Fallbeispiel André, Zweifel ausgeblendet
Auch André (42) stellte uns eine dieser Fragen. Er sagt, dass er mittlerweile nach vorne schaut und sich keine Vorwürfe mehr macht. Ab und zu beschäftigt es ihn dann aber doch noch und er denkt darüber nach, warum er nicht eher gegangen ist. „Warum habe ich, obwohl ich selbst Zweifel hatte, trotzdem wieder für die Sache gesprochen, wenn andere Zweifel hatten und sie am Weggehen gehindert" (anonym, 2022). Auf seiner spirituellen Suche hatte er viele Reisen gemacht, viele Religionen kennengelernt. Dabei hat er als absolut inakzeptabel befunden, wenn man die eigene Spiritualität als einzig wahre darstellt und Andersdenkende abwertet. Und dennoch waren dann seine Zweifel nicht laut genug, als er in Kontakt mit einem spirituellen Lehrer kam, den er zunächst als arrogant wahrnahm. Ihn beeindruckte sein vorurteilsfreier Umgang mit seinen Mitmenschen und er ließ sich mehr und mehr in seinen Bann ziehen. Der spirituelle Lehrer arbeitete eher intuitiv und betonte, dass seine Arbeit nicht konzeptuell zu erfassen sei. Er verwendete harte Methoden – auch körperliche Bestrafungen, um „das Ego" der Seminarteilnehmenden zu brechen. Andrè hatte eine große Sehnsucht nach Gemeinschaft und danach, etwas Gutes für die Menschheit zu bewirken.

André berichtet: „Wenn jemand dann gebrochen war, dann wurde er ganz sanft oder hat andere dazu aufgefordert: 'Geh dahin, tröste ihn, leg deine Arme um ihn.' Da hatte man dieses Gefühl von 'Jetzt bin ich geborgen, jetzt hilft mir doch einer.' Und ich gewann den Eindruck: 'Ah ja, dann kann ich mich und die Vergangenheit jetzt wirklich gehen lassen.'" Dadurch entstand eine absolute Abhängigkeit. „Wenn man erst einmal so unterwegs ist, wie ich unterwegs gewesen bin, mit der Überzeugung, mein Ego muss gebrochen bzw. vernichtet werden, dann ist man an diesem Punkt sehr verwundbar." Er berichtet, wie es sich anfühlt, in dieser Gemeinschaft gewesen zu sein:

„Es gab eine enge Verbundenheit untereinander. Man hat einfach unglaublich intensive Sachen zusammen erlebt. Viele Sachen, bei denen einem viel zugemutet wurde, unter denen man einfach zusammengebrochen ist und man von jemandem aus der Gemeinschaft getröstet wurde. Da ist eine enge Bindung entstanden. Wenn man dann weggelaufen ist und von diesen Leuten gehört hat: 'Ich bin immer für dich da', gab es diese große Sogwirkung, wieder zurückzugehen."

Die konfliktträchtige Gemeinschaft hat sich mittlerweile aufgelöst. André sagt rückblickend: „Ja, ich habe die ganze Zeit gezweifelt und dennoch haben wir uns untereinander nicht ausgetauscht. Man hat sich nicht getraut. Man hat zwar gelegentlich Zweifel geäußert, aber innerhalb der Gruppe hat man sich gegenseitig wieder korrigiert und unterdrückt. Mehrere von uns haben mehrere Fluchtversuche gemacht. Doch genau diese Personen, sind dann diejenigen gewesen, die Fluchtversuche von anderen unterbunden haben."

An diesem Fallbeispiel kann man viele Wirkmechanismen innerhalb einer Gruppe erkennen. Man schließt sich der allgemein gültigen Meinung der Gruppe an, obwohl man eigentlich anderer Auffassung ist und zweifelt. Es zeigt, dass Menschen in einer geschlossenen Gruppe sich schnell der Gruppenmeinung anschließen und ihre eigenen Überzeugungen unterordnen. In totalitären Gemeinschaften unterwirft sich das Individuum in der Regel dem übergeordneten Ziel der Gruppe. Das Ziel der Gruppe bzw. die Erwartungen an die einzelnen Mitglieder sind aber meist so hoch gesetzt, dass es unerreichbar ist. Doch anstatt die Ziele erreichbar zu gestaltet, findet eine Schuldumkehr statt. Den Mitgliedern wird erklärt, dass es an ihnen selbst liege, wenn sie die Ziele nicht erreichen, zum Beispiel, dass sie die nächste Ebene noch nicht erreicht hätten, weil sie noch nicht genug geleistet hätten, sich nicht genug angestrengt hätten. Durch die oftmals fehlende Kommunikation unter den Mitgliedern wird meistens den Individuen gar nicht klar, dass die anderen ebenfalls unter den unerreichbaren Zielen leiden. Sie geben dann im Gruppensetting nicht zu, dass sie Ziele nicht erreicht haben. Dadurch denken alle von den anderen, dass sie mit der Situation gut zurechtkämen. Doch der Schein trügt. Das wichtigste ist: An erster Stelle kommt die Gruppe! Das Individuum zählt nicht, es wird Konformität erwartet.

In der Psychologie bezeichnet man das Phänomen des Gruppendrucks als Konformitätsdruck. Was eine soziale Gruppe genau ausmacht, haben wir bereits festgehalten. Es geht in sozialen Gruppen immer auch darum, gemeinsame Ziele zu erreichen und um diese zu erreichen, werden eigene Normen gebildet.

3.5 Wie entstehen gemeinsame Normen?

In der Sozialpsychologie wird die Entstehung von Normen innerhalb von Gruppen in zwei Arten unterschieden (Deutsch & Gerard 1955):

1) dem informativen sozialen Einfluss und
2) dem normativen sozialen Einfluss.

Der informative Einfluss beruht auf dem Bedürfnis, von anderen Personen zu erfahren, welches Verhalten angemessen ist ("the desire to be right"). In Situationen, in denen man an der Angemessenheit von Verhalten zweifelt, zieht man andere Gruppenmitglieder als Informationsquelle der Normen heran. Dann spricht man vom informativen sozialen Einfluss.

Der normative Einfluss beruht auf dem Bedürfnis, von der Umwelt akzeptiert zu werden ("the desire to be liked"). Er entsteht in Situationen, in denen man keine Aufmerksamkeit erregen will und nicht abgelehnt werden möchte. Beide Arten des sozialen Einflusses haben zur Folge, dass wir uns innerhalb einer Gruppe dem Verhalten und der Meinung anderer anschließen.

Die Mehrheit wird schon Recht haben ...
In dem sogenannten Autokinetischen Experiment des Psychologen Muzafer Sherif (1936) sollten Versuchsteilnehmende die Länge der auf einer optischen Täuschung beruhenden Scheinbewegung eines Lichtpunktes in einem dunklen Raum abschätzen. Zunächst schätzten sie die Länge alleine und gelangten im Laufe der Zeit zu einem stabilen Urteil. Im zweiten Durchgang sollten die Teilnehmenden die Länge in einer Gruppe bestimmen und es zeigte sich, dass die Personen ihre Schätzungen einander annäherten. Hier konnte man den informativen sozialen Einfluss erkennen, denn man zog sich gegenseitig als Informationsquelle in dem Glauben heran, dass die Gruppeneinschätzung korrekt sei. Wenn die Personen später noch einmal einzeln befragt wurden, entsprachen ihre Urteile noch immer den vorherigen Gruppeneinschätzungen.

Aufgrund dieser Ergebnisse kam Sherif zu dem Schluss, dass man in einer uneindeutigen Situation einen stabilen inneren Bezugsrahmen, eine persönliche Norm, bildet. Wenn man jedoch mit abweichenden Normen anderer Personen konfrontiert wird, gibt man diesen Bezugsrahmen auf, um sich an die Meinung der übrigen anzupassen. Es bildet sich eine Gruppennorm. Diese Gruppennorm beeinflusst die Urteile einer Person auch dann noch, wenn die Quelle des Einflusses nicht mehr vorhanden ist.

Wenn sozialer Einfluss stattfindet, kann dies demnach schnell dazu führen, dass man mit der Meinung anderer konform geht, ohne sich Gedanken über das eigene Verhalten zu machen.

3.6 Keine eigene Meinung mehr?

Kann es denn wirklich so einfach sein, andere Menschen von ihrer Meinung abzubringen? Dieser Frage widmete sich der US-amerikanische Psychologe Solomon Asch und führte bereits 1951 ein Experiment mit einem überraschenden Ergebnis durch (Asch, 1951). Es ist eine sehr bekannte Versuchsanordnung, bekannt auch unter dem Namen „Linienexperiment", dessen Ergebnis schon viele Male repliziert werden konnte.[2]

Die Versuchsteilnehmenden sollten in insgesamt 18 Durchgängen entscheiden, welche von drei Vergleichslinien die gleiche Länge wie die einer Referenzlinie besitzt. In jedem Durchgang entsprach immer eine Vergleichslinie der Referenzlinie (s. Abb. 3.1).

Diese offenkundig nicht besonders schwierige Aufgabe bestand darin, nacheinander den Buchstaben der entsprechenden Referenzlinie laut zu benennen.

Man entschied sich für einen klassischen Versuchsaufbau, bei dem man die Ergebnisse aus einer Experimentalgruppe mit den Ergebnissen einer Kontrollgruppe miteinander vergleicht. Das heißt man vergleicht die Ergebnisse einer Gruppe, die tatsächlich am Experiment

---

[2] Eine neuere Version der Durchführung durch die Redaktion von Quarks (ARD) kann man sich auch auf *Youtube* anschauen: https://www.youtube.com/watch?v=I40g6U3K7hc.

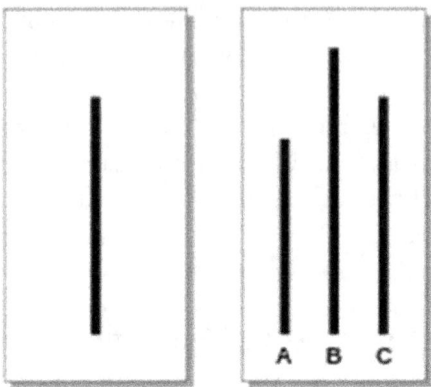

Abb. 3.1 Liebrand, B. (2018)

teilnimmt (Experimentalgruppe) mit den Ergebnissen einer Gruppe, die ohne diese Bedingung getestet wird (Kontrollgruppe).

Die Experimentalgruppe bestand bei diesem Versuch aus sieben Personen, wobei sechs von ihnen in den Ablauf und das Ziel des Experiments eingeweiht waren. Mit anderen Worten: Nur das Verhalten einer Person wurde beobachtet und diese dachte, alle anderen Personen seien ebenfalls freiwillige Teilnehmer einer Untersuchung. Die eigentliche Versuchsperson war jeweils als Vorletzte an der Reihe. Die Eingeweihten gaben in 12 von 18 Durchgängen übereinstimmend falsche Urteile ab. Die Fehlerquote der Versuchsperson betrug hier insgesamt 37 %. In der Kontrollgruppe waren ebenfalls eingeweihte Personen anwesend. In dieser Gruppe sollten sie allerdings ihre tatsächliche Meinung äußern. Die Fehlerquote betrug hier lediglich 0,7 %.

Aus den Ergebnissen kann man schließen, dass sich Menschen in einer Gruppe der mehrheitlichen Meinung anschließen und zwar sogar dann, wenn sich die einzelnen Gruppenmitglieder zuvor noch nie getroffen haben. Konformität beginnt überraschend früh: In einer aufschlussreichen Untersuchung zeigten Haun und Tomasello (2011), dass bereits Kinder im Vorschulalter sensibel auf Gruppennormen reagieren. In Gruppen von je vier Kindern erhielten drei Kinder identische Bücher mit Bildern von Tierfamilien, während das vierte Kind ein leicht abweichendes Buch hatte. Die Studie stellte die 4-Jährigen dann vor die einfache Aufgabe, zu entscheiden, welches von den Tierbildern zur Ausgangsfigur passt. Das vierte Kind mit dem „falschen" Bild war das eigentliche Versuchskind.

Das Erstaunliche: Viele der „Versuchskinder" passten ihre Antwort, die sie offen vor der Gruppe äußerten, der Gruppenmeinung an, obwohl sie wussten, dass diese objektiv falsch war. In einer weiteren Versuchsvariante, in der die Antwort geheim abgegeben werden durfte, hielten die Kinder häufiger an ihrer eigenen Einschätzung fest.

Die Ergebnisse zeigen, dass bereits im Vorschulalter ein Bedürfnis nach sozialer Übereinstimmung besteht. Die Angst, aus der Gruppe herauszufallen oder anzuecken, kann offensichtlich bereits Kinder veranlassen, ihre Überzeugungen – zumindest nach außen – zu unterdrücken.

Eine Studie von Haslam et al. (2022) untersuchte, wie Gruppenzugehörigkeit nicht nur Meinungen, sondern auch das Verhalten beeinflusst. Die Forschenden stellten fest, dass Menschen eher bereit sind, riskante Entscheidungen zu treffen, wenn sie sich eng mit einer Gruppe verbunden fühlen. Zu einem vergleichbaren Ergebnis kamen auch die Wissenschaftler Steinberg und Monahan (2007), als sie den Einfluss von Gleichaltrigen auf die Entscheidungsfindung bei Jugendlichen untersuchten. Sie fanden heraus, dass Jugendliche in Anwesenheit von Gleichaltrigen risikobehafteter entscheiden. Sie zogen daraus die Schlussfolgerung, dass dies auf die starke Wirkung des Gruppendrucks und dem Bedürfnis nach sozialer Akzeptanz hinweist. Der Wunsch, sich der Gruppennormen anzupassen, kann das individuelle Urteilsvermögen überlagern.

Anhand dieser Ergebnisse kann man gut erkennen, wie leicht Menschen sich bei ihrer Urteilsfindung von der Meinung anderer beeinflussen lassen, selbst dann, wenn das Urteil offenkundig falsch ist.

3.7 Verbündete suchen

Die Wissenschaft hat herausgefunden, dass die Anwesenheit von Gleichgesinnten dabei helfen kann, dem Druck der Gruppe auszuweichen. Wenn beispielsweise beim „Linienexperiment" eine zweite Person im Raum war, die ebenfalls die korrekte Antwort gab, war die Anzahl derjenigen, die sich konform mit der Meinung der restlichen Gruppenmitglieder verhielten, sehr viel geringer. Wenn man in einer Situation von einer Gruppe Druck erwartet, sollte man sich, wenn möglich, einen Verbündeten suchen, der die eigene Meinung ebenfalls vertritt.

Kann man durch sozialen Gruppendruck dazu gebracht werden, sogar einen Mord zu begehen?
Bereits 2016 zeigte der Mentalist Derren Brown in einem gewagten Gesellschaftsexperiment im britischen Fernsehen, wie man einen Menschen durch gesellschaftlichen Druck zu einer schockierenden Tat bewegen kann.

Seit Februar 2018 kann die Serie The Push (deutsch: der Stoß) sogar weltweit auf dem Streaming Kanal Netflix angesehen werden.[3] In The Push versucht Derren Brown, den netten und völlig ahnungslosen Chris Kingston zum Mörder zu machen. Dabei wird die „Testperson" Kingston von insgesamt 70 Schauspielern in ein Lügengeflecht verwickelt, das von versteckten Kameras aufgezeichnet wird. Die

---

[3] Den Trailer kann man hier sehen: https://www.youtube.com/watch?v=doF-pACkiZ2Q.

Schauspieler erhalten per Funkknopf im Ohr Anweisungen, die den Kandidaten dazu drängen sollen, gegen seine eigenen moralischen Werte und Normen zu handeln. Sie bringen ihn unter anderem dazu, eine vermeintliche Leiche zu entsorgen und es gipfelt im Extremfall. Chris Kingston soll einen Mann vom Dach stoßen, da ihm vorgemacht wird, dass er andernfalls aufgrund der zuvor inszenierten Vorfälle ins Gefängnis gehen muss. Der Druck wird nach und nach erhöht. Die Gruppenmitglieder sagen Sätze wie beispielsweise: „Geh einfach zu ihm, leg deine Hand auf seinen Rücken und gib ihm einen festen Stoß!" Chris Kingston wird am Ende den Stoß nicht ausführen, aber drei andere Testpersonen haben vermeintlich einen Mord begangen und den mit einem Seil gesicherten Schauspieler über den Rand des Gebäudes gestoßen. Über die ethischen Aspekte zur Durchführung dieses Experiments kann kontrovers diskutiert werden, doch das erschreckende Ergebnis bleibt:

Unter sozialem Druck und bestimmten Umständen können wir durchaus zu Mördern werden (Markowitsch & Siefer, 2007). Zum Abschluss der Show ermutigt Brown die Zuschauer dazu, sich gegen eine Gruppe oder Ideologie zu stellen, die versucht, sie durch die evolutionäre Kraft des sozialen Gruppendrucks zu manipulieren.

Mut zur eigenen Meinung – Stark bleiben statt mitlaufen: Eine Anti-Gruppendruck-Checkliste

1. Vorbereiten und innere Stärke entwickeln
   - **Eigene Werte klären:** Was ist Ihnen wirklich wichtig? Wofür stehen Sie?
   - **Antwort parat haben:**
     „Nein, danke, das ist nichts für mich."
     „Ich habe andere Pläne."
     „Ich möchte das nicht."
2. Selbstbewusst auftreten
   - **Klar und ruhig sprechen:** Kurze, bestimmte Aussagen wirken oft stärker als lange Rechtfertigungen.

- **Körpersprache nutzen:** Aufrecht stehen, Blickkontakt halten, deutlich sprechen – das zeigt innere Sicherheit.
3. Alternative Vorschläge machen
    - **Statt nur Nein – Alternativen anbieten:** „Ich mache lieber etwas anderes – habt ihr Lust mitzukommen?" Das signalisiert Eigenständigkeit ohne Konfrontation.
4. Erst denken, dann handeln
    - **Pause machen:** Kurz durchatmen und nachdenken, bevor man reagiert. Zeitdruck erzeugt oft vorschnelles und unüberlegtes Handeln.
    - **Nachfragen:** „Warum sollen wir das machen?" – Fragen entlarven blinden Gruppendruck und schaffen Luft zum Nachdenken.
5. Unterstützung suchen
    - **Verbündete finden:** Man ist selten allein, es gibt fast immer andere, die ähnlich denken.
    - **Vertrauenspersonen einbeziehen:** Familie und enge Freunde können stärken und begleiten.
6. Grenzen setzen & Abstand nehmen
    - **Distanz wahren:** Wenn man sich dauerhaft unwohl fühlt, ist es besser die Gruppe zu verlassen. Das ist kein Aufgeben, sondern Selbstschutz.
    - **Nicht jede Gruppe passt – und das ist okay!**
7. Innere Haltung pflegen
    - **Sich selbst bestärken:** Es ist mutig, zu sich zu stehen – auch gegen Widerstand.
    - **Fehler zulassen:** Wenn man mal nachgegeben hat, sollte man sich verzeihen und aus Fehlern lernen können.

So etwas kann mir nicht passieren ...

Zum einen zeigt uns die sozialpsychologische Forschung, dass wir in unserem Alltag achtsam miteinander umgehen sollten, denn oftmals grenzen wir andere nicht absichtsvoll, sondern eher aus Gedankenlosigkeit aus. Die Folgen können für den Einzelnen sehr schmerzlich sein. Zum anderen kann man sehen, wie schnell man sich einer Gruppennorm anschließt und eine Meinung annehmen kann, nur um sich zugehörig zu fühlen. Es ist falsch zu glauben, dass „so etwas" nur anderen passieren kann.

3.8 Gruppenprozesse als Machtinstrument – „Sekten"-Strategien verstehen

Um die Dynamiken in einer Gruppe besser verstehen zu können, ist es hilfreich, sich die Entwicklungsphasen von Gruppen kurz anzuschauen. Die Sozialwissenschaftler Bernstein und Lowy haben die Gruppenentwicklung in fünf Phasen aufgeteilt (1981). Diese Phasen können je nach Gruppenzusammensetzung unterschiedlich lang andauern und unter gewissen Umständen kann es auch durchaus vorkommen, dass eine Gruppe in eine vorherige Phase zurückfällt und diese erneut durchläuft. Eine Gruppe macht demnach einen Gruppenprozess durch und ist nicht einfach mit ihrer Gründung schon das, was sie ausmacht. In jeder Gruppe gibt es eine Rollenverteilung für die einzelnen Gruppenmitglieder. Doch wenden wir uns zunächst den einzelnen Phasen zu.

3.8.1 Fremdheits- und Orientierungsphase

In der ersten Phase des Gruppenprozess gründet sich die Gruppe und die Menschen bilden eine Gemeinschaft. Als Beispiel kann man sich eine Schulklasse oder die Teilnehmenden eines Seminars vorstellen, die sich zuvor nicht kannten. Gerade in der Kontaktphase kommen die Menschen mit ganz unterschiedlichen Erwartungen und Gefühlen in die Gruppe. Die einen sind ängstlich, aufgeregt, andere sind sehr zurückhaltend und beobachtend. Alle sind sich fremd und dann ist es ganz normal, dass man sich skeptisch und wenig vertrauensvoll untereinander begegnet. In der Regel schaut jetzt jeder erst einmal auf sich selbst und horcht in sich hinein. Fühle ich mich hier wohl? Wer sind die anderen, wirken die anderen bedrohlich oder zugewandt? In der ersten Phase gibt es noch keine engen Beziehungen zu anderen, auch weil man die gruppenspezifischen Regeln und Rollen noch nicht kennt. Die Gruppenmitglieder sind noch komplett im Dunkeln, welche Regeln herrschen, welches Verhalten erwünscht und welches unerwünscht ist. Dies gilt auch, wenn die Gruppenmitglieder sich alle schon kennen und man die/der einzige Neue in der Gemeinschaft ist. Die anderen kennen dann sicher schon die Gruppenregeln, aber man selbst fängt nun an, zu lernen und sich anzupassen. Diese Phase ist in der Regel für Neue von Zurückhaltung geprägt. Wenn man beispielsweise in eine fundamentalistische Gemeinde kommt, in der alle Frauen nur Röcke oder Kleider tragen, wird man sich als Frau sehr schnell dieser Regel anpassen, wenn man Teil der Gemeinschaft werden möchte. Man würde auffallen, sozusagen „aus der Rolle fallen" und damit infrage stellen, ob man denn auch wirklich Teil dieser Gemeinschaft sein möchte. Die äußerliche Veränderung ist oftmals schnell gemacht und hat schon eine große Wirkung sowohl nach Außen als auch für die Gruppe. Diese Signalwirkung kann zuweilen das bisherige soziale Umfeld stark irritieren. Falls Ihnen das bekannt vorkommt, wie sollten Sie darauf reagieren?

> **Checkliste Veränderung**
>
> Diese Checkliste kann Ihnen helfen, einfühlsam und unterstützend zu handeln, wenn sich jemand in Ihrem Umfeld plötzlich verändert:
> Was kann ich bei Veränderungen der Persönlichkeit tun?

1. **Beobachten**
   Achten Sie auf spezifische Veränderungen im Verhalten, in der Stimmung oder im Aussehen der Person. Notieren Sie sich, wann und wie diese Veränderungen aufgetreten sind. Gab es einen Auslöser in der aktuellen Lebenssituation?
2. **Nicht vorschnell urteilen**
   Vermeiden Sie, sofort Schlüsse zu ziehen oder Annahmen über die Gründe für die Veränderung zu machen.
3. **Gespräch suchen**
   Finden Sie einen passenden Moment, um die Person in einem ruhigen und privaten Rahmen anzusprechen. Stellen Sie offene Fragen, um mehr über die Situation zu erfahren, z. B. „Ich habe bemerkt, dass du in letzter Zeit anders wirkst. Ist alles in Ordnung?"
4. **Zuhören**
   Hören Sie aktiv zu, ohne zu unterbrechen. Zeigen Sie Verständnis und Empathie für die Gefühle, auch wenn Sie sie nicht ganz nachvollziehen können.
5. **Unterstützung anbieten**
   Fragen Sie, ob und wenn ja wie Sie helfen können. Manchmal braucht die Person einfach jemanden, der da ist. Bieten Sie an, gemeinsam Aktivitäten zu unternehmen, die ihr Freude bereiten könnten.
6. **Grenzen respektieren**
   Wenn die Person nicht bereit ist, über ihre Veränderungen zu sprechen, respektieren Sie auch das. Drängen Sie sie nicht, sondern lassen sie wissen, dass Sie für sie zu gegebener Zeit da sind.
7. **Informieren**
   Wenn die Veränderungen besorgniserregend sind (z. B. Anzeichen von Depression, Sucht, Kontaktabbruch), lassen Sie sich professionell beraten. Informieren Sie sich über mögliche Ressourcen oder Unterstützungsmöglichkeiten.
8. **Selbstfürsorge**
   Achten Sie auch auf Ihre eigenen Gefühle und Bedürfnisse in dieser Situation. Suchen Sie sich Unterstützung bei Freunden oder Fachleuten, wenn Sie sich überfordert fühlen.

9. **Geduld haben**
   Seien Sie geduldig und geben Sie der Person Raum, sich zu öffnen. Manchmal braucht es Zeit. Halten Sie unbedingt den Kontakt aufrecht, auch wenn die Person nicht sofort reagiert.
10. **Nachverfolgen**
    Überprüfen Sie regelmäßig, wie es der Person geht, und zeigen Sie weiterhin Interesse an ihrem Wohlbefinden, auch wenn es abgeblockt wird. Kleine Gesten der Unterstützung können viel bewirken.

3.8.2 Rollenklärungs- und Orientierungsphase

In dieser Phase geht es darum, seine Rolle und Funktion innerhalb der Gruppe zu finden. Die Bezeichnung Rangkämpfe hört sich erst einmal brachial an, aber tatsächlich kann es zuweilen sehr wild zugehen, wobei hier zumeist mit verbalen Mitteln „gekämpft" wird. Den meisten Gruppenmitgliedern ist es wichtig, ihren Einfluss auszubauen und Macht zu erhalten. Der Begriff Macht bedeutet in diesem Kontext, das Durchsetzungsvermögen der eigenen Interessen. In jeder Gruppe gibt es Rollen und Aufgaben, durch die Personen mehr Macht und Einfluss auf die Gruppe haben als andere. Wie man sich leicht denken kann, kommt es in dieser Phase vermehrt zu Spannungen, Streitgesprächen und Unruhen. Es kann durchaus von einem erhöhten Aggressionspotenzial gesprochen werden und dieses herrscht sowohl zwischen den Gruppenmitgliedern als auch gegenüber der Gruppenleitung, wie zum Beispiel einem Seminarleiter. In dieser Phase kann es gehäuft passieren, dass Einzelne aus der Gemeinschaft aufgrund der Spannungen ausgeschlossen werden. Manche Gruppen kommen tatsächlich nie über diese Gruppenphase hinaus. Wie bereits zuvor erwähnt kann es auch sein, dass aufgrund von schwierigen Entscheidungsprozessen, wie zum Beispiel dem Wechsel der Gruppenleitung, eine Gruppe in diese Phase zurückfällt, obwohl sie in ihrer Entwicklung schon in der nächsten Phase angekommen war.

3.8.3 Vertrautheits- und Intimitätsphase

Wenn die Phase der Rollenverteilung und Orientierung abgeschlossen ist, kommt es auch zu weniger Unstimmigkeiten und das Konfliktpotenzial nimmt ab. Die Gruppenstruktur stabilisiert sich und es entsteht ein Wir-Gefühl – die Abgrenzung zu anderen Gruppen wird deutlicher. Man ist nun in der Phase zugewandter, die einzelnen Mitglieder gehen aufeinander zu und es werden enge Kontakte und Erfahrungen im Gruppengefüge gesammelt. Zur besseren Abgrenzung zu anderen Gruppen werden häufig Symboliken erschaffen. Zum Beispiel eine Geste oder sich stark ähnelnde Kleidung. Im Kontext von konflikträchtigen Gemeinschaften kommt oftmals eine vereinheitlichte, angepasste Sprache hinzu. Man kann beobachten, dass Worte innerhalb der Gemeinschaft gehäuft verwendet werden und im „Außen" anders definiert werden als innerhalb der Gruppe.

Fallbeispiel Johanna, fundamentalistische Gemeinde
Johanna (29) ist in einem fundamentalistischen Kontext aufgewachsen. Für sie stand auf der „Tagesordnung", für die kleinsten „Verfehlungen" körperlich bestraft zu werden. Die Rute, die zur Züchtigung eingesetzt wurde, lag in der Küche, war ein Mahnmal und schuf tagein tagaus eine bedrohliche Stimmung. Auf die Frage, ob in der Schule aufgefallen war, dass sie zu Hause geschlagen wurde, sagte sie: „Meine Lehrerin hatte da so einen Verdacht. Sie hat mich

dann auch mal zur Seite genommen und gefragt, ob ich zu Hause geschlagen werde. Ich antwortete darauf: „Nein, ich werde zu Hause nicht geschlagen!" Den Begriff „schlagen" kannte ich von zu Hause einfach gar nicht. Schlagen war für mich damals, wenn man mit der Hand ins Gesicht geschlagen wird. Das war bei mir zu Hause nicht der Fall, wir wurden nicht ins Gesicht geschlagen, wir wurden mit der Rute „gezüchtigt" oder „bestraft". Es war normal, gehörte zum Alltag und sollte mir helfen, künftig besser und richtig zu handeln. Ich bin sicher, wenn man mich anders gefragt hätte, hätte man mir früher helfen können."

Dieses Beispiel ist so wichtig, um zu verstehen, dass Sprache Wirklichkeit schafft. Wir denken manchmal zu eindimensional und setzen voraus, dass andere die gleiche Definition eines Begriffs zugrunde legen. Im Kontext von konfliktträchtigen Gruppen wird oft von „Liebe" gesprochen und damit ist dann etwas ganz anderes gemeint, als man zunächst vermuten würde. Für Außenstehende klingt es sehr absurd, aber Gewalt wird in konfliktreichen Gruppen oftmals damit gerechtfertigt, dass sie in liebevoller Absicht erfolgt. Es soll nur zum Besten des Anderen eingesetzt werden, damit sich dieser besser weiterentwickeln oder „auf dem rechten Weg" bleiben kann.

Checkliste Missverständnisse bei Begriffen

Wie kann ich Missverständnisse bei der Definition von Begriffen vermeiden?

1. **Aktives Zuhören**
   - Hören Sie aufmerksam zu, wenn Begriffe wie selbstverständlich benutzt werden.
   - Wiederholen Sie mit eigenen Worten, was Sie gehört haben, um sicherzustellen, dass Sie alles richtig verstanden haben.

2. **Fragen stellen**
   - Stellen Sie offene Fragen, um Unklarheiten zu beseitigen.
   - Fragen Sie nach Beispielen, um die Bedeutung eines Begriffs besser zu verstehen.
3. **Kontext berücksichtigen**
   - Achten Sie darauf, in welchem Kontext die Begriffe verwendet werden. Werden die Begriffe in spezifischen Situationen (z. B. immer im Streit) verwendet?
   - Klären Sie, ob der Person klar ist, dass es Unterschiede in der Bedeutung zwischen Ihnen gibt.
4. **Visuelle Hilfsmittel nutzen**
   - Falls es hilft, kann man versuchen, die eigene Bedeutung des Begriffs zu visualisieren. Manche Menschen können sich dann besser erklären. Verwenden Sie Symbole, Diagramme, Mindmaps.
5. **Feedback einholen**
   - Bitten Sie um Rückmeldungen zu den verwendeten Begriffen und deren Verständlichkeit.
   - Zeigen Sie Interesse an der Definition des Anderen und zeigen Sie Gemeinsamkeiten und Unterschiede auf.

3.8.4 Differenzierungsphase

Diese Phase stellt sozusagen die optimalen Bedingungen für eine Gemeinschaft dar. Das Wir-Gefühl ist fast auf dem Höhepunkt angekommen und wächst noch weiter. Die Rollenverteilung und somit auch der Kampf um Positionen in der Gruppe sind so gut wie abgeschlossen und verringern sich in der Gruppenphase immer weiter. Die Stabilität der Gemeinschaft wächst und dadurch wird sie noch gefestigter. Die unterschiedlichen Individuen werden akzeptiert und im Idealfall werden die unterschiedlichen Fähigkeiten und Ressourcen als Bereicherung angesehen und dadurch optimal genutzt. Die Atmosphäre in der Gruppe ist zugewandt und harmonisch. Kommt es dennoch zu Konflikten und

Streitigkeiten über zu treffende Entscheidungen, kann sachlich und konstruktiv darüber gesprochen und Lösungen gefunden werden.

3.8.5 Abschluss- und Trennungsphase

Bei vielen Gruppen – wie beispielsweise einer Schulklasse – wird das gemeinsame Gruppenziel – in diesem Beispiel der „Schulabschluss" – erreicht und die Gruppe löst sich auf. Ein weiterer Grund zur Auflösung oder Trennung einer Gruppe können auch veränderte Interessen der einzelnen Mitglieder sein. Das Interesse, gemeinsame Unternehmungen zu organisieren, nimmt ab und die Gruppe spürt weniger Zusammenhalt. Wenn die Gemeinschaft bröckelt, kann es auch sein, dass einzelne Mitglieder an der Idee der Gruppe festhalten und durch neu gewonnene „Mitstreiter" eine neue Gruppe entsteht und man in eine frühere Gruppenphase zurückfällt, anstatt sie aufzulösen.

3.8.6 Wenn Zugehörigkeit zur Falle wird: Wie toxische Gruppen Nähe missbrauchen

Toxische Gruppen – dazu zählen unter anderem „Sekten" oder extrem kontrollierende Gemeinschaften – greifen gezielt in die natürlichen Entwicklungsprozesse von Gruppen ein. Was in gesunden Gruppen dazu dient, ein Gleichgewicht zwischen Individualität und Zugehörigkeit herzustellen, wird hier systematisch manipuliert, um Kontrolle, Abhängigkeit und Konformität zu erzeugen und aufrechtzuerhalten.

Bereits in der Anfangsphase nutzen solche Gruppen die natürliche Unsicherheit neuer Mitglieder aus. Orientierungssuche wird nicht begleitet, sondern vereinnahmt – mit übertriebener Freundlichkeit, einfachen Wahrheiten und einem klaren Innen-Außen-Denken. Die Folge ist oft keine echte Aufnahme, sondern emotionale Überwältigung. Das Bedürfnis nach Zugehörigkeit wird instrumentalisiert, um kritisches Denken von Beginn an auszuschalten und erste Abhängigkeiten zu schaffen.

In gesunden Gruppen tragen Konflikte und offene Auseinandersetzungen zur Reifung bei. In toxischen Kontexten hingegen werden Zweifel als Schwäche oder Verrat gedeutet. Wer Fragen stellt oder sich nicht einfügt, wird subtil oder offen unter Druck gesetzt. So lernen Mitglieder schnell, sich anzupassen – nicht aus Überzeugung, sondern aus Angst vor Ausgrenzung oder Bestrafung. Auch die Stabilisierung der Gruppenidentität, die normalerweise Vielfalt ermöglicht, schlägt in toxischen Gruppen ins Gegenteil um: Regeln werden starr, Überzeugungen absolut. Die Gruppe wird zum Maßstab der Wahrheit, der Kontakt zur Außenwelt zunehmend abgewertet. Loyalität bedeutet hier: Völlige Unterordnung. Kritik wird zur Gefahr erklärt, der Austritt zum Tabubruch.

Wer sich einmal fest in solchen Strukturen befindet, gibt nicht nur Freiheit, sondern oft auch Energie, Geld und Lebenszeit an die Gruppe ab. Eigenständigkeit wird sanktioniert, Gehorsam belohnt. Die eigentliche Identität weicht einer Rolle, die den Erwartungen der Gruppe dient.

Ein späterer Ausstieg ist entsprechend schwer. Nicht selten sind Schuldgefühle, Ängste oder Isolation die Folge. Selbst wenn der Kopf längst „raus" ist, bleiben emotionale Muster oft noch lange bestehen. Was einmal als Halt erlebt wurde, erweist sich dann als Klammer, aus der man sich nur mühsam lösen kann. Toxische Gruppen entstehen nicht zufällig. Ihre Struktur ist das Ergebnis gezielter Einflussnahme – oft über lange Zeit. Wer die dahinterliegenden gruppendynamischen Mechanismen erkennt, kann andere früh warnen und sich selbst davor schützen, zum Nutzen anderer beeinflusst zu werden. Man kann sich selbst oder anderen dabei helfen, wieder gesunde Formen von Zugehörigkeit zu finden – ohne den Preis der Selbstaufgabe.

> **Auf den Punkt gebracht**
> Toxische Gruppen nutzen gruppendynamische Prozesse gezielt aus, um emotionale Abhängigkeit, Konformität und Loyalität zu erzwingen – oft auf Kosten von Individualität, Freiheit und kritischem Denken.

3.9 Mitläufer, Rebellen & Alphatiere – Rollen und Rangdynamiken

Doch nicht nur Zugehörigkeit und Gruppendruck spielen eine Rolle bei der Erzeugung von emotionaler Abhängigkeit. Ein weiterer Aspekt beim Aufbau von Abhängigkeitsstrukturen in sogenannten Sekten sind die Rangdynamiken. In sozialen Gruppen übernehmen Mitglieder unterschiedliche Rollen und erfüllen damit verbundene Aufgaben, die sowohl das eigene Verhalten als aber auch die gesamten Interaktionen in der Gruppe beeinflussen. Diese Rollen können grob in verschiedene Kategorien unterteilt werden, wobei die Grenzen zum Teil auch etwas verwaschen sein können. In sogenannten Sekten herrscht oft eine besondere Rollenverteilung, die stark von der Struktur und den Zielen der Gruppe abhängt. Diese Rollen können sich erheblich von denen in traditionellen sozialen Gruppen unterscheiden und sind sehr häufig hierarchisch organisiert. Dadurch entstehen Rangdynamiken: Je hierarchischer eine Gruppe aufgebaut ist, desto stärker wirken diese Dynamiken auf die einzelnen Mitglieder. Die einzelnen Positionen haben mehr oder weniger viele Befugnisse und entsprechend Macht über die anderen.

Die in sektenartigen Gruppen beobachtbaren Rollentypen – vom inneren Kreis über missionierende Mitglieder bis hin zu kritischen Stimmen – lassen sich gut mit bestehenden theoretischen Konzepten in Verbindung bringen. Goffman (1961) beschreibt mit dem Begriff der totalen Institutionen geschlossene soziale Systeme, in denen Rollen strikt zugewiesen und Abweichungen sanktioniert werden. In neueren Analysen etwa bei Hassan (2016) finden sich ähnliche Differenzierungen: Er benennt unterschiedliche Positionen innerhalb destruktiver Gruppen – von loyalen Unterstützern bis zu jenen, die sich langsam kritisch distanzieren oder offen widersprechen.

Die Führungsrolle
Diese Rolle ist im Prinzip selbsterklärend. Eine Führungsposition ist dadurch gekennzeichnet, dass die entsprechende Person Verantwortung für die Leitung und Organisation der Gruppe übernimmt. Sie setzt gemeinsame Ziele und trifft endgültige Entscheidungen. Eine weitere wichtige Funktion ist darüber hinaus, die anderen Gruppenmitglieder für die gemeinsamen Ziele zu begeistern und zu gemeinsamen Aktivitäten zur Zielerreichung zu motivieren. Ein Beispiel ist der Seminarleiter, der die Gruppe koordiniert, zeitliche und inhaltliche Aspekte im Blick behält. Die Führungsrolle in einer sozialen Gruppe ist nicht nur besonders verantwortungsvoll und wichtig, sie birgt, wie wir vor allem aus konfliktträchtigen Gemeinschaften kennen, die größte Gefahr des Machtmissbrauchs.

In einer sogenannten Sekte nimmt diese Rolle die/der spirituelle Führer:in, Lehrer:in, Meister:in oder Guru ein. Diese Person steht an der Spitze einer hierarchischen Struktur und hat oft eine sehr einnehmende, charismatische Ausstrahlung. Im Gegensatz zu einer offenen, sozialen Gruppe wird die leitende Person als unfehlbar angesehen. Sie übt großen Einfluss auf die Mitglieder aus. Kritik an der Person, ihren Entscheidungen und ihrem Verhalten ist tabu. „Hingabe" wird dies in vielen dieser Gruppen genannt. Diese Hingabe ist absolut, Zweifel an der Lehre werden in einer Art „Schuldumkehr" den Mitgliedern zugeschrieben (Neumann, 1991).

Fallbeispiel Mika, Psychogruppe
Mika (35) war jahrelang Mitglied einer Psychogruppe. Er war auf der Suche nach einer Gemeinschaft, in der er so akzeptiert wird, wie er ist. In seiner Ursprungsfamilie war er immer der Außenseiter, auch in der Schule wurde er wegen seines Aussehens und seines „nerdigen" Verhaltens gemobbt. In der Gruppe fühlte er sich endlich akzeptiert, es fühlte sich für ihn wie Familie an. Die spirituelle Leiterin gab vor, ein reinkarnierter Engel und hellsichtig zu sein. Sie hatte strenge Vorschriften zu Ernährung, Kleidung und dem Verhalten innerhalb und außerhalb der Gruppe. Der Kontakt zu Menschen außerhalb der Gruppe war unerwünscht, man durfte nur das Haus verlassen, wenn man mindestens zu zweit war, angeblich zum eigenen Schutz. Niemand äußerte Kritik, denn das wurde sofort gemeldet. Man kontrollierte sich gegenseitig, meldete Fehlverhalten zum Teil hinter dem Rücken direkt an die Meisterin, um dadurch in ihrer Gunst zu steigen. Sie war stets gut über das Fehlverhalten aller informiert und dadurch wiederum hatte Mika lange Zeit den Eindruck, sie sei tatsächlich hellsichtig. Erst viel später, nach dem Ausstieg wurde ihm diese Struktur klar. Die strenge Hierarchie war deutlich zu spüren. Es gab „enge Vertraute", einen inneren Kreis und dann weitere Abstufungen. Von der Rolle innerhalb der Gruppe hing ab, welche Lockerungen und „Sonderregelungen" man genießen durfte. Je höher man aufgestiegen war, desto mehr Nähe zur Meisterin war erlaubt. Man hatte diesen großen Wunsch, ihr möglichst nahe zu sein und dafür wurde auch Mika zu jemand, der andere kontrollierte und „meldete".

Nachdem er zunächst auch nur ein „kleines Licht" in der Gruppe war, hatte er sich nach und nach „hoch gekämpft" und war kurz vor dem Austritt aus der Gemeinschaft im engsten Kreis der Meisterin. Das war dann aber auch genau der Moment in dem ihm klar wurde, dass er vom „Gemobbten" zum „Mobber" geworden war. Aus seiner eigenen Biografie kannte er die gegensätzliche Position nur zu gut und er verließ die Gemeinschaft. Im Nachhinein leidet Mika darunter, sich wie ein „Soldat" und „Spitzel" aufgeführt zu haben. Es belastet ihn noch immer sehr, keine eigene Meinung mehr vertreten und andere Menschen gedemütigt zu haben.

An Mikas Beispiel kann man gut die Besonderheiten der oftmals vorkommenden Rollenverteilung in einer sogenannten Sekte veranschaulichen. In der Regel ist die Rollenverteilung eng mit der Struktur und den Zielen der Gruppe verknüpft. Daher können diese Rollen sich erheblich von denen in einer traditionellen sozialen Gruppe abheben. Besonders herausstechend ist dabei die Organisation in einer sogenannten Sekte, denn diese ist deutlich strenger hierarchisch strukturiert als es in anderen sozialen Gruppen der Fall ist.

An der Spitze einer konfliktträchtigen Gemeinschaft steht wie oben ausgeführt eine Führer:in. Von der Rangfolge her kommt direkt im Anschluss der oftmals als „innerer Kreis" bezeichnete Personenkreis. Es handelt sich um enge Vertraute. Darüber hinaus gibt es noch weitere Rollen, die jeweils mit spezifischen Aufgaben einhergehen:

Innerer Kreis

Die Menschen im inneren Kreis unterstützen die Leitung und übernehmen in der Regel wichtige organisatorische Aufgaben. Sie sind oft eng vertraut mit der führenden Person und haben Zugang zu Informationen, die anderen Mitgliedern nicht zugänglich sind. Oftmals übernehmen sie eine vermittelnde Rolle zwischen der Führer:in und den anderen Mitgliedern.

Aktivisten oder Missionare
Die Aufgabe dieser Personen ist es, die Lehren der Gemeinschaft nach außen zu tragen und neue Mitglieder zu gewinnen. Sie engagieren sich oft in der Öffentlichkeitsarbeit und versuchen, die Ideologie weiter zu verbreiten.

Unterstützer oder Anhänger
Diese Mitglieder folgen den Lehren des Führers und unterstützen die Aktivitäten der Gruppe. Sie sind meist loyal und engagiert. Im Gegensatz zu den Aktivisten und Missionaren können sie aber mitunter durch eine leichte kritische Denkweise gekennzeichnet sein.

Neulinge oder Rekruten
Neue Mitglieder befinden sich zunächst in einer Phase der Anpassung. Sie lernen die Lehren der Gemeinschaft kennen und versuchen, sich in die Gemeinschaft einzugliedern. Sie bemühen sich, vertrauensvolle Beziehungen aufzubauen und enge Kontakte zu knüpfen.

Abweichler oder Kritiker
In nahezu jeder Gruppe gibt es auch diejenigen, die Zweifel an den Lehren oder Praktiken der Gemeinschaft oder der Führungsperson äußern. Diese „Störenfriede" können als Bedrohung für die Gruppe wahrgenommen werden. Sie werden oft durch besonders Loyale im Blick behalten. Wenn keine Veränderung des Verhaltens erreicht wird, werden sie meist isoliert, missachtet oder ausgeschlossen.

Rolle	Beschreibung
Innerer Kreis	Unterstützt die Führungsperson, übernimmt zentrale organisatorische Aufgaben, hat privilegierten Informationszugang und vermittelt zwischen Leitung und Mitgliedschaft
Aktivisten/ Missionare	Tragen die Lehren der Gemeinschaft nach außen, werben neue Mitglieder, betreiben Öffentlichkeitsarbeit
Unterstützer/ Anhänger	Folgen den Lehren loyal, unterstützen die Gruppe aktiv, zeigen teils auch erste kritische Reflexionen
Neulinge/ Rekruten	Befinden sich in einer Orientierungs- und Anpassungsphase, suchen Zugehörigkeit und Beziehungen
Abweichler/ Kritiker	Äußern Zweifel an Lehre oder Praxis, stellen Fragen, gelten oft als Bedrohung und werden marginalisiert

Die Rollenverteilung in einer sogenannten Sekte trägt maßgeblich dazu bei, die Kontrolle und den Zusammenhalt innerhalb der Gruppe zu stärken, während sie gleichzeitig dafür sorgt, kritisches Denken und individuelle Meinungen zu unterdrücken. Wer eine Gruppe („Sekte") anführt, ist sich sicherlich dieser Mechanismen bewusst und kontrolliert daher, wer welche Positionen innehat. Menschen, die offen über ihre Zweifel in der Gruppe sprechen, stellen eine Gefahr für die Machtposition der Führungsrolle dar. Dabei gilt, je größer die Gruppe desto schwieriger ist es, die Kontrolle zu behalten und Kritiker mundtot zu machen. Im Beispiel von Mika durften beispielsweise die Mitglieder nie alleine unterwegs sein. Das passt zum charakteristischen Muster: Oftmals werden offenkundigen Zweiflern sehr loyale Mitglieder zur Seite gestellt, um die Kritiker besser kontrollieren und einschätzen zu können. Zuweilen werden Kritiker auch einfach aus der Gruppe ausgeschlossen. Dies wird in der Gruppe der jeweiligen Ideologie entsprechend argumentiert, z. B. als „von Satan besessen", „noch nicht in der richtigen Schwingung angekommen", „Energievampir",

„noch in seinem Ego gefangen", „unbeseelt", um nur einige der vielen Begründungen zu nennen, weshalb ein Mitglied die Gruppe verlassen muss.

In Gruppen ohne ideologischen Hintergrund ist die Rollenverteilung nach anderen Kriterien unterteilt. Während es sich in einer konfliktträchtigen Gemeinschaft eher um die hierarchische Ordnung dreht, stehen in einer sozialen Gruppe vorrangig andere Aspekte im Fokus. Das bedeutet nicht, dass diese Rollen nicht ebenso in der sogenannten Sekte von Bedeutung sind. Der Glaube oder anders gesagt die feste Überzeugung, Glaubwürdigkeit und das tiefe Vertrauen in die Ideologie sowie die Position innerhalb der Gemeinschaft sind dort aber wichtiger. Ergänzend zu den „sektentypischen" Rollen unterscheidet man klassischerweise in einer sozialen Gruppe in folgende Rollen:

Soziale Rollen: Personen mit dieser Rolle fördern den Zusammenhalt, die Kommunikation und die zwischenmenschlichen Beziehungen innerhalb der Gruppe. Dazu gehören unterstützende Interventionen, die ermutigen, weiter das gemeinsame Ziel zu erreichen genauso wie positive Rückmeldungen und Komplimente für die bisherigen Leistungen. Zur sozialen Rolle gehört aber auch als Mediator(in) einzugreifen, um Konflikte zu lösen und Harmonie zu fördern.

Aufgabenrollen: Mitglieder in diesen Rollen konzentrieren sich in erster Linie darauf, die festgelegten Gruppenziele zu erreichen. Typische Aufgaben sind: Ideen zu sammeln, kreative Lösungen vorzuschlagen, Informationen zusammenzutragen, relevante Daten und Fakten bereitzustellen, aber auch im Anschluss die Pläne in die Tat umzusetzen.

Hindernde Rollen: Zuweilen gibt es auch Mitglieder, die das Erreichen des Gruppenziels behindern. Dazu gehören „Störenfriede", die durch unangemessenes Verhalten die Dynamik unterbrechen, oder die sogenannten Passiv-Aggressiven, die Unzufriedenheit verbreiten und so kreative Prozesse verhindern und die Zusammenarbeit belasten.

Spezialisten: In fast allen Gruppen gibt es Menschen mit Fachwissen oder mit speziellen Fähigkeiten. So gibt es in jedem Verein zum Beispiel eine Kassenwartin oder einen Kassenwart mit Sinn oder zumindest Interesse an Zahlen. Nicht jede(r) ist für bestimmte Aufgaben geeignet. Manche Fähigkeiten sind aber zur Erreichung eines Projekts wichtig und daher sind diese Rollen auch von besonderer Bedeutung.

Das Verständnis der unterschiedlichen Rollen ist entscheidend für eine erfolgreiche Zusammenarbeit in einer sozialen Gruppe. Indem alle Mitglieder ihre Stärken und ihre Schwächen kennen und sowohl ihre eigenen und die Rollen der anderen aktiv akzeptieren, kann die Gruppe ihre Ziele effizienter erreichen. Dies erzeugt eine positive Atmosphäre und ein Gefühl von Harmonie, die besonders dann wichtig ist, wenn das Ziel nicht auf direktem Weg erreicht wird und Rückschläge zu verkraften sind.

In einer sogenannten Sekte stellt es sich anders dar. Die Rollenverteilung ist meist so hierarchisch und zugleich willkürlich von der Führungsposition angeordnet, dass die einzelnen Personen und deren Fähigkeiten eine untergeordnete Bedeutung haben. Die einzelnen Mitglieder können sich ihrer Position und den damit verbundenen Aufgaben nicht sicher sein. Die Positionen werden von der Meister:in bestimmt und sind oftmals sogar von deren Empfindlichkeiten und der Tageslaune abhängig. Dieses Gefühl von Unsicherheit und das gleichzeitige Streben nach Anerkennung und Stabilität in der eigenen Gruppe führen bei dieser herrschenden Willkür dann häufig dazu, dass die Mitglieder über ihre eigenen Grenzen gehen. Sie arbeiten bis zur völligen Erschöpfung, nur um endlich die Anerkennung der Meister:in zu erlangen und sich spirituell „weiterzuentwickeln". Durch diesen ständigen Wechsel der Rollenverteilung kann in der Gruppe kein inneres Gleichgewicht und für die einzelnen Mitglieder kein wirkliches „Ankommen" entstehen und das Gefühl von Rastlosigkeit bleibt.

Rollenverteilung in sogenannten Sekten und toxischen Gruppierungen

Meistens steht an der Spitze solcher Gruppen eine charismatische Person mit viel Macht. Die zentralen Fragen sind daher: Wer entscheidet und wer kontrolliert wen? Durch das Verständnis der Rangdynamiken können wir die Abhängigkeiten und die Manipulation durch die Führungsperson besser verstehen. Die Rollenverteilung ist der Schlüssel zum Verständnis einer konfliktträchtigen Gemeinschaft. Wir können nachvollziehen, in welcher Form Macht ausgeübt, Kontrolle aufrechterhalten und Mitglieder an die Gruppe gebunden werden.

Wenn man weiß, welche Rolle jemand in der Gruppe ausfüllt, kann man besser einschätzen,

- wie stark die Person an die Gruppe gebunden ist,
- wie stark sie sich mit den Inhalten identifiziert hat,
- wovon der Selbstwert abhängt (Anerkennung, Status, spiritueller Fortschritt),
- wie stark die emotionale Bindung an die Gruppe ist und
- was die Person nach einem Verlassen der Gruppe aufgeben muss (Freundeskreis, Familie, Wohnort, Lebenssinn).

Angepasst auf die jeweilige Gruppenrolle, kann man der Person realistische Hilfsangebote und Interventionen anbieten: emotional, sozial, finanziell oder praktisch. Aufgrund der Rolle kann man Ressourcen gezielt aktivieren und erkennen, wie stark die Bindung beziehungsweise die Abhängigkeit von der Gruppe ist oder war. Auf diesen Aspekt gehen wir dann im Kapitel „Umgang" noch detaillierter ein.

Wer macht was? Eine Checkliste zur Beobachtung von Gruppenrollen:

1. **Aufgabenverteilung im Blick behalten**
   Wer übernimmt die Organisation? Wer bringt andere in Bewegung?
   Wer kümmert sich um die Details?
2. **Auf das Kommunikationsverhalten achten**
   Wer spricht viel, bringt Ideen ein? Wer hört eher zu und hält sich zurück?
   Wer vermittelt, wenn es Spannungen gibt?
3. **Einfluss und Führung erkennen**
   Wer wird oft um Rat gefragt? Wer entscheidet oder gibt die Richtung vor?
4. **Körpersprache & Auftreten beobachten**
   Wer tritt selbstsicher auf, wer wirkt eher unsicher?
   Wer sucht Zustimmung – wer widerspricht auch mal?
5. **Art der übernommenen Aufgaben analysieren**
   Wer denkt kreativ, wer packt praktisch an?
   Wer achtet auf Regeln, Struktur oder Zeit? Wer kontrolliert die Einhaltung?
6. **Konflikte und deren Umgang beobachten**
   Wer sorgt für Ausgleich oder schlichtet? Wer vermeidet Konflikte?
   Wer fordert ein oder spricht Kritik offen an?
7. **Gruppendynamiken reflektieren**
   Gibt es erkennbare Rollen wie Anführer, Mitläufer, Außenseiter?
   Bleiben die Rollen gleich – oder verändern sie sich und wenn ja, wie?
8. **Einschätzungen einholen**
   Wie sehen sich die Gruppenmitglieder selbst?
   Was nehmen andere wahr – in Feedbackrunden oder Gesprächen?

Literatur

Anonym. (2022). *Erfahrungsbericht: Mein Weg der spirituellen Suche*. NRW e.V.

Asch, S. E. (1951). Effects of group pressure upon the modification and distortion of judgments. In H. Guetzkow (Hrsg.), *Groups, leadership, and men* (S. 177–190). Carnegie Press.

Baumeister, R. F., & Leary, M. R. (1995). The need to belong: Desire for interpersonal attachments as a fundamental human motivation. *Psychological Bulletin, 117*(3), 497–529.

Bernstein, B., & Lowy, R. (1981). Der Gruppenprozess: Stufen der Entwicklung und ihre Bedeutung für den Gruppenleiter. In H. P. Tiemann (Hrsg.), *Gruppenarbeit: Grundlagen und Methoden* (S. 97–110). Juventa.

Butenkemper, S. (2023). *Toxische Gemeinschaften. Geistlichen und emotionalen Missbrauch erkennen, verhindern und heilen.* Herder.

Deutsch, M., & Gerard, H. B. (1955). A study of normative and informational social influences upon individual judgment. *Journal of Abnormal and Social Psychology, 51*(3), 629–636.

Gabriel, S., Valenti, J., & Young, A. F. (2016). Social surrogates, social motivations, and everyday activities: The case for everyday social activities as social surrogates. *Social and Personality Psychology Compass, 10*(6), 314–327.

Goffman, E. (1961). *Asylums: Essays on the social situation of mental patients and other inmates.* Anchor Books.

Gollan, A., Riede, S. & Schlang, S. (2018). Glaubensfreiheit versus Kindeswohl. Familienrechtliche Konflikte im Kontext religiöser und weltanschaulicher Gemeinschaften Köln. *Arbeitsgemeinschaft Kinder- und Jugendschutz Nordrhein-Westfalen* (Hrsg.), Sekten-Info Nordrhein-Westfalen. Köln.

Haslam, S. A., Cruwys, T., Haslam, C., Dingle, G., & Chang, M. X. L. (2022). Multiple group membership supports resilience and growth in response to violence and abuse. *Journal of Community & Applied Social Psychology, 32*(1), 3–15.

Hassan, S. (2016). *Combating cult mind control: The #1 bestselling guide to protection, rescue, and recovery from destructive cults* (3. Aufl.). Freedom of Mind Press.

Haun, D. B. M., & Tomasello, M. (2011). Conformity to peer pressure in preschool children. *Child Development, 82*(6), 1759–1767.

Kaufmann, K., Illig, L., & Jungbauer, J. (2020). *Sektenkinder: Über das Aufwachsen in neureligiösen Gruppierungen und das Leben nach dem Ausstieg.* BALANCE Erfahrungen.

Kieckhaefer, C., Schilbach, L., & Bzdok, D. (2022). Social belonging: Brain structure and function is linked to membership in sports teams, religious groups, and social clubs. *Cerebral Cortex, 33*(8), 4405–4420.

Liebrand, B. (2018). Wenn die Gruppe Druck macht. https://sekten-info-nrw.de/information/artikel/weitere-artikel/wenn-die-gruppe-druck-macht. Zugegriffen am 03.10.2025.

Markowitsch, H. J., & Siefer, W. (2007). *Tatort Gehirn: Auf der Suche nach dem Ursprung des Verbrechens.* Campus Verlag.

Neumann, F. (**1991**). *Die Psychodynamik von Sekten: Zur Pathologie charismatischer Gruppen.* Ernst Reinhardt Verlag.

Pohl, S., & Wiedemann, M. (2023). *Zwischen den Welten: Filterblasenkinder verstehen und unterstützen: Aufwachsen in weltanschaulichen Randgruppierungen und Filterblasen.* Vandenhoeck & Ruprecht.

Schäfers, B. (2016). Die soziale Gruppe. In H. Korte & B. Schäfers (Hrsg.), *Einführung in die Hauptbegriffe der Soziologie* (9. Aufl., S. 153–172). Springer.

Sherif, M. (1936). *The Psychology of Social Norms.* Harper.

Sherif, M., & Sherif, C. W. (1977). Experimentelle Untersuchungen zum Verhalten in Gruppen. In J.-J. Koch (Hrsg.), *Sozialer Einfluss und Konformität* (S. 167–192). Beltz Verlag.

Steinberg, L., & Monahan, K. C. (2007). Age differences in resistance to peer influence. *Developmental Psychology, 43*(6), 1531–1543.

Williams, K. (2007). Ostracism. *Annual Review of Psychology, 58*, 425–452.

Williams, K., & Nida, S. (2011). Ostracism: Consequences and coping. *Current Directions in Psychological Science, 20*(2), 71–77.

Wu, H., Luo, Y., & Feng, C. (2016). Neural signatures of social conformity: A coordinate-based activation likelihood estimation meta-analysis of functional brain imaging studies. *Neuroscience & Biobehavioral Reviews, 71*, 101–111. https://doi.org/10.1016/j.neubiorev.2016.08.038

4

Toxische Einzelanbieter auf dem Lebenshilfemarkt

Erinnern Sie sich an den eingangs erwähnten Wahrsager, der eine Familie um 800.000 € brachte? Dass dies kein Einzelfall ist, zeigt diese kleine Auswahl an Schlagzeilen:

- STERN: „Wahrsager" soll Frau um hunderttausende Euro betrogen haben (Stern, 2024)
- KRONENZEITUNG: Schwarze Magie: 77.000 € an Wahrsagerin gezahlt (Pratschner, 2024)
- BILD: „Hellseher" am zweiten Prozesstag verschwunden. Er soll Unternehmer-Gattin 5 Mio. € abgezockt haben (Bachner, 2024)

Doch es sind nicht nur Wahrsager und Hellseher, die für Schlagzeilen sorgen. Besonders auf dem Coachingmarkt gibt es besorgniserregende Entwicklungen. Hier einige bemerkenswerte (oder eher fragwürdige) Highlights:

- SPIEGEL: „Life Coach" hielt Frauen gefangen und vergewaltigte sie (Spiegel, 2024)

- WELT: Pseudo-Coaches bei Instagram sind eine der größten Plagen unserer Zeit (Wittmann-Naun, 2022)
- WELT: Abzocke beim Coaching – „Ich bin so manipuliert worden" (Hendrich, 2024)

Ob Guru, Coach oder Wahrsagerin. Gemeinsam ist hier die eine Anbindung an eine Person, die sich in erster Linie als hierarchisches Verhältnis (da ist jemand, der einen spirituellen- oder Erfahrungs- und Wissensvorsprung hat/suggeriert zu haben) charakterisiert. Entweder verfügt der- oder diejenige über spezielle Fähigkeiten, ein besonderes Wissen oder gibt vor, Erfahrungen in bestimmten Bereichen zu haben. Sicherlich gibt es zahlreiche Anbieter, die es gut meinen und auch gut machen. Die ihre eigenen Grenzen und die ihrer Klienten und Klientinnen achten und respektieren. Aber sehr oft haben wir es bedauerlicherweise mit Anbietern zu tun, die Abhängigkeiten erzeugen, mit manipulativen Techniken arbeiten, psychischen und/oder materiellen Schaden anrichten und viel „verbrannte Erde" hinterlassen.

Im vorherigen Kapitel haben wir die tiefgreifenden Auswirkungen von Gruppen, insbesondere von solchen mit stark weltanschaulicher Prägung, auf unser Leben beleuchtet. Wie bereits im ersten Kapitel dargelegt, wird der weltanschauliche und spirituelle Markt heutzutage stark von Coaches und anderen Einzelanbietern dominiert. Diese Anbieter zielen meist darauf ab, Heilung, Coaching, Optimierung oder Beratung zu bieten. Charakteristisch für dieses Angebot ist eine Beziehung, die auf einem vermeintlichen Wissens- oder Erfahrungsvorsprung des Anbieters basiert. Hier tritt eine Person auf, die beispielsweise einen Ausweg aus Liebeskummer verspricht, geschäftlichen Erfolg ermöglichen will, spirituelle Entwicklung fördern möchte, Geheimnisse aus früheren Reinkarnationen offenbaren oder alte Traumata heilen möchte oder verspricht, alte Traumata zu lösen. Die Delegation von Verantwortung ist ein zentrales Merkmal, das in all diesen Kontexten auftritt. Oft besteht von Beginn an ein Machtgefälle, da dem Coach, Heiler oder Guru ein Wissens- oder Erfahrungsvorsprung zugeschrieben wird, ihm besondere Fähigkeiten zugesprochen werden oder er allgemein auf ein Podest gehoben wird. Der Umgang mit diesem Machtgefälle, ja dessen bloße Reflexion, erfordert beiderseitige Transparenz. Häufig erleben wir jedoch, dass Macht, wie es sprichwörtlich heißt, zu Kopf steigt, Machtmissbrauch begünstigt und diejenigen, die sich in einer überlegenen Position befinden, verändert. Deswegen geht es in diesem Kapitel auch darum, über psychologische Auswirkungen von Machtpositionen nachzudenken. Die Auswirkungen von Macht sollten beiderseitig reflektiert werden. Denn nicht nur die Person, welche sich in einer Machtposition befindet, verändert sich, sondern Macht wirkt sich auch auf denjenigen aus, der in der unterlegenen Position ist. Weiter werden wir uns mit Manipulationstechniken befassen, damit es besser gelingt, diese zu erkennen. Aber zunächst einmal werfen wir einen Blick auf das, was sich an Anbietern auf dem Markt tummelt.

4.1 Coaches, Heilpraktiker oder selbsternannte Heiler?

Früher nannte man sie Gurus, heute hat nicht selten ein sogenannter „Coach" diese Rolle übernommen. Selbstverständlich gibt es sie noch, die Altvorderen, die allerdings meist ein Nischendasein fristen im Vergleich zum Erfolg der Lifecoaches mit spiritueller Note. Während in den 1970er- und 1980er-Jahren Menschen in Scharen nach Indien pilgerten, um fernöstliche Lebensweisheiten und Gurus nach Europa zu importieren, hat sich die Situation heute drastisch verändert. Jede Zeit hat ihre eigenen Führungsfiguren und Größen. Die Gurus von heute haben zwar immer noch den Buddha im Hintergrund ihres in Pastelltönen eingerichteten Wohnzimmers stehen und räuchern ein wenig, aber ansonsten bedienen sie sich an allen möglichen therapeutischen Konzepten. Bonmots wie „Energie", „Achtsamkeit", „Meditation" und „Spiritualität" werden selbstverständlich genutzt. Denn eine Prise Spiritualität schadet dem Geschäft nicht. Insbesondere wenn keine weltlichen Zertifikate oder Ausbildungen vorzuweisen sind, kann eine angebliche feinstoffliche Verbindung zum Universum, eine besondere spirituelle Berufung oder der direkte Kontakt zu himmlischen, astralen oder wie auch immer gearteten Wesen darüber hinwegtäuschen. Sie merken wahrscheinlich: Es fällt an dieser Stelle schwer, einen gewissen ironischen Unterton zu unterdrücken und die Szene mit der notwendigen Neutralität zu betrachten. Und dennoch werden wir es versuchen. An unsere Beratungsstellen wenden sich v. a. die Menschen, die in irgendeiner Weise einen Schaden erlitten haben durch Anbieter auf dem Esoterik- oder Coachingmarkt.

Fallbeispiel Maileen
Maileen (27) stürzte nach dem Tod der Mutter in eine tiefe Krise. Sie fühlte sich antriebslos, schwere Gedanken lasteten auf ihr und es gelang ihr kaum noch, ihren Alltag zu handhaben. Zu einem Psychologen wollte sie nicht gehen, sie hatte einmal ein paar Probesitzungen bei einer, die sie nicht besonders hilfreich empfand. In dieser Situation empfahl eine Freundin den Kontakt zu einem Coach. Maileen nahm ein paar Sitzungen in Anspruch und sagte, dass es ihr schlagartig besser ging. Ihr Coach war eine sehr fürsorgliche

und mütterliche Person, und der Kontakt half ihr den schmerzhaften Verlust besser zu verkraften. Doch recht bald begann der Coach, massiv Grenzen zu überschreiten. Sie mischte sich in alltägliche Lebensfragen ein, gab Empfehlungen zur Partnerwahl, verlangte strikte Gebetszeiten, forderte einen hohen zeitlichen Einsatz, verlangte immer mehr Geld und begann damit zu drohen, dass es ohne die enge Anbindung an sie, ein Einfallstor für böse Mächte geben würde. Letzten Endes drohte sie mit der seelischen Auslöschung, wenn sich Maileen nicht völlig unterwerfe. Maileen litt seither an Ängsten, Schlafstörungen und kam in einem aufgelösten und verzweifelten Zustand in unsere Beratungsstelle. Ihr Coach hatte mehrere rote Linien und Grenzen überschritten.

Natürlich ist längst nicht jeder Coach schädlich, und es gibt viele durchaus nützliche und sinnvolle Angebote. Gerade im Bereich Coaching finden wir Schnittmengen zu zwei Bereichen: dem therapeutisch-psychologischen Sektor und dem spirituellen Bereich. Ein Blick ins Internet zeigt: Coaching boomt. Dabei geht es nicht nur um seriöses Coaching, das hilft, neue Ziele zu setzen, berufliche Entscheidungen zu überdenken oder sich in Beziehungsangelegenheiten neu auszurichten. Besonders jene Angebote, die holistische Ansprüche erheben, unsensibel mit Grenzen umgehen, grandiose Versprechungen machen, viel Geld kosten und ohne fundierte Ausbildung durchgeführt werden, können problematisch sein. Solche Angebote erzeugen oft Abhängigkeiten und können hohen finanziellen oder psychischen Schaden anrichten. Damit werden wir uns unter anderem in diesem Kapitel beschäftigen.

Maileen litt sehr unter dem Tod der Mutter. Sie hätte eigentlich professionelle Hilfe benötigt, eine Psychotherapie oder vielleicht sogar einen Klinikaufenthalt. Wer sich heute in einer Jobkrise, einer Lebenskrise, einer Beziehungskrise oder einer anderen Krise befindet, braucht gute Nerven, um den richtigen Ansprechpartner zu finden. Der erste Schritt in Richtung Besserung besteht darin, sich einzugestehen, dass man Hilfe oder Unterstützung benötigt. Der zweite Schritt allerdings ist meist der schwierigere: die Suche nach dem richtigen Ansprechpartner und dessen Verfügbarkeit. Einen Therapieplatz zu ergattern, erfordert oft einen langen Atem und eine hohe Frustrationstoleranz. Neben den approbierten Therapeuten, deren Leistungen über die Krankenkasse abgerechnet werden können, buhlen Heerscharen von Coaches, Heilpraktikerinnen und anderen Anbietern um die Hilfesuchenden. Für jede Lebenslage und jedes Problem scheint es einen Fachmann oder eine Fachfrau zu geben: Ernährungscoaches, Beziehungscoaches, Karrierecoaches, Trennungscoaches, Fitnesscoaches, Lerncoaches und viele mehr. Die Entscheidung fällt schwer. Oft sind die Webseiten dieser Anbieter höchst professionell gestaltet, und der Schritt in Richtung Digitalisierung ist in dieser Branche längst vollzogen. Viele selbsternannte Coaches arbeiten als digitale Nomaden irgendwo in Bali oder Portugal und bieten ihre Dienste via Online-Talk an. Auch die Spezialisierung in der Branche fällt auf. Es gibt Spezialisten im Bereich Karrierecoaching, fragwürdige Businesscoaches, die selbst noch nie ein Unternehmen von innen gesehen haben, und Beziehungscoaches, die mit mittelalterlichen Rollenbildern aufwarten und Männern und Frauen erklären, wie sie sich verhalten sollen, um den „richtigen" Partner zu finden.

Wer soll da noch den Überblick behalten? Und wann sollte man vielleicht statt eines Coaches besser einen Psychotherapeuten aufsuchen? Und woran erkenne ich überhaupt einen guten Therapeuten?

Starten wir mit einer kurzen Begriffsklärung:

- Ein **Psychologe** hat Psychologie auf Diplom oder heute im Bachelor und im Master studiert. Ein Psychologe kann in der Diagnostik, der Wirtschaft, in Beratungsstellen oder im Gesundheitswesen arbeiten. Ein Psychologe darf keine Psychotherapie durchführen oder Medikamente verschreiben.
- Ein (Ärztlicher/ Psychologischer) **Psychotherapeut** hat zusätzlich zum Studium der Medizin/Psychologie eine mehrjährige Aus- bzw. Weiterbildung in einem Therapieverfahren durchlaufen. Von den Gesundheitskassen anerkannte und finanzierte Therapieverfahren sind aktuell die Kognitive Verhaltenstherapie, Systemische Therapie, Psychoanalyse und die Tiefenpsychologisch fundierte Therapie. Zudem kann seit 2020 im Bachelor und Master Psychotherapie studiert werden. Für das Versorgungssystem der gesetzlichen Gesundheitskassen ist anschließend eine mehrjährige Weiterbildung erforderlich. Ärztliche und Psychologische Psychotherapeuten führen Psychotherapien durch. Im Gegensatz zu Ärztlichen Psychotherapeuten können Psychologische Psychotherapeuten keine Medikamente verschreiben.
- Ein **Psychiater** hat Medizin studiert und eine mehrjährige Weiterbildung zum Facharzt abgeschlossen. Psychiater behandeln organische Ursachen von psychischen Störungen und können Medikamente verschreiben. Ebenso können Psychiater Psychotherapien durchführen.
- Ein **Heilpraktiker** hat eine Zulassung zur Ausübung des Berufes durch das zuständige Gesundheitsamt erhalten. Die Zulassung wird erteilt, wenn in einer Prüfung nachgewiesen wurde, dass durch die Ausübung der Heilkunde durch *ihn keine Gefahr für die Patienten besteht.

Vor der schriftlichen und mündlichen Prüfung kann, muss aber keine Ausbildung absolviert werden. Heilpraktiker dürfen Heilkunde bei körperlichen und psychischen Erkrankungen durchführen.
- Als **Coach** kann sich prinzipiell jede Person bezeichnen, da dies kein geschützter Begriff ist. Häufig haben Coaches Seminare oder Kurse absolviert, um sich zu bestimmten Themen fortzubilden. Je nach Ausrichtung arbeiten Coaches beispielsweise im Bereich der Persönlichkeitsentwicklung, im Finanzwesen oder im Sport. Coaches können keine Psychotherapie anbieten oder Medikamente verschreiben.

Für viele Menschen, die auf der Suche nach einem Ansprechpartner sind, ist diese Unterscheidung nicht sofort klar. Viele Berufsbezeichnungen klingen auf den ersten Blick ähnlich. Und selbst wenn man sich entschieden hat, einen Psychotherapeuten zu konsultieren, ist der Weg zu einem Therapieplatz oft mühsam und lang. Die Ursachen dafür sind komplex. Einer der Hauptgründe für die Unterversorgung liegt in der begrenzten Anzahl von Kassensitzen. Es gibt lange Wartezeiten und viele Psychotherapeuten berichten von einem immensen bürokratischen Aufwand, der ihnen die Arbeit zusätzlich erschwert. Die psychischen Belastungen in der Gesellschaft haben außerdem zugenommen. Chronischer Stress, soziale Isolation und Existenzängste, verstärkt durch die Coronapandemie, tragen dazu bei, dass der Bedarf an psychotherapeutischen Leistungen dramatisch angestiegen ist. Besonders Depressionen und Angststörungen nahmen stark zu, was die Versorgungslage weiter verschärfte. Und an dieser Stelle kommen unsere Coaches ins Spiel. Sie sind schnell verfügbar, bieten meist einfache Lösungen an, der einzige Haken auf den ersten Blick: es kostet!

4.2 Risiken und Nebenwirkungen von Therapien, Coaching und anderen Angeboten

Bevor wir näher eingehen, auf all das, was schieflaufen kann, wenn man sich an spirituelle Coaches, Heiler, ein Medium oder einen wie auch immer aufgestellten Anbieter wendet, besprechen wir, welche Nebenwirkungen Therapien im Allgemeinen haben können. Denn auch in approbierten psychotherapeutischen Settings kann es zu Nebenwirkungen kommen, was wirkt hat eben meist auch Nebenwirkungen. Um sich auf eine Therapie vorzubereiten oder eine laufende Therapie besser zu verstehen, werden hier mögliche Nebenwirkungen und Risiken aufgeführt. Diese können auch bei einer professionell durchgeführten Psychotherapie auftreten und sind teilweise auf dem Weg der Genesung unvermeidbar.

Risiken und Nebenwirkungen von Therapien

- Zeitweise Verschlechterung des Zustandes (z. B. durch das Bewusstwerden von Problemen)
- Veränderte Aufmerksamkeitslenkung (z. B. vermehrt auf eigene Gefühle, Gedanken, Verhaltensweisen)
- Veränderungen in Beziehungen (z. B. Kontaktpausen, Trennungen, Streits) mit Familienangehörigen, Partner*innen, Freund*innen (z. B. durch nun erlerntes Abgrenzen gegenüber anderen)
- Auftreten neuer Beschwerden & Symptomverschiebung
- Stigmatisierung (z. B. gesellschaftlich, im sozialen/familiären Umfeld)
- Temporäre Abhängigkeit von den Ansichten, Meinungen, Erklärungen, Erläuterungen etc. des*der Therapeut*in
- Verschiebung der Normalität und Unsicherheiten im Selbst- und Weltbild (z. B. es können Verhaltensweisen, die zuvor als normal erlebt wurden, infrage gestellt werden)

All diese Nebenwirkungen können ganz allgemein zu einem therapeutischen Prozess dazu gehören. Wenn Sie solche Nebenwirkungen beobachten, hilft es, diese mit dem Therapeuten offen zu besprechen. Viele Therapeuten antizipieren diese Nebenwirkungen und Herausforderungen. Halten Sie sich vor Augen, was ihr Ziel ist und wofür sich diese anstrengenden Nebenwirkungen lohnen. Veränderung kann auch schmerzvoll sein. Doch ab wann sollten Sie in therapeutischen, aber auch beraterischen Settings hellhörig werden? Wann handelt es sich nicht um „normale" Nebenwirkungen, sondern um leichte oder schwere Behandlungsfehler? Hier möchten wir zunächst auf Technikfehler eingehen. Das sind Verhaltensweisen eines Therapeuten oder Anbieters, die den therapeutischen Prozess ungünstig beeinflussen können.

> Dazu zählen beispielsweise
>
> - Therapeut kann nicht mit Kritik umgehen
> - Überziehen oder Kürzen von Therapiestunden ohne Grund
> - Therapiesitzungen außerhalb eines geschützten Rahmens
> - Häufige Störungen der Sitzungen: Klingeln, Anrufe, Personen kommen in Therapieraum
> - Häufige Terminausfälle oder Verschiebungen ohne Grund
> - Honorarveränderungen ohne vorherige Ankündigung oder Einverständnis (z. B. bei Selbstzahler*innen)
> - Duzen (Ausnahme: bei Kindern und Jugendlichen)
> - Über längere Zeit am therapeutischen Vorgehen festhalten, auch wenn keine Fortschritte erkennbar sind
> - Befangenheit des Therapeuten aufgrund persönlicher Kontakte z. B. Therapeut behandelt eigene Familienangehörige, Freunde
> - Unaufmerksamkeit, Desinteresse, Einschlafen des Therapeuten

Wenn Sie solch ein Verhalten bemerken, sprechen Sie darüber. Holen Sie sich ggf. Rat von außen oder eine weitere Einschätzung. Neben diesen Behandlungsfehlern berichten uns jedoch Klientinnen immer wieder auch von massivem Fehlverhalten, Grenzüberschreitungen, Kompetenzüberschreitungen oder unethischem Verhalten und Straftaten.

Nachfolgend sind Verhaltensweisen aufgelistet, die sich in ihrer Art und Schwere stark unterscheiden und entsprechend unterschiedlich damit umgegangen werden muss. In jedem Fall ist es hilfreich, sich schnellstmöglich Rat und Unterstützung zu suchen. Die Schweigepflicht in der Psychotherapie ist einseitig und gilt nur für den Psychotherapeuten!

> Red Flags in Psychotherapien
>
> - Erotische Aussagen, Flirten, zweideutige Andeutungen, (intime) Berührungen, sexuelle Belästigung oder Missbrauch, häufiges Trösten mit Körperkontakt
> - Verbale oder körperliche Aggressionen, Gewalt
> - Abwertende Bemerkungen gegenüber Ihrer Person, Ihren Äußerungen oder Ihren Handlungen
> - Verletzung der Schweigepflicht, z. B. ohne Einverständnis mit Angehörigen über Patienten sprechen
> - Privater Kontakt außerhalb des Therapierahmens, z. B. verabredete Treffen, Anrufe, Mails ohne therapeutischen Inhalt oder Zweck, dies gilt auch noch nach Beendigung der Therapie!
> - Bitten um Gefälligkeiten von dem Patienten, z. B. Handwerksarbeiten, Geld leihen, Putzen, Büroarbeit, Ratschläge bezüglich Finanzen einholen, Wohnung vermitteln
> - Geschäftliche Beziehungen führen
> - Fehlende Transparenz und Aufklärung über Methode, Dauer, Kostenübernahme. Es gibt eine Aufklärungspflicht!
> - Die Annahme oder Überreichung großer Geschenke (über 50 €)

- Ausschweifendes Sprechen über persönliche Probleme oder Alltagsthemen des Therapeuten
- Fehlende professionelle Distanz, Erreichbarkeit außerhalb der Bürozeiten, z. B. „Sie können mich jederzeit, auch im Urlaub oder an Feiertagen erreichen. Ich bin immer für Sie da!"
- Anhaltende Verschlechterung der psychischen Beschwerden
- Abrechnen von Leistungen, die nicht durchgeführt wurden
- Unrealistische Therapieversprechen, z. B. „Hiermit wird es Ihnen für immer gut gehen"
- Schwerwiegende Lebensentscheidungen werden durch die Einflussnahme des Therapeuten getroffen, z. B. „Diese neue Arbeitsstelle ist genau das Richtige, auch wenn Sie gerade vielleicht daran zweifeln"
- Schuldzuweisungen bezüglich der Behandlungssituation, z. B. „Wenn Sie meine Ratschläge nicht befolgen, wird es Ihnen nie besser gehen"
- Das Drängen auf Einsicht „Sehen Sie doch endlich ein, dass Ihre Mutter an allem Schuld hat"
- Übernahme der Deutungshoheit (bezüglich Ihrer Biografie), z. B. „Doch, Ihnen ist das passiert! Sie können sich nur nicht erinnern"
- Religiöse/weltanschauliche Konzepte des Therapeuten werden dem Patient übergestülpt, z. B. „Der Glaube an XY wird auch Sie retten"
- Einsatz esoterischer Verfahren, wie z. B. Kinesiologie, Schamanismus, Geistheilung oder „Energiearbeit"
- Suche nach angeblichen frühkindlichen Traumata durch Trance- oder Hypnosemethoden

Hier haben wir gelistet, dass weltanschauliche Konzepte in Psychotherapien nicht übergestülpt werden dürfen. Gehen Sie allerdings zu einem Schamanen, dann ist hier klar zu unterscheiden. In diesem Fall haben Sie sich für ein schamanistisches Angebot entschieden, dies ist also Teil der Vereinbarung.

Rahmenbedingungen einer Psychotherapie

In den Kennenlernsitzungen einer Psychotherapie sollten nachfolgende Punkte gemeinsam durchgesprochen werden. DiePsychotherapeut hat eine Aufklärungspflicht! Die folgende Auflistung ist keinesfalls abschließend, kann jedoch wichtige Anhaltspunkte liefern, die weiter vertieft werden können:

- Aufklärung über das Psychotherapieverfahren und angewandte Methoden (z. B. Protokolle schreiben, freies Berichten von Gedanken, Einüben von Entspannungsverfahren)
- Informationen darüber, wie Psychotherapie bei den individuellen psychischen Beschwerden helfen kann
- Hinweise zu Nebenwirkungen der Psychotherapie
- Absprachen zu Rahmenbedingungen: Anzahl der Sitzungen, Dauer, Frequenz
- Aufklärung zu Finanzen und rechtlichen Aspekten, z. B. Kosten bei Selbstzahlern, Schwierigkeiten bei der Verbeamtung, Nachteile bei der Beantragung einer Berufsunfähigkeitsrente
- Hinweis zu alternativen Behandlungs- und Hilfsangeboten: Medikamente, andere Therapieschulen, Beratungsstellen, Krisendienst, Telefonseelsorge, Selbsthilfegruppen, ambulante/stationäre/tagesklinische Behandlung
- Absprachen zu Therapiepausen und Erreichbarkeit: Urlaub, Schließzeiten der Praxis, E-Mail, Telefon
- Regelungen zu Absagen einer Therapiesitzung, ggf. Ausfallhonorar
- Absprachen während des laufenden Therapieprozesses: frühzeitige Absprachen über Verlängerung oder Beendigung der Therapie, Anzahl der noch offenen Sitzungen bis zum Therapieende, Rückmeldung zum Stand der Therapie, Fortschritte und Herausforderungen in der Therapie
- Diagnostik (ggf. mithilfe von Fragebögen) und Rückmeldung der Diagnosen
- Aufklärung über die diagnostizierte(n) psychische(n) Störung (Psychoedukation)
- Aufklärung vor Implementierung spezieller therapeutischen Verfahren

Psychotherapeuten unterliegen also einem strengen Rahmen, es gibt hier klare Verhaltensvorschriften. Bedauerlicherweise gelten diese Vorschriften und Richtlinien nicht für den unregulierten Coachingmarkt. Hier findet vieles in einem Graubereich statt. Grundsätzlich kann und darf sich jeder hierzulande Coach nennen, ohne über entsprechende Ausbildungen oder Zertifikate zu verfügen. Einerseits ist dies eine Chance, schnell und unkompliziert Hilfe und Unterstützung zu bekommen. Andererseits kann diese Hilfe nicht nur den Geldbeutel empfindlich belasten, sondern auch in Abhängigkeitsbeziehungen münden, eine Verschlimmerung der Ausgangssituation bewirken oder zu ungünstigen Verhaltensstrategien führen. Wie kann man die Spreu vom Weizen trennen? Dazu braucht es zunächst einen differenzierten Blick auf die eigenen Bedürfnisse und Bedürftigkeit. Eine ehrliche Auseinandersetzung mit sich selbst und der Frage: Was möchte ich durch Coaching erreichen ist also der Ausgangspunkt aller weiteren Überlegungen.

> **Fallbeispiel Annegret**
>
> Annegret kontaktierte uns, weil sie bei ihrem Partner eine eigenartige Veränderung beobachtete. Seit er bei diesem Coach war, verhielt er sich ihr gegenüber immer häufiger aggressiv, äußerte frauenfeindliche Bemerkungen und brach letztlich die Freundschaft ab. Annegret war in Sorge. Sie googelte den Coach, sah sich an, was er bei Youtube veröffentlicht hatte und kam zu dem Schluss, dass es sich um ein sehr bedenkliches Angebot handelt, welches letztlich verhinderte, dass sich ihr Freund wirklich psychiatrische Hilfe suchte. Zeitgleich brach der Freund auch den Kontakt zu anderen aus dem Freundeskreis ab. Annegret muss scheinbar tatenlos dabei zusehen, wie ihr Freund immer stärker in den Bann dieses Coaches gezogen wird. Sie schildert, dass er dem Coach wie einen Guru verehre und vergöttere und das Wort des Coaches für ihn über allem stünde. In der Tat beobachten auch wir, dass es diesen Trend gibt.

Doch daneben gibt es auch die Geschichten von Menschen, die sehr von ihrem Coaching profitiert haben. Die seither bessere und klarere Entscheidungen treffen können, die sich ihrer beruflichen Ziele bewusster wurden, die fundierte Tools für die Beziehungsgestaltung lernten … Für all die seriös arbeitenden Coaches und Berater kann dieser unregulierte Markt ein großes Ärgernis sein. Und natürlich ebenso für die Hilfesuchenden. Deswegen fordern Coachingverbände schon lange nach Standards. Letztlich zeigt sich auch in der Vielfalt des Coachingmarktes, dass wir in sehr komplexen Strukturen und in einem Zeitalter leben, das geprägt ist von Vielfalt mit allen Vor- und Nachteilen. So ist es wichtig, dass Menschen Unterscheidungskompetenz lernen und üben, für sich selbst aus vielfältigen Optionen eine gute Entscheidung zu treffen. Der Umgang mit dieser Multioptionalität lässt oft den Wunsch nach Vereinfachung und Checklisten laut werden, anhand derer man leichte Entscheidungen treffen kann. Zwar liefern wir in diesem Buch einige Kriterien, dennoch führt kein Weg an einer ehrlichen Analyse der eigenen Bedürfnisse und Bedürftigkeiten vorbei.

> **Bevor Sie einen Coach, Heiler oder Medium aufsuchen:**
>
> - Gehen Sie aus Nutzen und nicht aus Not zu einem Coach
> - Suchen Sie einen Coach nicht auf, wenn Sie Druck, Angst oder ein mangelndes Selbstwertgefühl haben
> - Gehen Sie v. a. dann zu einem Coach, wenn es um persönliche Weiterentwicklung geht
> - Ängste, Depressionen und Kindheitstraumata gehören nicht in die Hände eines Coaches
> - Begreifen Sie Coaching als Chance, um in Veränderungsprozessen Unterstützung zu erhalten, ihre Selbst Wirksamkeit zu aktivieren

Im Folgenden möchten wir ausführlicher auf typische Strukturen und Fehler toxischer Anbieter eingehen.

4.3 Red Flags

Viele Menschen, die sich an uns wenden, können anfangs kaum formulieren, warum genau ihnen ein bestimmter Anbieter seltsam vorkommt. Oft hat man einfach nur ein „negatives Bauchgefühl" und den diffusen Eindruck, dass da irgendetwas ganz und gar nicht stimmt. Wir versuchen mit den Ratsuchenden gemeinsam diesem diffusen Bauchgefühl auf den Grund zu gehen und zu benennen, was das innere Frühwarnsystem ausgelöst haben könnte. Im Folgenden gehen wir diese Punkte im Einzelnen durch. Und längst nicht immer schlägt dieses Frühwarnsystem an, manchmal fühlt es sich anfangs auch einfach schön und geborgen an, man ist regelrecht euphorisiert. Erst nach einer Zeit merkt man, dass einiges zusammenkommt, was nicht passt.

4.3.1 Immunisierungsstrategien oder Schuldumkehr

- „Sie sind selbst schuld, wenn sich ihre Probleme nicht lösen, weil sie energetisch völlig blockiert sind."
- „Es liegt an Ihnen, wenn sich ihre Gesundheitsbeschwerden nicht verändern, Sie haben immer noch unaufgelöste karmische Verstrickungen."

So, oder so ähnlich kann es klingen, wenn ein Anbieter die Methode der Immunisierung oder Schuldumkehr nutzt. Marie berichtet: „Ich habe meiner Heilerin wirklich vertraut und ihr viel Geld bezahlt. Es veränderte sich irgendwann nichts mehr. Statt dass wir die Behandlung abgebrochen haben, erzählte meine Heilerin, ich sei blockiert, es sei meine Schuld, ich müsse noch irgendetwas auflösen in mir, damit ihr Heilstrom ungehindert fließen könne. An der Heilerin selbst und ihren Fähigkeiten liege es nicht. Wenn es mir allerdings besser ging, dann war das stets ihr Verdienst. Ihr Heilstrom, ihre Fähigkeiten."

Marie schildert hier ein sehr typisches Beispiel für Schuldumkehr bzw. Immunisierung. Misserfolg geht auf die Kappe des Klienten, Erfolg hingegen geht stets auf das Konto des Anbieters. Gerade Menschen, die zu Selbstzweifeln neigen, unsicher oder ängstlich sind, sich selbst gerne die Schuld an Dingen, die passieren, geben, sind sehr empfänglich für solch ein Vorgehen.

> Deswegen ist es wichtig, sich selbst zu hinterfragen:
> - Neige ich dazu, mich verantwortlich zu fühlen, wenn etwas schiefläuft?
> - Kann ich mich über eigene Erfolge freuen?
> - Fühle ich mich wertvoll und geliebt?
> - Stelle ich mich selbst und meine Wahrnehmung ständig infrage?

4.3.2 Ängste schüren

- „Ich sehe negative Energieströme."
- „Wenn Sie nichts tun, werden Sie in den kommenden Jahren schwer erkranken."
- „Es ist möglich, dass in den kommenden Monaten schweres Unheil über Sie hereinbricht."

Solche oder ähnliche Sätze können fallen, wenn ein unseriöser Anbieter seinen Klientinnen und Klienten Angst einjagen möchte. Manchmal stecken dahinter knallharte

Geschäftsinteressen. Wie etwa bei Dieter, der mit Gesundheitsproblemen eine Heilerin aufsuchte. Diese Heilerin erklärte Dieter, dass seine Probleme durch erdgebundene Seelen verursacht werden würden, die sich ihm anhaften würden. Sie – und nur sie – verfüge über die Fähigkeiten, diese Seelen zu lösen und ihm Linderung zu verschaffen. Gegen Bares, versteht sich. In seiner Not, und weil er bei den Ärzten keine wirkliche Hilfe erfahren hatte, buchte Dieter die Dienste der Heilerin. Anfangs verspürte er eine kurze Linderung, Glaube versetzt ja bekanntermaßen Berge. Weil jedoch jegliche Form von Selbstwirksamkeit durch die Fokussierung auf die Dienste der Heilerin verhindert wurde, geriet er rasch in eine Abhängigkeit und entwickelte starke Ängste, wenn er die Heilerin mal nicht rechtzeitig aufsuchte. Ähnlich ging es Maria, die eigentlich ganz guter Dinge war, bevor sie eher aus Neugierde und ohne besonderen Leidensdruck eine mediumistische Beratung in Anspruch nahm. Das Medium prognostizierte alle möglichen angstauslösenden Szenarien. Hinterher war Maria so verunsichert, dass sie nach ein paar Tagen wieder zum Medium ging und sich ein teures Schutzamulett kaufte, um den vermeintlich bevorstehenden Schaden abzuwenden.

Übrigens, es gibt nicht nur Placebo- sondern auch Noceboeffekte. Jeder der schon mal einen Beipackzettel gelesen hat, kann dies vermutlich bestätigen. Der Noceboeffekt ist ein bisschen so, als würden Sie einen Beipackzettel lesen, auf dem alle möglichen negativen Nebenwirkungen stehen. Allein die Warnung, dass das Produkt angeblich schaden könnte, reicht aus, damit Ihr Körper auf diese Erwartung reagiert. Plötzlich spüren Sie genau die Symptome, vor denen gewarnt wurde, obwohl das Mittel selbst völlig harmlos ist. Ihr Glaube an den Beipackzettel schafft die Wirkung, nicht das Produkt. Ihr Kopf spielt Ihnen dabei einen

Streich, indem er die negativen Erwartungen in körperliche Symptome verwandelt.

> **Wenn jemand Ihnen Dinge vorhersagt, die Angst auslösen:**
>
> - Fragen Sie sich, ob Sie nach der Sitzung mehr Angst hatten als vorher
> - Seien Sie vorsichtig, wenn der Anbieter Ihnen zunächst Angst macht und dann ein angstlösendes Angebot offeriert
> - Holen Sie sich eine unabhängige Zweit- oder Drittmeinung ein
> - Fragen Sie, was Sie selbst tun können, damit es Ihnen besser geht

4.3.3 Überhöhungstendenzen „Ich bin dein Guru"

- „Ich kann jede Krankheit heilen."
- „Meine Methode wirkt bei allen Beschwerden."
- „Man muss nicht Psychologie studieren, ich habe besondere Fähigkeiten."

Bereits am Internetauftritt mancher Anbieter wird rasch offensichtlich: Da ist jemand, der sich selbst völlig überhöht, seine Fähigkeiten als Universalmittel gegen jedes Leiden sieht und diese nicht durch fundierte Ausbildungen, sondern maximal durch dubiose Testimonials belegt. Anbieter, die ihre eigenen Grenzen nicht kennen, haben in der Regel auch kein Gespür für die Begrenztheit ihrer Fähigkeiten und für die Grenzen ihrer Klientinnen und Klienten. Sie treten sehr selbstbewusst, mit einem Universalanspruch auf, halten sich für unfehlbar und reagieren äußerst sensibel oder harsch auf kritische Rückmeldungen. Sollten Sie solchen Anbietern kritisch zurückmelden, dass es Ihnen nicht besser geht, dann reagieren diese meist mit Immunisierungsstrategien oder Schuldabwehr. Bisweilen aber auch mit Drohungen, wie der Fall von Joris zeigt. Joris hatte ein Businesscoach gebucht und dafür viel Geld bezahlt. Er war den Versprechungen erlegen, dass er dadurch in kürzester Zeit lernen könne, wie er viel Geld machen könne. Als er sich dann nach herber Enttäuschung an den Coach wandte und diesen zur Rede stellte, sagte der ihm nur, dass er zu dumm sei und es an ihm liege, dass er es zu nichts bringen würde. Wenn er sich genauestens an seine Empfehlungen halten würde, hätte es auch funktioniert. Er sei jedoch innerlich nicht weit genug in seiner Entwicklung. Mit seiner Methode hätte bisher jeder, der sich genauestens daran gehalten habe, viel Geld verdient. Solle er es nun tatsächlich wagen, sein Geld zurückzufordern bzw. den Fall einem Anwalt vorzulegen, wie Joris angekündigt hatte, dann werde er schon noch sein blaues Wunder erleben. Wie dieses „blaue Wunder" aussehe, konkretisierter er nicht genauer, aber es genügt, um Joris einzuschüchtern.

Der Dunning-Kruger-Effekt (Kruger & Dunning, 1999) beschreibt das Phänomen, dass Menschen mit geringen Fähigkeiten oder Wissen in einem bestimmten Bereich dazu neigen, ihre Kompetenz zu überschätzen. In Bezug auf unsere Businesscoaches und andere Anbieter bedeutet das, dass dieser Coach möglicherweise selbst wenig Ahnung von erfolgreichen Geschäftspraktiken hat, sich aber fälschlicherweise für äußerst kompetent hält. Das führt dazu, dass er seine Ratschläge mit großem Selbstvertrauen und Überzeugung gibt, obwohl sie oft unbrauchbar oder sogar schädlich sind. Kunden, die diesen Mangel an Fachwissen nicht erkennen, könnten dem Coach vertrauen, gerade weil er so überzeugend wirkt.

Was hilft, um keinen „Pseudoexperten" auf den Leim zu gehen:

- Je mehr Sie selbst über ein Thema wissen, desto leichter können Sie falsche Informationen oder inkompetente Ratschläge erkennen. Informieren Sie sich gründlich und holen Sie mehrere Meinungen ein.
- Hinterfragen Sie immer die Kompetenz und Qualifikation der Person, die Ihnen Ratschläge gibt. Gibt es Beweise für ihre Erfolge oder Qualifikationen? Wer laut spricht, hat nicht automatisch recht.
- Fragen Sie andere Menschen, die vertrauenswürdig und sachkundig sind, um eine zweite Meinung. So können Sie leichter erkennen, ob die Ratschläge fundiert sind oder nicht.
- Menschen, die wenig wissen, sind oft besonders selbstsicher. Lassen Sie sich nicht von Selbstbewusstsein blenden, sondern achten Sie auf Substanz und Fakten.

4.3.4 Inkompetenz

- „Ziele sind nicht so wichtig, das ergibt sich im Prozess."
- „Eigentlich gibt es bei meiner Methode keine Risiken und Nebenwirkungen."
- „Die Schulmedizin ist schädlich und muss bekämpft werden."

Es klang im vorherigen Teil schon an, möglicherweise hat Selbstüberschätzung und Selbstüberhöhung bei Anbietern auch eine ganze Menge mit Inkompetenz zu tun. Inkompetenz kann sich auf unterschiedliche Art und Weise ausdrücken. Wer gerade mal an der Oberfläche eins Themenfeldes gekratzt hat, dem gelingt es oft nicht, das Gebiet zu überschauen, die Komplexität eines Themas zu begreifen und einzuordnen. Das kann gerade dann, wenn solche Personen sich berufen fühlen Menschen zu heilen oder mit Menschen zu arbeiten, die in psychischen Krisen stecken, äußerst problematisch werden. Nicht umsonst durchlaufen Psychotherapeuten langwierige Selbsterfahrungsprozesse und Ausbildungen. Inkompetenz kann schlichtweg durch Unwissen und mangelnde Selbstreflexion und Selbstüberschätzung zustande kommen. Inkompetenz kann jedoch fatale Auswirkungen haben. Bea geriet an eine Anbieterin, die mit ihr Lichtenergiearbeit machte. Sie brach die Psychotherapie ab, und vertraute nur noch dem Engelsmedium, das ihr versprach, sie könne bald selbst solche Behandlungen anbieten. Fatal war, dass Bea nicht nur eine Menge Geld loswurde, sondern ihr Vertrauen in die Therapie geschwächt wurde, indem das Engelsmedium aktiv dagegen arbeitete. Beas Depressionen verschwanden jedoch nicht durch die Lichtenergiearbeit, sondern nach einigen Monaten ging es Bea schlechter als zuvor. Es war jedoch ein langer Prozess, damit Bea sich dies eingestehen konnte.

Inkompetenz erkennen:

- Der Anbieter kann keine fundierten, wissenschaftlich belegten Erklärungen für seine Methoden liefern.
- Er lehnt wissenschaftliche Erkenntnisse generell ab oder wertet sie ab.
- Der Anbieter verspricht Heilung oder Lösung für alle möglichen Probleme ohne Einschränkungen.
- Aussagen wie „100 % Heilung" oder „Wunderheilung" sind Warnsignale.
- Es werden nur sehr allgemeine, schwammige oder esoterische Begriffe verwendet, ohne konkrete Informationen.
- Begriffe wie „Energie", „Schwingungen" oder „kosmische Kräfte" werden nicht erklärt, sondern nur im Kreis wiederholt.
- Der Anbieter drängt auf den Kauf von teuren Kristallen, Tinkturen, Kursen oder anderen Produkten, die angeblich essenziell für die Heilung sind.
- Keine nachweisbaren, seriösen Ausbildungen oder Zertifizierungen im Bereich der Gesundheit oder alternativer Heilmethoden.

- Titel oder Qualifikationen sind erfunden oder aus obskuren Quellen ohne Legitimität.
- Der Anbieter reagiert empfindlich auf Fragen, Kritik oder Zweifel.
- Er behauptet, dass Zweifel oder Kritik nur „negative Energien" sind, die das Ergebnis beeinflussen.
- Der Anbieter erzeugt Schuldgefühle oder Angst, wenn man seine Methode infrage stellt oder nicht sofort annimmt.
- Aussagen wie „Wenn du nicht glaubst, funktioniert es nicht" oder „Dein Zweifel blockiert die Heilung" sind problematisch.
- Der Anbieter informiert nicht über mögliche Risiken oder Nebenwirkungen der Methoden.
- Es wird behauptet, dass die Methode absolut sicher und risikofrei ist, ohne Belege.

4.3.5 Wenn's ums Geld geht und nicht um den Menschen

Eingangs erwähnten wir einige Beispiele aus unserer Praxis, die zeigen, welche immens hohen Summen bisweilen über den spirituellen Ladentisch wandern. Immer wieder haben wir in unseren Fallbeispielen feststellen müssen, dass der Esoterikmarkt eben doch ein in diesem Sinne „ganz normaler" Markt ist, wo es um Umsätze, Gewinne und Geld geht. Diese Kommerzialisierung birgt Risiken, insbesondere wenn finanzielle Motive die spirituellen Ziele überlagern. Spiritualität und materielle Interessen scheinen auf den ersten Blick recht konträr. Die zunehmende Kommerzialisierung dieses Bereichs, besonders im Zusammenhang mit Esoterik, wirft jedoch ethische und psychologische Fragen auf. Anbieter von esoterischen Dienstleistungen wie Energieheilungen, Tarotlesungen oder spirituellen Coachings fordern oft hohe Gebühren für ihre Dienstleistungen, ohne dass diese auf wissenschaftlichen Grundlagen basieren oder von anerkannten Institutionen überwacht werden. Wenn Geld im Spiel ist, besteht die Gefahr des finanziellen Missbrauchs. Viele Menschen, die nach spiritueller Entwicklung suchen, befinden sich in einer emotional verwundbaren Lage, beispielsweise aufgrund von persönlichen Krisen, Krankheiten oder Sinnsuche. Anbieter, die in erster Linie finanziell motiviert sind, könnten diese Schwächen ausnutzen, indem sie übertreuerte und unwirksame Dienstleistungen anbieten, die das Problem der Klienten nicht lösen, sondern ihre Abhängigkeit verstärken. Dies begegnet uns bedauerlicherweise in unserer Arbeit sehr häufig. Die Skrupellosigkeit mancher Anbieter scheint keine Grenzen zu kennen.

Häufig wird suggeriert, dass kontinuierliche Sitzungen, Kurse oder der Kauf von spirituellen Produkten notwendig seien, um Fortschritte zu erzielen. Ein Ende ist nicht in Sicht, klare Ziele werden nicht definiert und der Prozess wird ständig hinausgezögert. Es brauche noch diese oder jene Sitzung, ein weiteres Retreat oder ein privates Reading, damit die spirituelle Entwicklung voranschreiten kann. Was eventuell mit überschaubaren Einstiegsgebühren beginnt, kann sich dann rasch zu einem Fass ohne Boden entwickeln, wenn erst einmal eine „Kundenbindung" aufgebaut wurde.

Die Vermarktung spiritueller Konzepte kann dazu führen, dass der eigentliche Zweck bzw. Grundideen der Spiritualität verwässert wird. Wenn finanzielle Anreize im Vordergrund stehen, wird Spiritualität oft auf ein Produkt reduziert, das verkauft wird, Wellnessorientierung, Erlebnisorientierung und andere Aspekte stehen im Vordergrund.

Keineswegs wollen wir uns dafür aussprechen, dass alles kostenlos sein sollte. Aber „spirituelle Dienstleistungen" sollten auf Transparenz, Fairness und ethischer Praxis basieren. Viele Anbieter bieten eine sinnvolle und hilfreiche Unterstützung, Beratung und Gemeinschaftserfahrungen an, die für ihre Zeit und Expertise entlohnt werden sollten. Wichtig ist jedoch, dass die Dienstleistung dem Preis entspricht und die Klienten nicht über den Nutzen getäuscht werden. Spirituelle Lehrer oder Berater sollten den Klienten konkret erklären, was sie für ihre Zahlung erhalten und keine überzogenen Heilversprechen machen. Der Preis sollte im Verhältnis zur angebotenen Dienstleistung stehen. Wenn eine Dienstleistung wie eine Tarotlesung mehrere hundert oder tausend Euro kostet, muss dies dringend hinterfragt werden. Ein realistisches Preislimit orientiert sich oft an den Preisen vergleichbarer Beratungsdienstleistungen im Gesundheits- oder psychologischen Bereich.

> **Checkliste: Woran erkennt man seriöse spirituelle Angebote?**
> 1. **Transparente Preise**: Der Anbieter gibt klar und offen an, was die Dienstleistungen kosten und was man dafür bekommt.
> 2. **Keine übertriebenen Heilversprechen**: Seriöse Anbieter machen keine unrealistischen Versprechen über Wunderheilungen oder garantierte spirituelle Fortschritte.
> 3. **Nachvollziehbare Qualifikationen**: Der Anbieter kann nachweisen, dass er in seinem Bereich geschult oder zertifiziert ist.
> 4. **Freiwilligkeit**: Es besteht kein Druck, weitere Dienstleistungen oder Produkte zu kaufen, um Ergebnisse zu erzielen.
> 5. **Kritik und Zweifel werden akzeptiert**: Ein seriöser Anbieter lässt Raum für Skepsis und bietet keine manipulativen oder emotional aufgeladenen Reaktionen auf Fragen oder Kritik.

4.3.6 Abhängigkeitserzeugung

- „Ohne mich wird es dir wieder schlechter gehen."
- „Wenn Sie nicht weiter zu meinen Seminaren kommen, dann werden Sie in alten Mustern gefangen bleiben."
- „Sie sollten den Kontakt zu Ihren Eltern abbrechen, die tun ihnen nicht gut."

Letztlich liegt ein immenses Risiko darin, dass toxische Anbieter aus welchen Motivationsgründen auch immer, Abhängigkeiten erzeugen und den Ratsuchenden damit unmündig halten, manipulieren können und dieser nicht in seinen Selbstwirksamkeit unterstützt wird. Temporär kann es guttun, in Krisen jemanden zu haben, der weiß, wo es langgeht, der Führung anbietet und gut durch Krisen navigieren kann. Allerdings erfordert es viel Selbstreflektion des Anbieters, sich dieser Machtverhältnisse im Umgang mit Hilfesuchenden bewusst zu sein. Deswegen werden wir im weiteren Kapitel über die Auswirkung von Machtpositionen reflektieren.

Es gibt viele Geschichten von Menschen, die in Abhängigkeitsverhältnisse zu ihren Wahrsagern, Heilern oder Coaches geraten sind. Die Dynamiken von Abhängigkeitsverhältnissen folgen oft bestimmten Mustern. Oft beginnt es mit einer Suche nach Antworten, Heilung oder einfach einem Weg bestimmte Bereiche im Leben zu verbessern oder zu verändern. Hier können Anbieter, die einfache Antworten bieten, Heilung oder das Versprechen, verborgene Kräfte zu aktivieren besonders attraktiv erscheinen. Viele Menschen beschreiben, dass sie sich am Anfang beflügelt und verstanden oder erleichtert fühlen.

Fallbeispiel Julia
Julia ist gestresst von ihrem Job und kämpft mit chronischen Rückenschmerzen. Ein Freund empfiehlt ihr einen Heiler, der energetische Blockaden lösen könne. Julia ist skeptisch, aber auch neugierig. Nach der ersten Sitzung fühlt sie sich tatsächlich besser – sei es durch das intensive Zuhören oder die entspannende Atmosphäre. Das Verhältnis scheint zunächst harmlos und wohltuend. Doch schon bald beginnt der Heiler, von negativen Energien, die sie belasten, zu sprechen und warnt, dass diese ohne seine Hilfe

nicht verschwinden werden. Julia fühlt sich zunehmend unsicher: Was, wenn sie wirklich diese Blockaden hat und nur durch die Sitzungen geheilt werden kann? Der Anbieter fängt an, zusätzliche Sitzungen und kostspielige Rituale zu empfehlen, die „unbedingt notwendig" seien, um langfristige Heilung zu erzielen. Er nutzt Julias Sehnsucht nach Heilung und ihr wachsendes Vertrauen, um sie emotional und finanziell immer stärker an sich zu binden. Je mehr Julia investiert – sei es Zeit, Geld oder emotionale Energie – desto schwerer fällt es ihr, den Kreislauf zu durchbrechen. Schließlich will sie glauben, dass all die Mühe und das Geld nicht umsonst waren. Julia beginnt, ihre eigenen Entscheidungen und ihren Verstand infrage zu stellen und verlässt sich immer mehr auf die Anweisungen des Anbieters. Sie beginnt, ihrer eigenen Intuition nicht mehr zu vertrauen, weil sie überzeugt ist, dass nur der Anbieter die wahre Realität erkennen kann. Der Anbieter fördert diese Denkweise oft, indem er Julia von „gefährlichen" Außenwelteinflüssen warnt oder behauptet, dass Zweifel Teil eines „spirituellen Tests" seien.

Das Erkennen und Lösen einer solchen Abhängigkeit ist schwer, besonders wenn tiefere emotionale Bedürfnisse involviert sind. Manchmal sind es äußere Anstöße – eine kritische Bemerkung von Freunden oder ein finanzieller Engpass – die zum Nachdenken bringen. Der Weg zur Befreiung erfordert oft ein schmerzhaftes Eingeständnis: Julia muss sich selbst und ihrer Umgebung gegenüber zugeben, dass sie einem Manipulationssystem auf den Leim gegangen ist. Diese Einsicht kann zermürbend sein, aber sie ist der erste Schritt, um wieder Kontrolle über das eigene Leben zu erlangen

> Was tun, wenn Sie sich abhängig fühlen?
>
> - **Erkennen:** Achten Sie auf Anzeichen von Abhängigkeit (z. B. emotionaler Druck, Verlust der Entscheidungsfreiheit).
> - **Akzeptieren:** Erkennen Sie die Abhängigkeit an, ohne sich zu verurteilen.
> - **Reflektieren:** Analysieren Sie Ihre Bedürfnisse und Ängste. Fragen Sie sich: „Was erhoffe ich mir?"
> - **Grenzen setzen:** Lernen Sie, „Nein" zu sagen.
> - **Austausch:** Sprechen Sie mit vertrauenswürdigen Personen. Ziehen Sie professionelle Hilfe in Betracht.
> - **Informieren:** Lernen Sie über Abhängigkeitsmuster und Manipulationstechniken.
> - **Selbstfürsorge:** Stärken Sie Ihr Selbstwertgefühl durch positive Aktivitäten.
> - **Kontakt reduzieren:** Verringern oder beenden Sie, wenn möglich, den Kontakt zur verursachenden Person oder Umgebung.

4.4 Was Macht macht

In therapeutischen, beraterischen oder ähnlichen Settings auf dem Esoterikmarkt besteht in den Machtdynamiken grundsätzlich ein Ungleichgewicht. Es gibt da auf der einen Seite jemanden, der in einer Krise ist, auf der Suche ist, den Wunsch nach Erleuchtung, Führung oder Weiterentwicklung verspürt und auf der anderen Seite ist jemand, der verspricht zu helfen oder gar Antworten zu kennen oder sich als spiritueller Führer oder Führerin anbietet. Die Idee, dass in solchen Settings Augenhöhe besteht, ist eine Illusion. Deswegen werden wir in diesem Kapitel grundlegend über Machtverhältnisse reflektieren.

Fallbeispiel Tina
Tina zum Beispiel war in einer sehr labilen Lebensphase, ihre Mutter hat sich suizidiert, das zog ihr förmlich den

Boden unter den Füßen weg. Sie war völlig verzweifelt, sie suchte nach jemanden, der sie in dieser Phase unterstützte und für sie da war. Sie geriet an eine Heilpraktikerin, die vorgab in Verbindung mit dem Göttlichen zu sein. Dies war anfangs sehr tröstlich, die Heilpraktikerin sagte, der Mutter gehe es gut und übermittelte jede Menge Botschaften aus dem Jenseits. Tina war erleichtert. Sie entwickelte jedoch in der Folgezeit eine regelrechte Abhängigkeit zur Heilpraktikerin, sie musste sich immer wieder rückversichern, dass es der Mutter auch wirklich gut gehe. Neben einem hohen monetären Schaden entstand eine langjährige Abhängigkeit und Tinas Trauerprozess wurde durch das autoritäre Verhalten der Heilpraktikerin stark beeinträchtigt. Sie hatte jahrelang zur Heilpraktikerin aufgeschaut, sich unfähig gefühlt, selbst in einen inneren Kontakt mit der Mutter zu gehen, ihrer Wahrnehmung immer weniger vertraut.

Hier haben wir es mit einer typischen Machtdynamik zu tun. Auf der einen Seite steht der Suchende, auf der anderen Seite steht jemand, der vorgibt, den Weg zu kennen. Machtgefälle sind grundsätzlich etwas Normales, überall gibt es diese und gerade in Psychotherapien oder anderen beraterischen Settings ist Macht ein vieldiskutiertes Thema. Denn wo Macht ist, kann es auch zu Machtmissbrauch kommen. Machtgefälle sind gekennzeichnet durch asymmetrische Beziehungen, die sich in therapeutischen Settings beispielsweise durch die Fachkenntnisse, die diagnostische Autorität und die strukturellen Gegebenheiten der therapeutischen Arbeit ergeben. Grundsätzlich einmal erfüllen solche Machtgefälle in diesem Kontext auch positive Funktionen, sie bieten Orientierung in belastenden Situationen, schaffen Sicherheit und Zutrauen und ermöglichen effiziente Problemlösungen. Und nicht nur in therapeutischen Settings offenbaren sich diese Vorteile von Machtgefällen, oft benennen auch Menschen, die auf dem spirituellen oder esoterischen Markt nach Unterstützung suchten diese Vorteile. Da ist Jemand, der weiß, wo es lang geht. Das gibt ein gutes Gefühl von Sicherheit. Missbräuchlich wird es dann, wenn sich:

- Abhängigkeiten entwickeln
- Bedürfnisse ignoriert werden
- Selbstwirksamkeit auf der Strecke bleibt
- Einschüchterung geschieht

All dies sind Aspekte, welche bereits oben angesprochen wurden, und welche fundamental mit Machtzuschreibungen in Verbindung stehen. Ausgebildete Therapeuten reflektieren im Idealfall ihre Rollen, sie sorgen für Transparenz, binden PatientInnen aktiv in Entscheidungen ein und nehmen regelmäßig an Supervisionen teil. Es erfordert eine kontinuierliche Selbstreflexion und Sensibilität um schädliche Dynamiken zu vermeiden. Gerade auf dem Markt der esoterischen und spirituellen Anbieter fehlt diese Selbstreflexion bisweilen.

Tina ist Opfer eines typischen Machtmissbrauchs geworden. Die Heilpraktikerin ging mit der Macht und Deutungshoheit, welche Tina ihr zuschrieb nicht verantwortungsbewusst um, sondern nutzte diese aus. Die Frage ist offen, welche Motivation die Heilpraktikerin umtrieb. War sie sich ihres Handelns und der fatalen Auswirkungen bewusst? Nutzte sie die Situation gezielt aus? Oder war sie selbst Opfer des Machtparadoxons geworden? Werfen wir einen Blick darauf, wie Macht uns verändert. Aus der Forschung sind die folgenden Effekte bekannt:

- **Das Machtparadoxon** besagt, dass der Einsatz von Macht oft zu Verhaltensweisen führt, die langfristig den eigenen Einfluss untergraben. Zunächst jedoch erreichen Menschen machtvolle Positionen oft durch positive

Charakterzüge, die ihnen solch eine Autorität verleihen. Sind Menschen dann in Machtpositionen neigen sie dazu, Empathie und soziale Sensibilität zu verlieren, was zu egoistischem und impulsivem Verhalten führen kann. Dies wiederum führt häufig zu einem Verlust von Unterstützung und Respekt, was ihre Machtbasis schwächt (Keltner, 2017). Möglicherweise war das auch bei Tinas Heilpraktikerin der Fall gewesen. Tina schilderte die Entwicklung der Heilpraktikerin über mehrere Jahre und nach ihren Berichten, hat diese sich anfangs noch empathisch und zugewandt verhalten und am Ende jedoch immer respektloser und anmaßender.

- **Macht und Empathieverlust**: Menschen in Machtpositionen neigen dazu, weniger empathisch zu handeln und die Perspektive anderer zu ignorieren. Studien zeigen, dass Macht die Fähigkeit verringert, sich in andere hineinzuversetzen, da Machthaber sich stärker auf ihre eigenen Ziele und Bedürfnisse konzentrieren (Galinsky et al., 2006).
- **Macht und Enthemmung:** Macht führt oft zu einer erhöhten Enthemmung, was bedeutet, dass Menschen mit Macht eher impulsiv und riskant handeln. Sie fühlen sich weniger an soziale Normen gebunden und sind bereit, Regeln zu brechen oder unkonventionelle Entscheidungen zu treffen (Keltner et al., 2003).
- **Macht und kognitive Verzerrungen:** Macht verändert die Wahrnehmung von Informationen. Machthaber tendieren dazu, Informationen selektiv zu interpretieren, die ihre Position stärken, und neigen zu übermäßigem Optimismus und Selbstüberschätzung (Fast et al., 2012).
- **Macht und Belohnungssystem:** Studien zeigen, dass Macht die Aktivität im Belohnungssystem des Gehirns erhöht, was dazu führt, dass Machtträger stärker auf Belohnungen fixiert sind und oft kurzfristige Gewinne über langfristige Konsequenzen stellen (Zink et al., 2008).

- **Macht und soziale Dynamik:** Macht verändert nicht nur das Verhalten des Machthabers, sondern auch das der Untergebenen. Menschen verhalten sich in Anwesenheit von Machthabern oft konform, was zu einer Verzerrung der Rückmeldungen führt, die Machthaber erhalten, und ihre Wahrnehmung der Realität beeinflusst (Anderson & Brion, 2014).

Machiavellismus beschreibt eine manipulative und zynische Einstellung, bei der Menschen bereit sind, andere zu ihrem eigenen Vorteil auszunutzen. In esoterischen Kontexten kann diese Haltung besonders problematisch sein, wenn sogenannte Gurus oder spirituelle Führer ihre Anhänger gezielt manipulieren, um Macht, Kontrolle oder finanzielle Vorteile zu erlangen, wie der Fall von Tina zeigt. Sehnsüchte und Unsicherheiten der Suchenden werden ausgenutzt, um Abhängigkeit zu erzeugen und eigene Interessen durchzusetzen. Solche Machiavellisten im esoterischen Bereich können sich als unfehlbare Autoritäten präsentieren und jegliche Kritik als „fehlende Spiritualität" ihrer Anhänger abtun. Gerne werden die berüchtigten Immunisierungsstrategien in diesem Kontext angewandt.

Immunisierung erkennen

- Wenn es wirkt, dann liegt dies an mir, wenn es nicht wirkt, dann bist du selbst schuld.
- Du bist schuld, weil du innerlich blockiert bis, und nicht gut genug mitarbeitest. Du musst dich mehr öffnen, damit meine Energie wirken kann.
- Die Verbesserung deines Zustandes ist auf mein positives Energiefeld, meinen Heilstrom, ... zurückzuführen.

4.5 Was Ohnmacht macht

Haben Sie sich in die Fänge eines manipulativen Coaches, eines narzisstischen Chefs oder eines esoterischen Abzockers begeben? Dann wird es jetzt vielleicht etwas unbequem. Denn wir möchten gemeinsam mit Ihnen einen Schritt zurücktreten und reflektieren, welchen Eigenanteil Sie an dieser Situation tragen. Warum sind ausgerechnet Sie in die Opferrolle geraten und nicht etwa Ihr Nachbar oder bester Freund? War das wirklich nur Zufall, Unglück oder Schicksal? Oder hängt es möglicherweise auch ein kleines bisschen mit Ihnen zusammen?

Dabei ist es wichtig, klarzustellen: Es geht nicht um Schuld, sondern um Verantwortung – und das ist ein fundamentaler Unterschied. Oft begegnen uns in diesem Reflexionsprozess Widerstände, wenn Menschen denken: „Jetzt soll ich also selbst schuld sein? Schließlich wurde ich geschädigt." Nein, Schuldzuweisungen stehen hier nicht im Vordergrund. Stattdessen möchten wir gemeinsam mit Ihnen die Dynamiken von Opfer-Täter-Prozessen beleuchten und herausfinden, ob es Möglichkeiten gibt oder gegeben hätte, aus der Ohnmacht, die im Umgang mit mächtigen Menschen entstehen kann, auszubrechen und die Opferrolle zu verlassen.

Doch beginnen wir am anderen Ende, bei den Machtmenschen. Machtmenschen können durch ihr Verhalten und ihre Einstellungen erheblichen Einfluss auf das Wohlbefinden und die Selbstwahrnehmung anderer ausüben. Die Macht, die sie ausüben, kann dazu führen, dass sich Menschen in ihrer Gegenwart klein, unzulänglich oder machtlos fühlen. Es gibt mehrere psychologische Mechanismen, die hier eine Rolle spielen:

- **Manipulation und Kontrolle:** Machtmenschen nutzen oft manipulative Techniken, um Kontrolle über andere zu gewinnen. Sie können subtile Drohungen, Schuldzuweisungen oder emotionale Erpressung einsetzen, um ihre Ziele zu erreichen. Dies kann dazu führen, dass sich Menschen in einer Ohnmachtssituation gefangen fühlen, in der sie glauben, keine Kontrolle über ihre Umstände zu haben (Seligman, 1972).

- **Gaslighting:** Eine besonders perfide Form der Manipulation ist das sogenannte „Gaslighting", bei dem das Opfer systematisch infrage gestellt wird, sodass es an seinem eigenen Urteilsvermögen und seiner Wahrnehmung zweifelt. Dies kann dazu führen, dass sich die betroffene Person zunehmend als Opfer ihrer eigenen Gedanken und Gefühle erlebt (Hartmann, 2022).
- **Soziale Isolation:** Machtmenschen können auch versuchen, ihre Opfer von sozialen Unterstützungssystemen zu isolieren, indem sie diese Beziehungen untergraben oder schwächen. Dies kann dazu führen, dass sich das Opfer noch hilfloser und verletzlicher fühlt (Dutton & Painter, 1993).

Die psychologischen Auswirkungen des Umgangs mit Machtmenschen können weitreichend sein und das Selbstwertgefühl, die Selbstwahrnehmung und die emotionale Stabilität beeinträchtigen:

- **Erlernte Hilflosigkeit:** Wenn jemand über längere Zeit hinweg wiederholt in eine machtlose Position gebracht wird, kann dies zu einem Zustand der erlernten Hilflosigkeit führen. Diese Person glaubt, dass sie keinen Einfluss auf ihre Situation hat, und zeigt häufig ein passives Verhalten, selbst wenn Möglichkeiten zur Veränderung bestehen (Seligman, 1972).
- **Verlust des Selbstwertgefühls:** Die ständige Abwertung durch Machtmenschen kann das Selbstwertgefühl erheblich beeinträchtigen. Menschen in solchen Dynami-

ken fühlen sich oft minderwertig oder unzulänglich, was dazu führt, dass sie ihre eigenen Fähigkeiten und ihre Entscheidungsfreiheit infrage stellen (Brown, 2022).
- **Angst und Depression:** Die Auswirkungen einer solchen Beziehung können auch emotionale Probleme wie Angstzustände oder Depressionen hervorrufen. Das ständige Gefühl, unter Kontrolle zu stehen oder nicht gut genug zu sein, kann die psychische Gesundheit ernsthaft belasten (Cramer, 2000).

Es ist wichtig, den Unterschied zwischen Eigenbeteiligung und dem Einfluss von Machtmenschen zu verstehen. Auch wenn jemand in eine Opferrolle geraten kann, ohne direkt dafür verantwortlich zu sein, spielt die Eigenverantwortung in der Verarbeitung und Überwindung dieser Erfahrungen eine entscheidende Rolle. Selbstreflexion kann helfen, die eigene Wahrnehmung und die Verhaltensmuster zu erkennen, die die Situation beeinflussen können, auch wenn diese nicht aktiv zur Entstehung der Opferrolle beigetragen haben. Zusammenfassend lässt sich sagen, dass Menschen durch den Einfluss von Machtmenschen in Opferrollen geraten können, auch ohne Eigenbeteiligung an der spezifischen Situation. Die psychologischen Mechanismen, die in solchen Dynamiken wirken, können tiefgreifende Auswirkungen auf das Selbstwertgefühl, die emotionale Gesundheit und die allgemeine Lebensqualität haben. Um aus der Opferrolle herauszukommen, ist es wichtig, die eigene Verantwortung zu reflektieren und sich mit den Dynamiken auseinanderzusetzen, die zur Ohnmacht geführt haben.

Ein wichtiger Schritt aus der Opferrolle heraus ist die Selbstreflexion, die Auseinandersetzung mit der Frage, welche Anteile man selbst an der gegenwärtigen Situation haben könnte. Dies bedeutet nicht, dass das eigene Leid oder Unrecht bagatellisiert wird, sondern dass man den eigenen Einfluss auf die Lebensumstände ehrlich reflektiert.

Psychologen wie Viktor Frankl (1984) betonen die Fähigkeit des Menschen, trotz schwierigster äußerer Umstände eine innere Haltung zu finden, die ihm ermöglicht, die Kontrolle über seine Reaktionen zu bewahren. Frankl entwickelte im Kontext seiner eigenen traumatischen Erfahrungen im Konzentrationslager die Idee, dass man selbst in den ausweglosesten Situationen eine Wahl hat – zumindest darüber, wie man auf das reagiert, was einem widerfährt. Selbstreflexion kann helfen, dysfunktionale Muster zu erkennen. Möglicherweise gibt es unbewusste Verhaltensweisen oder Einstellungen, die dazu beitragen, dass man immer wieder in ähnlichen Situationen landet. Wenn jemand beispielsweise immer wieder dieselben toxischen Beziehungen erlebt, könnte es hilfreich sein, sich zu fragen, welche inneren Glaubenssätze diese Muster unterstützen – und wie man diese durchbrechen könnte. Diese Art der Selbstbefragung erfordert Mut und Ehrlichkeit, da sie die Idee, ein reines „Opfer" der Umstände zu sein, infrage stellt.

In Bezug auf Menschen, die bereits in einer Opferrolle feststecken, kann der Esoterikmarkt eine doppelte Wirkung entfalten. Zum einen bieten einige Ansätze hier scheinbare Lösungen, das Leben wieder selbst in die Hand zu nehmen. Allerdings ist dieses Versprechen oft gekoppelt an einen Guru oder Coach.

Esoterische Ansätze wie Karma-Lehre, das Gesetz der Anziehung oder spirituelle Heilungstechniken versprechen oft, das Leben durch innere Einsichten oder energetische Praktiken zum Positiven zu verändern. Coaches und Selbsthilfegurus bieten schnelle Lösungen an, die versprechen, das eigene Leben grundlegend zu transformieren. Diese Angebote wirken auf Menschen in der Opferrolle besonders attraktiv, weil sie eine scheinbare Machtposition bieten: Sie versprechen, die Kontrolle über das eigene Schicksal zurückzuerlangen. Eine zentrale Figur ist dabei oft der Coach oder Heiler, der als Autorität auftritt und das Versprechen abgibt, die „Geheimnisse" eines erfüllten Lebens zu kennen. Dabei bleibt der Klient häufig in einer passiven Position, in der er auf die Weisheit und Führung des Coaches vertraut, anstatt aktiv und eigenverantwortlich seine Handlungsfähigkeit wiederzuerlangen.

Diese Machtposition wird im Esoterik- und Coachingmarkt oft subtil durch die Sprache verstärkt. Es wird suggeriert, dass „alle Antworten in einem selbst" liegen, aber um diese zu finden, sei die Anleitung eines Experten notwendig. Auf diese Weise bleibt die Klientel in einer paradoxen Abhängigkeit: Obwohl sie das Versprechen der Eigenmächtigkeit kauft, bleibt sie abhängig von der Führung einer externen Instanz. Kritiker wie Barbara Ehrenreich (2010) haben darauf hingewiesen, dass diese Rhetorik oft eine Verkürzung komplexer Probleme darstellt und die strukturellen oder sozialen Ursachen von Leid ignoriert. Der Fokus auf individuelle Selbstoptimierung verstärkt nicht selten das Gefühl von persönlichem Versagen, wenn die versprochenen Erfolge ausbleiben.

Während esoterische und coachingbasierte Ansätze zweifellos vielen Menschen helfen können, wieder eine aktivere Rolle in ihrem Leben einzunehmen, besteht aber andererseits auch die Gefahr, dass sie neue Formen von Abhängigkeiten erzeugen. Der Klient verlässt sich auf die „Wunder" des Coaches oder der spirituellen Praxis, anstatt die notwendigen, oft schmerzhaften Schritte zur Eigenverantwortung zu gehen. Der Coachingmarkt ist mit Erfolgsgeschichten überschwemmt, aber selten wird thematisiert, dass nachhaltige Veränderungen oft mit langwieriger und tiefgehender Auseinandersetzung mit sich selbst und den eigenen destruktiven Mustern verbunden sind.

Aus einer psychologischen Perspektive ist es entscheidend, dass Menschen, die sich in der Opferrolle befinden, Wege finden, wieder Kontrolle über ihr Leben zu erlangen – aber diese Kontrolle sollte von innen heraus kommen und nicht durch äußere Autoritäten oder esoterische „Wundermethoden" vermittelt werden. Die Fähigkeit, sich selbst als handlungsfähig zu erleben, hängt eng mit der Übernahme von Verantwortung zusammen. Nur wer Verantwortung für seine Situation übernimmt, kann auch aktiv Schritte zur Veränderung einleiten.

Die Auseinandersetzung mit der eigenen Opferrolle ist ein komplexer und oft schmerzhafter Prozess, der Mut zur Selbstreflexion erfordert. Menschen, die sich als Opfer fühlen, können von dieser Reflexion profitieren, indem sie ihre Verantwortung in der aktuellen Situation hinterfragen und mögliche destruktive Muster aufdecken. Nachhaltige Veränderung beginnt dort, wo Eigenverantwortung und aktives Handeln in den Vordergrund treten.

> Fragen zur Selbstreflexion der eigenen Rollenmuster
>
> - Was sind die wiederkehrenden Muster in meinen Beziehungen zu anderen?
> - In welchen Situationen fühle ich mich am häufigsten machtlos oder als Opfer?
> - Welche eigenen Bedürfnisse oder Grenzen habe ich in diesen Situationen nicht klar kommuniziert?
> - Wie reagiere ich, wenn ich in eine konfliktreiche Situation gerate?
> - Welche Gedanken oder Überzeugungen halte ich aufrecht, die meine Ohnmacht verstärken könnten?
> - Wer sind die Menschen in meinem Umfeld, die mich unterstützen oder entmutigen?
> - In welchen Momenten habe ich die Kontrolle über meine Reaktionen oder Entscheidungen abgegeben?
> - Wie könnte ich die Verantwortung für meine eigene Situation stärker übernehmen?
> - Welche Ressourcen oder Strategien habe ich, um aktiv aus der Ohnmacht herauszutreten?
> - Was würde ich einer guten Freundin oder einem guten Freund raten, der sich in einer ähnlichen Situation befindet?

4.6 Esoteriksucht

Anna, eine 35-jährige Lehrerin, gerät nach einer schweren Trennung in eine persönliche Krise. Sie fühlt sich orientierungslos und sucht nach Antworten. Über eine Freundin entdeckt sie astrologische Beratungen, deren präzise Aussagen sie beeindrucken. Schnell entwickelt Anna ein Muster: Bei jeder Unsicherheit konsultiert sie ihre Astrologin. Später beginnt sie zusätzlich, Heiler und ein Medium aufzusuchen, in der Hoffnung, tiefere Einsichten und Lösungen zu finden. Bald stellt sie fest, dass sie ohne diese Unterstützung kaum Entscheidungen treffen kann. Ihr Alltag und ihre Beziehungen leiden zunehmend, doch sie fühlt sich unfähig, sich von den Beratungen zu lösen.

Tamara, 56 Jahre alt, hat ein scheinbar solides Leben aufgebaut: Ihre Kinder sind erwachsen und ausgezogen, ihr Einkommen ist mehr als ausreichend. Doch in den letzten Monaten hat sie begonnen, immense Summen an eine Frau zu zahlen, die ihr Schutz und Sicherheit vor drohenden Gefahren verspricht. Über 200.000 € sind bereits in diese „Dienstleistungen" geflossen.

Mit der Zeit hat sich Tamaras Abhängigkeit von dieser Frau verstärkt. Die vermeintliche Beschützerin erhöht den Druck, indem sie droht, dass schreckliche Dinge geschehen würden, sollte Tamara ihre Zahlungen einstellen. Verzweifelt und getrieben von Angst hat Tamara mittlerweile sogar enge Angehörige betrogen, um an die benötigten Gelder zu kommen. Ihr Mann, tief besorgt und enttäuscht, sieht keinen Ausweg mehr und denkt über eine Trennung nach. Tamaras Welt scheint in einem Strudel aus Manipulation und finanzieller Ausbeutung zu versinken.

Handelt es sich bei Anna bereits um eine Esoteriksucht? Ab wann kann man von einem Suchtverhalten sprechen? Und wie verhält es sich bei Tamara?

Stellen wir uns zunächst einmal die Frage: Was ist eine Esoteriksucht? Welche Kriterien müssen erfüllt sein, damit wir davon sprechen können?

Esoteriksucht ist grundsätzlich dem Bereich der nichtstofflichen Süchte zuzuordnen. Sie beschreibt eine übermäßige und zwanghafte Abhängigkeit von esoterischen Praktiken und Beratungen wie astrologischen Deutungen, medialen Botschaften oder heilenden Ritualen. Betroffene verlieren ihre Selbstständigkeit zunehmend und Entscheidungen oder Problembewältigungen werden nahezu vollständig an externe „spirituelle" Instanzen delegiert.

Glücksspielsucht, Internetsucht oder Sexsucht zählen ebenso wie Esoteriksucht zu den nichtstofflichen Süchten. Mit Blick auf den Esoterikmarkt kann es mitunter sinnvoll sein, zu unterscheiden zwischen

- Astrosucht
- Heilersucht
- Mediumsucht (Pohl, 2022, S. 111)

In allen drei Formen lässt sich eine grundlegende Abhängigkeit erkennen, wobei die Dynamik der Sucht auffallend ähnlich ist. Häufig treten Gewöhnungseffekte auf: Man greift zunehmend öfter und in immer mehr Lebensbereichen auf das Medium, den Heiler oder den astrologischen Berater zurück. Der Ausgangspunkt ist meist ein ungelöstes gesundheitliches, psychisches oder anderes Problem, das Betroffene dazu veranlasst, sich an entsprechende Berater zu wenden. Diese Berater bieten vermeintliche Lösungen, lenken die Aufmerksamkeit nach außen, stabilisieren kurzfristig das Selbstwertgefühl – fördern jedoch nicht die eigene Selbstwirksamkeit.

Die Differenzierung zwischen den drei Bereichen der Esoteriksucht ist deshalb sinnvoll, weil die zugrunde liegenden Motivationen variieren können. Besonders Menschen, die gerade einen Verlust erlebt haben, suchen häufig ein Medium auf. Oft stehen dahinter unverarbeitete Themen wie Trauer. Ratsuchende schreiben dem Medium besondere Kompetenzen und die Fähigkeit zu, mit dem Jenseits zu kommunizieren, und geben dabei ein Stück Selbstbestimmung und Eigenverantwortung ab. Dies schafft einen fruchtbaren Boden für „verschleppte Trauer", Abhängigkeitsverhältnisse und potenzielle Manipulation. Gerade im Bereich des Mediumismus treten zahlreiche Tricks und Täuschungsstrategien auf, die dazu dienen, eine vermeintlich übernatürliche Deutungshoheit zu etablieren. Besonders häufig kommen Methoden wie **Cold Reading**, **Hot Reading** und der **Barnum-Effekt** zum Einsatz, um das Vertrauen und die Bewunderung der Ratsuchenden zu gewinnen.[1]

Diese Tricks verleihen Medien eine Aura von Autorität und Mystik, lenken jedoch davon ab, dass ihre „Fähigkeiten" auf Manipulation, geschicktem Taktieren und psychologischen Effekten beruhen. Solche Methoden verstärken Abhängigkeitsbeziehungen und können für Ratsuchende, die sich in einer verletzlichen Lebensphase befinden, emotional und finanziell belastend sein.

Die Dosis macht das Gift. Wenn Sie sich entschließen, einmal ein Medium zu konsultieren, müssen Sie nicht automatisch befürchten, in eine Abhängigkeit zu geraten. Kritisch wird es erst, wenn dadurch aktive Trauerarbeit verhindert wird, Sie Verantwortung abgeben und sich nicht

---

[1] Cold Reading ist eine Technik, bei der ohne Vorwissen über eine Person scheinbar persönliche Informationen durch Beobachtung, geschickte Fragen und allgemein zutreffende Aussagen gewonnen werden. Im Gegensatz dazu basiert Hot Reading auf zuvor heimlich recherchierten Informationen, die dann so präsentiert werden, als wären sie intuitiv oder übersinnlich erkannt worden. Beide Methoden werden oft von Wahrsagern oder angeblichen Hellsehern genutzt, um Eindruck zu machen.

mehr mit Ihren eigenen inneren Themen und Konflikten auseinandersetzen.

Ähnlich verhält es sich mit der Astrosucht: Während Menschen, die ein Medium aufsuchen, häufig einen Verlust erlebt haben, wenden sich vor allem jene an einen Astrologen, die Schwierigkeiten haben, Entscheidungen zu treffen. So auch Sabine.

Fallbeispiel Sabine
Sabine, 38 Jahre alt, ist seit einigen Monaten in einer belastenden Lebenssituation. Nach der Trennung von ihrem langjährigen Partner und Unsicherheiten im Job sucht sie verzweifelt nach Orientierung. Auf Empfehlung einer Freundin lässt sie sich ein Horoskop erstellen. Anfangs ist sie fasziniert von den scheinbar treffenden Aussagen und besucht regelmäßig die Astrologin, um Rat zu wichtigen Lebensfragen zu erhalten.

Mit der Zeit beginnt Sabine, jede Entscheidung – ob beruflich oder privat – von astrologischen Deutungen abhängig zu machen. Sie überprüft täglich die Sterne, verändert Termine nach Planetenkonstellationen und vertraut zunehmend darauf, dass ihr Schicksal von den Sternen gelenkt wird. Ihre Selbstständigkeit leidet, und Freunde bemerken, dass sie kaum noch eigene Entscheidungen trifft. Statt ihre Unsicherheiten aktiv zu bearbeiten, sucht Sabine ständig die Bestätigung der Astrologin, was ihre Abhängigkeit weiter verstärkt.

Was zunächst als gelegentliche Unterstützung gedacht war, entwickelt sich rasch zu einer Abhängigkeit. Sabine trifft keine Entscheidungen mehr ohne Rücksprache mit der Astrologin. Ob es um die Wahl eines neuen Arbeitsplatzes, den Zeitpunkt eines Treffens oder sogar den Kauf von Vorhängen geht – jede noch so kleine Frage wird astrologisch geprüft. Dabei gibt sie zunehmend ihre Selbstbestimmung ab und verlässt sich darauf, dass die Sterne und die Deutungen der Astrologin ihr den richtigen Weg weisen.

Hinter dieser Abhängigkeit stehen oft tieferliegende Gründe. In Sabines Fall spielen Unsicherheit, Liebeskummer und der Wunsch nach Kontrolle in einer chaotischen Lebenssituation eine zentrale Rolle. Verstärkend hinzukommt, dass sie sich in ihrem sozialen Umfeld nicht ausreichend eingebunden fühlt und nach Bestätigung sucht. Die regelmäßigen Sitzungen bei der Astrologin vermitteln ihr Geborgenheit und das Gefühl, verstanden zu werden – etwas, das ihr in zwischenmenschlichen Beziehungen momentan fehlt. Doch anstatt ihrer Unsicherheiten aktiv anzugehen, verlagert Sabine die Verantwortung für ihr Leben auf die Astrologin und gerät so in einen Teufelskreis aus Abhängigkeit und fehlender Selbstwirksamkeit.

Noch einmal etwas anders gelagert ist die Sache, wenn Menschen eine Heilersucht entwickeln.

Fallbeispiel Martin

Martin, 45 Jahre alt, leidet seit Jahren unter chronischen Rückenschmerzen, für die Ärzte keine klare Ursache finden können. Nach zahlreichen schulmedizinischen Behandlungen, die keine dauerhafte Linderung brachten, wendet er sich an einen alternativen Heiler, der mit Energiearbeit und spirituellen Techniken wirbt. Zu Martins Erstaunen scheinen die Schmerzen nach den ersten Sitzungen tatsächlich abzuklingen. Fasziniert von diesem Erfolg, vereinbart er regelmäßige Termine.

Doch schon bald kehren die Beschwerden zurück. Der Heiler erklärt dies damit, dass Martin nicht „genug Offenheit" für die Heilung zeige oder, dass negative Energien in seinem Umfeld ihn blockierten. Entschlossen, diesen vermeintlichen Hindernissen entgegenzuwirken, steigert Martin die Häufigkeit der Besuche und probiert zusätzlich andere Heiler aus, die ähnliche Methoden anwenden.

Die Sitzungen führen immer wieder zu kurzen Phasen der Linderung, doch langfristig verschlechtern sich Martins Schmerzen sogar. Dennoch bleibt er überzeugt, dass die Heiler ihm helfen könnten, wenn er sich nur „besser anstrengen" würde, ihre Ratschläge zu befolgen. Der Heiler verbucht jeden Erfolg als Bestätigung ihrer Fähigkeiten, während sie die Verantwortung für Rückschläge auf Martin abwälzen. Durch diese Dynamik entsteht ein Teufelskreis: Martins Vertrauen in die eigene Fähigkeit zur Selbstheilung schwindet, während seine Abhängigkeit von den Heilern wächst.

Zusätzlich zu den physischen Schmerzen leidet Martin zunehmend unter Selbstzweifeln. Er fühlt sich schuldig für sein „Versagen" und hat Angst, die Behandlung abzubrechen, da er befürchtet, dass sich seine Beschwerden ohne die Hilfe der Heiler weiter verschlimmern könnten. So zementiert die Immunisierungsstrategie der Heiler – Erfolg als ihre Leistung, Misserfolg als sein Fehler – Martins Abhängigkeit. Anstatt die Ursachen der Schmerzen ganzheitlich anzugehen, bleibt Martin gefangen in einem System, das kurzfristige Effekte über langfristige Selbstermächtigung stellt.

Bei Esoteriksucht sind Unsicherheiten, emotionale Belastungen (z. B. Trauer, Liebeskummer) oder Entscheidungsschwierigkeiten häufig Auslöser. Der Glaube, dass Berater über spezielle Einsichten oder übernatürliche Fähigkeiten verfügen, führt dazu, dass Selbstwirksamkeit und Entscheidungsautonomie zunehmend aufgegeben werden. Verstärkend können soziale Isolation, ein Bedürfnis nach Bestätigung oder der Wunsch nach schnellen Lösungen für komplexe Probleme wirken.

> **Nährboden für Esoteriksucht**
> 1. **Persönliche Krisen und Orientierungslosigkeit**: Menschen in Lebenskrisen suchen oft nach Sinn und Stabilität, was sie anfällig für esoterische Angebote macht.
> 2. **Psychologische Vulnerabilität**: Niedriges Selbstwertgefühl, Angststörungen oder ein starkes Bedürfnis nach Kontrolle verstärken die Neigung, sich auf externe Instanzen zu verlassen.
> 3. **Soziale Faktoren**: Der Einfluss von sozialen Netzwerken oder Communities, die Esoterik fördern, kann die Abhängigkeit verstärken.

Was nun? Was können Sie tun, wenn Sie bemerken, dass Sie selbst oder ein naher Angehöriger eine Esoteriksucht entwickelt hat? Wie sollten Sie sich verhalten?

Wenn Sie das Gefühl haben, dass esoterische Praktiken zu einem dominanten Teil Ihres Lebens geworden sind, können Ihnen die folgenden Schritte helfen, wieder mehr Kontrolle zu gewinnen:

1. **Erkennen Sie Ihr Verhalten**
Seien Sie ehrlich mit sich selbst. Oft dauert es eine Zeit, bis man sich selbst eingestehen kann, dass man in einer Abhängigkeitsbeziehung steckt. Erkenntnis ist, so lapidar dies klingen mag, der erste Schritt zur Veränderung.
2. **Holen Sie sich Unterstützung**
Scheuen Sie sich nicht davor, mit Therapeuten oder einer Suchtberatungsstelle über Ihre Abhängigkeit zu sprechen. Vielleicht kann auch der Besuch einer Selbsthilfegruppe wirksam sein. Sprechen Sie auch mit Ihrem Umfeld. Die kognitive Verhaltenstherapie kann beispielsweise eine wertvolle Hilfe sein. In manchen Fällen ist es auch notwendig, eine Schuldnerberatung zu konsultieren.

3. **Soziales Umfeld**
   Oft kann es auch helfen, neue Kontakte zu knüpfen, alte wieder aufzunehmen. Brechen Sie den Kontakt zum Medium oder Heiler ab.
4. **Kontrolle zurückerlangen**
   Erlangen Sie wieder Kontrolle und Selbstwirksamkeit über Ihr Leben zurück. Gestalten Sie Ihre Freizeit, vielleicht gelingt es, an alten Interessen anzuknüpfen? Strukturieren Sie Ihren Alltag und kümmern sich um Ihren Körper. Es ist sehr hilfreich, beispielsweise regelmäßig Bewegung und frische Luft einzuplanen.
5. **Ursachen kennenlernen**
   Machen Sie sich gemeinsam mit Ihrem Therapeuten auf die Suche nach Ursachen. Welche Auslöser gab es für das Suchtverhalten? Wie kann es gelingen in ähnlichen Situationen stark zu blieben? Welche anderen Strategien braucht es?

Literatur

Anderson, C., & Brion, S. (2014). Perspectives on power in organizations. *Annual Review of Organizational Psychology and Organizational Behavior, 1*(1), 67–97.

Bachner, A. (2024). BILD. „Hellseher" am zweiten Prozesstag verschwunden. Er soll Unternehmer-Gattin 5 Mio. Euro abgezockt haben. https://www.bild.de/regional/muenchen/betrug-in-millionenhoehe-hellseher-serkan-auf-der-flucht-6628aa69be271b387dd3eb02. Zugegriffen am 21.01.2025.

Brown, B. (2022). *The gifts of imperfection: Let go of who you think you're supposed to be and embrace who you are*. Simon and Schuster.

Cramer, P. (2000). Defense mechanisms in psychology today: Further processes for adaptation. *American Psychologist, 55*(6), 637–646.

Dutton, M. A., & Painter, K. (1993). The role of the victim in domestic violence. *American Journal of Orthopsychiatry, 63*(2), 179–187.

Ehrenreich, B. (2010). *Smile or die: How positive thinking fooled America and the world*. Granta books.

Fast, N. J., Sivanathan, N., Mayer, N. D., & Galinsky, A. D. (2012). Power and overconfident decision-making. *Organizational Behavior and Human Decision Processes, 117*(2), 249–260.

Frankl, V. E. (1984). *Man's Search for Meaning: An Introduction to Logotherapy*. Washington Square Press.

Galinsky, A. D., Magee, J. C., Inesi, M. E., & Gruenfeld, D. H. (2006). Power and perspectives not taken. *Psychological Science, 17*(12), 1068–1074.

Hartmann, C. (2022). Das bildest du dir doch nur ein! https://www.spektrum.de/magazin/die-kunst-der-manipulation/1957780?utm_source=chatgpt.com. Zugegriffen am 27.01.2025.

Hendrich, C. (2024). Abzocke beim Coaching – „Ich bin so manipuliert worden". https://www.welt.de/wirtschaft/plus250296058/Teure-Seminare-Abzocke-beim-Coaching-Ich-bin-so-manipuliert-worden.html. Zugegriffen am 21.01.2025.

Keltner, D. (2017). *The power paradox: How we gain and lose influence*. Penguin.

Keltner, D., Gruenfeld, D. H., & Anderson, C. (2003). Power, approach, and inhibition. *Psychological Review, 110*(2), 265–284.

Kruger, J., & Dunning, D. (1999). Unskilled and unaware of it: how difficulties in recognizing one's own incompetence lead to inflated self-assessments. *Journal of Personality and Social Psychology, 77*(6), 1121–1134.

Pohl, S. (2022). *Spiritueller Schiffbruch. Sich selbst und anderen in Sinnnot helfen*. V&R Verlag.

Pratschner, S. (2024). Kronenzeitung. Schwarze Magie: 77.000 Euro an Wahrsagerin gezahlt. https://www.krone.at/3513506. Zugegriffen am 21.01.2025.

Seligman, M. E. (1972). Learned helplessness. *Annual Review of Medicine, 23*(1), 407–412.

Spiegel. (2024). Urteil am Landgericht Mosbach „Life Coach" hielt Frauen gefangen und vergewaltigte sie. https://www.spiegel.de/panorama/justiz/life-coach-hielt-frauen-gefangen-und-vergewaltigte-sie-a-333bf5ae-766f-4bd8-9c1f-80df81ccaa7e. Zugegriffen am 21.01.2025.

Stern. (2024). „Wahrsager" soll Frau um hunderttausende Euro betrogen haben. https://www.stern.de/panorama/weltgeschehen/bayern%2D%2Dfrau-zahlt-angeblichem-wahrsager-mehrere-hunderttausend-euro-34623438.html. Zugegriffen am 21.01.2025.

Wittmann-Naun, J. (2022). Pseudo-Coaches bei Instagram sind eine der größten Plagen unserer Zeit. https://www.welt.de/iconist/partnerschaft/article238371935/Pseudo-Coaches-bei-Instagram-sind-eine-der-groessten-Plagen-unserer-Zeit.html. Zugegriffen am 21.01.2025.

Zink, C. F., Tong, Y., Chen, Q., Bassett, D. S., Stein, J. L., & Meyer-Lindenberg, A. (2008). Know your place: neural processing of social hierarchy in humans. *Neuron, 58*(2), 273–283.

5

Verstehen, aber nicht einverstanden sein – Verhaltenstipps für Angehörige

In unserer Beratungsarbeit begegnet uns oft die Frage, wie es zu erklären sei, dass mündige Erwachsene in extreme Abhängigkeiten geraten. Uns wird davon berichtet, dass diese Menschen nicht mehr zugänglich erscheinen, andere Meinungen nicht mehr tolerieren können und viele Gespräche in Konflikten enden. Dabei kann es zu einer immer stärkeren Entfremdung bis hin zum Kontaktabbruch kommen. Angehörige und Freunde von Betroffenen beschreiben, dass sie oftmals eine starke Veränderung der Persönlichkeit zum Teil sogar mit selbstschädigendem Verhalten beobachten und diese Menschen kaum wiederzuerkennen sind. Häufig suchen die Ratsuchenden dann die Schuld bei der „Sekte", die ihnen die Liebsten durch „Gehirnwäsche" weggenommen habe. Sie nehmen die Veränderungen als Bedrohung wahr, weil sie in der Regel die dahinterliegenden Beweggründe nicht nachvollziehen können (Poweleit & Busch, 1998).

Die bisherigen Ausführungen und Erklärungsmodelle in diesem Buch geben einen guten Einblick in die manipulativen Mechanismen und schädigenden Strukturen von konfliktträchtigen Gemeinschaften auf der einen Seite und – das ist entscheidend – den Bedürfnissen der Individuen auf der anderen Seite. Erfolgt nur eine einseitige Betrachtung, kann dies zur Entstehung eines Feindbildes führen. Häufig suchen die Angehörigen die Schuld für die Persönlichkeitsveränderung des „Sektenmitglieds" bei der konflikttächtigen Gemeinschaft. Diese Einordnung würde allerdings einen Perspektivwechsel und dadurch den verständnisvollen Umgang verhindern. Wichtig ist das Hineinversetzen in andere Sichtweisen, ganz getreu dem Motto: Verstehen, aber nicht einverstanden sein!

Bei der weltanschaulichen Beratung liegt die Besonderheit in der doppelten Herausforderung. Es spielen zwei wichtige Kompetenzen eine Rolle (Busch, 2004). Neben der Fachkompetenz, die psychosoziale, beraterische Grundlagen voraussetzt und sowohl sekundär als auch primär Betroffene gleichermaßen im Blick haben muss, ist auch die Feldkompetenz, das Wissen über ideologisch aufgeladene Gemeinschaften und Anbieter von großer Bedeutung. Es gilt, die Mechanismen und Gefahren, die psychologischen Auswirkungen und die persönliche Betroffenheit zu berücksichtigen und ganz individuelle Interventionen gemeinsam und im Tempo der Klient:innen zu erarbeiten.

Wir können hier nur einen kleinen Teil der beraterischen Arbeit abdecken. Die qualitative Einschätzung einer vermeintlichen Sekte – die Feldkompetenz – stellt einen Baustein der Beratung dar, die hier nicht geleistet werden kann. Dieser erste Schritt ist aber wichtig, weil er sowohl die Annäherung als auch eine kritische Distanz ermöglicht. Das Wissen über die Glaubenssätze, Regeln und Verhaltensmuster kann eine ganz neue Perspektive auf die Persönlichkeitsveränderung des Betroffenen eröffnen. Des Weiteren werden im individuellen Setting die personenbezogene biografische, soziale Situation und der gesellschaftliche Kontext mit den Bedürfnissen und dem Angebot der Gruppe kontextualisiert. Daraus folgt, dass auf die jeweilige Lebenssituation maßgeschneiderte Interventionen nur in einem individuellen Gespräch abgeklärt werden können. Jeder Mensch ist anders, hat eine eigene Biografie, die berücksichtigt werden sollte und jeder der begleitenden Menschen hat andere Ressourcen zur Verfügung und ganz individuelle Vorstellungen, wie er jemandem helfen möchte.

Dieses Kapitel kann aus diesen Gründen nur einen allgemeinen Überblick zum Umgang und Ideen für präventive Maßnahmen zur Stärkung bei herausfordernden Lebensumständen bieten. In erster Linie haben wir in diesem Teil den Fokus auf sekundär Betroffene, Angehörige, Freunde und Kolleg:innen gelegt. Diese stellen sich oft die Frage, weshalb sie kritische Aspekte lange Zeit nicht wahrgenommen haben. Es wird beispielsweise eine Antwort gesucht auf die Frage: „Wie kam es nur dazu, dass meine Tochter in einer Sekte gelandet ist?", die oftmals verbunden auftritt mit eigenen Schuldzuweisungen: „Was habe ich falsch gemacht?" „Warum habe ich das nicht früher erkannt?" Oftmals spielen neben den Schuldgefühlen aber auch Schamgefühle eine große Rolle und die Hürde, bei einer Beratungsstelle anzurufen ist hoch – so niedrigschwellig sie auch für Nichtbetroffene aussehen mag. Wir hoffen, durch diesen Ratgeber diese Hürde etwas niedriger erscheinen zu lassen und ermutigen jeden, sich individuelle Unterstützung in einer spezialisierten Beratungsstelle zu suchen.

Was hilft – was schadet?
Bevor wir Ihnen die Möglichkeiten einer Unterstützung beim Umgang mit Menschen aufzeigen, die Mitglied in einer sogenannten Sekte sind, beginnen wir erst einmal damit, was man nicht machen sollte. Vielleicht ist dies auch schon durch die vorangegangenen Kapitel deutlich gewor-

den, in denen die Manipulationstechniken und Wirkmechanismen in solchen Gruppen sowie die Motive einer Mitgliedschaft für das Individuum aufgezählt wurden.

5.1 Keine Panik: Erst Ruhe – dann Aktion

Die sekundär betroffenen Angehörigen stehen in einer sehr engen Beziehung zu den Menschen, die in eine sektenhafte Struktur geraten sind. Daher ist natürlich kaum verwunderlich, dass sie ihre Situation als hochgradig belastend erleben. Sie melden sich bei uns in einem absolut hoch emotionalisierten Zustand, fast schon in Panik. Meistens sind sie verunsichert, ob sie überhaupt bei uns richtig sind, wissen nicht, wo sie beginnen sollen. Gefühle von Ohnmacht, Angst, Wut oder Schuld wechseln sich ab und führen nicht selten zu Überforderung oder impulsivem Handeln. In dieser Phase ist es eine zentrale Aufgabe der Beratungsstelle, diesen Menschen Halt zu geben und sie zu stabilisieren. Ein erster und wichtiger Schritt ist es, Ruhe zu vermitteln. Die Betroffenen sollen erleben, dass sie mit ihrer Sorge nicht allein sind und es professionelle Unterstützung gibt. Berater:innen selbst sollten besonnen und strukturiert auftreten – auch dann, wenn die Erzählungen emotional aufgeladen oder dramatisch wirken. Panikreaktionen oder voreilige Bewertungen helfen nicht weiter und können die Situation zusätzlich eskalieren. Stattdessen ist es erst einmal wichtig, eine Einordnung zu erhalten und sich sachliche Informationen über die betreffende Gruppe oder Bewegung einzuholen. Eine nüchterne Auseinandersetzung mit den Inhalten und Methoden der Organisation hilft dabei, die oft diffuse Bedrohung greifbarer zu machen. Gleichzeitig kann ein Realitätsabgleich angestoßen werden: Was ist wirklich passiert? Was sind gesicherte Fakten, was Vermutungen? Was sagen seriöse Quellen? Dieser Prozess hilft, Ängste einzuordnen und ein klareres Bild zu bekommen.

Zudem ist es wichtig, die sekundär Betroffenen zu ermutigen, sich gut auf bevorstehende Gespräche mit der betroffenen Person vorzubereiten. Das bedeutet: keine Konfrontation aus dem Affekt, sondern Überlegungen dazu, wie Kontakt gehalten oder wiederhergestellt werden kann, ohne den Druck zu erhöhen. Ziel ist es, den Dialog offen zu halten und nicht – aus verständlicher Sorge heraus – ungewollt zur Abschottung beizutragen.

5.2 Mit Kritik Türen schließen? Wie man unbeabsichtigt den Kontakt riskiert

Man sollte keine massive Kritik am Angebot ausüben, auch wenn man selbst deutliche Hinweise erkennen kann. Vermeiden sollte man z. B. Sätze wie: „Ich habe bei der Beratungsstelle angerufen und die sagen auch, dass das eine Sekte ist", „Im Internet habe ich gelesen, dass es da ganz viele Aussteiger gibt, wahrscheinlich ist das eine Sekte", „Merkst du gar nicht, dass du ausgebeutet wirst?", „Dein Guru soll also erleuchtet sein, so ein Quatsch". Selbst wenn es sich um eine Gemeinschaft handelt, die sogar im Verfassungsschutzbericht Erwähnung findet, sollte man sich mit diesen durchaus beunruhigen Fakten möglichst zurückhalten. Die Mitglieder haben sich in der Regel bereits sehr stark mit den Inhalten identifiziert. Wenn man im Außen die Persönlichkeitsveränderungen bemerkt, ist meistens im Inneren schon eine längere Beschäftigung mit den Inhalten vorausgegangen. Bei Kritik an der Lehre oder dem Angebot wird die sogenannte Kognitive Dissonanz (Festinger 1957) ausgelöst.

Kognitive Dissonanz – Erklärung mit Bezug auf externe Kritik

Kognitive Dissonanz beschreibt einen psychologischen Spannungszustand. Dieser tritt auf, wenn Menschen mehrere sich widersprechende Kognitionen (Gedanken, Überzeugungen, Wahrnehmungen) gleichzeitig erleben. Diese Dissonanz wird als unangenehm empfunden, denn sie bedroht das Selbstbild, erzeugt Verunsicherung und fordert nach Auflösung.

Im Kontext von Sektenmitgliedern tritt Kognitive Dissonanz häufig dann auf, wenn sie außerhalb der Gruppe mit Kritik, Zweifeln oder widersprüchlichen Informationen konfrontiert werden, z. B.:

- Ein Familienmitglied kritisiert die Gruppe als manipulativ.
- Medien berichten über Missstände in der Gemeinschaft.
- Eine Vorhersage der Sektenführung erfüllt sich nicht.

Solche Impulse widersprechen den bisherigen Überzeugungen wie „Ich bin in einer wahrhaftigen, liebevollen Gemeinschaft", „Unser Führer ist erleuchtet" oder „Ich habe die richtige Entscheidung getroffen". In diesen Momenten entsteht Dissonanz zwischen der äußeren Information und der inneren Überzeugung.

Typische Reaktionen auf Dissonanz durch externe Kritik

Um diese innere Spannung zu reduzieren, greifen Mitglieder oft zu abwehrenden, rationalisierenden oder abwertenden Deutungen. Typische Aussagen sind:

- Leugnung oder Umdeutung der Kritik: „Die Medien lügen", „Das versteht man nur, wenn man drin ist"
- Abwertung der Kritiker: „Die sind neidisch/verwirrt/vom Teufel beeinflusst"
- Verstärkte Gruppenbindung: „Jetzt erst recht – wir müssen zusammenhalten"
- Opferhaltung: „Unsere Verfolgung beweist, dass wir im Recht sind"

Diese Reaktionen sind oft sehr emotional, weil sie nicht nur Überzeugungen, sondern auch die eigene Identität und Zugehörigkeit bedrohen.

Beispielhafte Situation

Tanja hört im Radio einen Bericht, in dem eine Aussteigerin aus ihrer Gemeinde über Missbrauchserfahrungen berichtet. Da sie fest im Glauben ist und ihre Gemeinde als „liebevoll und rein" wahrnimmt, entsteht Dissonanz. Um diese zu reduzieren und sich wieder besser zu fühlen, sagt sie sich, dass diese Aussteigerin schwach in ihrem Glauben gewesen sein muss und die geschilderte Situation falsch interpretiert haben muss.

5.3 Vernünftig scheitern: Wenn Argumente nicht durchdringen

Ähnlich wie bei der Kritik verhält es sich, wenn man versucht, auf der Faktenebene zu diskutieren. Dabei muss es sich noch nicht einmal um scharfe oder abwertende Kritik handeln. Bitte machen Sie sich aber keine Vorwürfe, wenn Sie genau das anfangs versucht haben, denn es ist eine ganz menschliche und sehr nachvollziehbare Reaktion. Zunächst bringt man seine Argumente vor, wenn man anderer Meinung ist. Bei ideologisch aufgeladenen Gesprächsinhalten wird es jedoch nicht zielführend sein, mit Fakten aufzuwarten. Wichtig ist hierbei, im Hinterkopf zu behalten, dass wir nicht unsere Meinung überstülpen möchten, sondern uns wünschen, weiter einen guten Kontakt aufrecht zu erhalten. Ganz besonders kennen wir dieses Phänomen aus der Beratung im Bereich Verschwörungsglaube (Baur, 2002), aber auch in anderen Kontexten kennen wir die selbstimmunisierende Argumentationskette.

Diese Argumentationsmuster haben eine zentrale Bedeutung in sektenartiger Kommunikation. Sie unterstützen die geschlossene Weltdeutung, durch die kritisches Denken erschwert wird. Selbstimmunisierende Argumentationsmuster sind Denk- und Redeweisen, um gegen Kritik, Zweifel und Widerspruch „immun" zu machen. Sie funktionieren so, dass jede Kritik entweder umgedeutet, entwertet oder als Beweis für die Richtigkeit der eigenen Lehre gewertet wird. Diese in vielen konfliktträchtigen Gemeinschaften typischen Muster verhindern echte Auseinandersetzung und sichern dadurch die ideologische Abgeschottenheit der Gruppe.

Typisches Muster	Aussage	Funktion/Wirkung
Umkehr von Kritik	„Deine Zweifel zeigen, dass du spirituell noch nicht so weit bist", „Schlafschafe"	Kritik wird als Zeichen von Unreife, Inkompetenz oder Unverständnis gedeutet
Immunisierung durch Autorität	„Der Meister weiß mehr als du – er irrt sich nie"	Unfehlbarkeit der Führungsperson schützt vor Widerspruch
Negative Etikettierung von Kritikern	„Wer uns angreift, ist ein Werkzeug des Bösen/der Dunkelheit/ des Systems"	Kritiker werden delegitimiert und als Feinde dargestellt
Prophezeiungs-Rescue	„Die Prophezeiung ist symbolisch zu verstehen – sie hat sich auf andere Art und Weise erfüllt", „Wir haben nicht genug daran geglaubt (gebetet), daher haben wir Schuld daran, dass es nicht so kam wie prophezeit"	Nachträgliche Umdeutung schützt vor Widerlegung
Die Außenwelt als Bedrohung	„Die Welt da draußen ist blind/verführt/dunkel – nur wir sehen die Wahrheit"	Isoliert Mitglieder vor Korrektiven
Schuldumkehr	„Wenn es dir schlecht geht, liegt das an deinem mangelnden Glauben"	Probleme werden dem Individuum angelastet, nicht der Glaubenslehre

5.4 Liebe, Schmerz und Grenzen – wenn der Kontakt zur Prüfung wird

Ein Kontaktabbruch vonseiten der sekundär Betroffenen, ist nicht grundsätzlich ein „No-Go", aber es sollte gut überlegt sein. Es gilt, die dahinterstehenden Motive, gut zu reflektieren. Handelt es sich z. B. um gekränkte Eitelkeit oder ein tiefgreifendes, familiäres Muster, bei Schwierigkeiten, den Kontakt abzubrechen? Wir empfehlen, nach Möglichkeit die Beziehung zu stabilisieren und den Kontakt aufrecht zu erhalten. Es ist aber wichtig, auch die Vorteile einer vorrübergehenden Trennung zu kennen. Ein Ende des Kontaktes kann durchaus eine gute Alternative darstellen. Wenn Sie in der Überlegung sind, diesen schweren Schritt zu machen, sollten Sie sich jemandem in Ihrem Umfeld anvertrauen oder sich bei einer Fachstelle beraten lassen. Der Kontaktabbruch stellt einen gravierenden Einschnitt in die Beziehung dar und eine Wiederannäherung beziehungsweise ein Anknüpfen an den vorherigen Status geht mit vielen emotionalen Verletzungen – auf beiden Seiten – einher. Dennoch kann es aufgrund der eigenen Ressourcen und der Belastbarkeit zuweilen eine gute Alternative darstellen. Man sollte auch sein eigenes Leben über die Sorge um einen engen Verwandten in einer konfliktträchtigen Gruppe nicht vergessen! Wir haben schon enge Verwandte begleitet, die dann davon berichteten, dass sich der Partner/Partnerin oder die anderen Kinder stark zurückgesetzt gefühlt haben, weil sich in der Familie plötzlich alles nur noch um die „Sekte" drehte. Mit dem Blick auf die eigene Selbstfürsorge kann ein Rückzug – wir benutzen bevorzugt das Wort „Kontaktpause" – durchaus Sinn ergeben, wenn auch nur, um einmal tief durchatmen zu können. Besonders aber dann, wenn eigene und demokratische Werte – wie zum Beispiel durch antisemitische, rassistische oder homophobe Äußerungen – angegriffen werden, man Kenntnis von Gewalt, Übergriffen oder Kindeswohlgefährdungen erhält, werden moralische Grenzen überschritten, die man nicht tolerieren sollte.

5.4.1 Gründe, die für einen Kontaktabbruch sprechen:

- **Unmöglichkeit eines Gesprächs ohne Streit:**
  Gespräche kreisen, verlaufen ins Leere oder werden mit selbstimmunisierenden Mustern abgeblockt. Alle Gespräche enden im Streit.
- **Ermüdung durch Ideologie:**
  Gespräche sind geprägt von „Predigt", Missionierung, Moralisierung oder Weltuntergangsszenarien.
- **Schutz eigener Werte/Grenzen:**
  Selbstfürsorge: sollte greifen, wenn die eigenen Ressourcen durch andere gesundheitliche, berufliche, zeitliche, räumliche, familiäre Bedingungen eingeschränkt sind oder der Kontakt nur noch als belastend, toxisch oder emotional destabilisierend empfunden wird. Um psychische Stabilität zu bewahren (oder wiederzuerlangen), kann ein Kontaktabbruch oder eine längere Kontaktpause notwendig sein.
- **Kinder-, Familien- oder Alltagsschutz:**
  Zum Schutz anderer Familienmitglieder, z. B. wenn eine mögliche Kindeswohlgefährdung vermutet wird, sollte der Kontakt mindestens eingeschränkt oder ggf. beendet werden.
- **Vergeblichkeit des Kontakts:**
  Nach vielen erfolglosen Versuchen sehen sekundär Betroffene oft keinen Sinn mehr im Kontakt. Auch hier zählt die Selbstfürsorge und Psychohygiene.
- **Rat von Fachstellen/Selbsthilfegruppen:**
  Kontaktabbruch wird empfohlen, z. B. um Co-Abhängigkeit zu vermeiden.

5.4.2 Gründe, die gegen einen Kontaktabbruch sprechen:

- **Brücke zur Außenwelt erhalten:**
 Der Kontakt kann langfristig eine der wenigen Verbindungen zur „normalen Welt" bleiben.
- **Vertrauensbasis bewahren:**
 Eine bestehende Beziehung kann der einzige Anker für spätere Zweifel oder Umkehr sein.
- **Veränderung braucht Beziehung:**
 Menschen hinterfragen ihre Überzeugungen meist nur dort, wo sie sich sicher und nicht verurteilt fühlen.
- **Emotionale Nähe kann mehr bewirken als Argumente:**
 Zugewandtheit kann Zweifel fördern, wo reine Logik abprallt.
- **Kontaktabbruch kann Ideologie bestätigen:**
 Gruppen deuten Ablehnung oft als „Beweis" dafür, dass die Außenwelt feindlich ist – das stärkt ihre Abschottung.
- **Vorbeugen totaler Isolation:**
 „Sekten" fördern gezielt den Kontaktabbruch zu Außenstehenden – gegenzusteuern kann emotional stabilisierend wirken.
- **Langfristige Rückkehroption erhalten:**
 Wer sich löst, sucht oft Jahre später Bezugspersonen – offene Türen erleichtern den Weg zurück.
- **Kontaktabbruch kann Schuldgefühle verstärken:**
 Wer aussteigt, spürt oft Scham und Schuld– das Wissen um gehaltene Verbindungen hilft, sich nach einem Ausstieg wieder einzugliedern.

5.4.3 Kontakt halten – trotz allem?

Der Umgang mit einem geliebten Menschen, der sich einer sektenähnlichen Gruppe angeschlossen hat, ist oft schmerzhaft, frustrierend und erschöpfend. Es liegt nahe, den Kontakt ganz abzubrechen – aus Selbstschutz, Enttäuschung oder dem Gefühl, nichts mehr bewirken zu können. Doch gerade in solchen Situationen lohnt es sich, den Kontakt nicht vorschnell zu beenden. Das ist nicht gleichbedeutend damit, alles gutzuheißen!

Weil jede noch so fragile Verbindung zur Außenwelt eine lebenswichtige Brücke sein kann, ist der Erhalt der Beziehungen nach Außen manchmal das berühmte Zünglein an der Waage (Singer, 1995). Viele Menschen, die sich aus problematischen Gruppen lösen, berichten rückblickend, dass es genau diese eine Beziehung war – sei es zu einem Elternteil, Geschwister, einer Freundin –, die ihnen später half, einen Ausweg zu finden. Ein Kontaktabbruch hingegen wird innerhalb der Gruppe oft als Bestätigung gedeutet: „Siehst du? Die Außenwelt ist kalt, feindlich, verlogen." Das kann die Bindung an die Gruppe sogar stärken und den Rückzug weiter vertiefen. Ein offener, wohlwollender Kontakt – mit klaren Grenzen, schafft einen Raum, in dem Zweifel wachsen dürfen. Nicht Argumente und Logik wirken, sondern Vertrauen und Beziehung. Natürlich darf das nicht auf Kosten der eigenen psychischen Gesundheit gehen. Wer Kontakt hält, muss auch gut für sich selbst sorgen, sich abgrenzen dürfen – und manchmal auch Pausen einlegen. Aber solange es möglich ist, kann ein kontaktvoller Weg der hilfreichere sein.

5.5 Finanzielle Unterstützung – zwischen Fürsorge und Verstrickung

„Soll ich meiner Tochter Geld geben?", „Soll ich meiner Schwester das Busticket zahlen, obwohl ich nicht weiß, ob sie es wirklich für den geplanten Besuch bei mir oder doch für ein Gruppentreffen nutzt?". Diese oder vergleichbare Fragen stellen sich viele Angehörige von Sektenmitgliedern. Schnell mischen sich Emotionen von Ohnmacht und Fürsorge mit Misstrauen. Häufig bitten die Mitglieder um finanzielle Unterstützung, um z. B. noch ein Seminar besuchen oder eine Ausbildung zum Heiler machen zu können. Bei diesen Anfragen fällt es den meisten Angehörigen noch leicht, die Unterstützung abzulehnen. Manchmal gibt es aber auch dringendere Anfragen und man steckt in der Zwickmühle. Was, wenn beispielsweise kein Geld mehr da ist, um den Enkelkindern etwas zu Essen und zum Anziehen zu kaufen, weil das ganze Geld in einer Seminarausbildung steckt. Fest steht: Geld ist nie nur Geld. Es ist ein Zeichen – für Beziehung, Vertrauen, Unterstützung. Aber eben auch ein Mittel, mit dem sich Bindung erzeugen, Loyalität kaufen oder Systeme finanzieren lassen.

In der Praxis bedeutet das: **Geld zu geben kann hilfreich sein – oder hochproblematisch.** Es hängt ganz von Kontext, Zweckbindung und Haltung ab. Sie sehen: Leider gibt es auch bei dieser Frage keine pauschale Antwort, aber es gibt die Möglichkeit mit Hilfe von Abwägungskriterien eine Entscheidung zu treffen.

5.5.1 Situationen, in denen finanzielle Unterstützung (eher) sinnvoll sein kann

Situation	Begründung
Zur Sicherung existenzieller Grundbedürfnisse	Wenn Essen, Unterkunft oder medizinische Versorgung **akut** gefährdet sind
Klar zweckgebunden und kontrollierbar	Etwa für eine Bahnfahrt zu einem neutralen Ort, nach Hause oder zur Beratung – mit klarer Vereinbarung

(Fortsetzung)

Situation	Begründung
Als Zeichen von Beziehung, nicht von Zustimmung	Wenn deutlich ist: „Ich unterstütze dich als Mensch, aber nicht die Gruppe"
Bei beginnender Loslösung von der Gruppe	Um einen Ausstieg oder Übergang in ein unabhängigeres Leben zu ermöglichen – gezielt und begleitet

5.5.2 Situationen, in denen finanzielle Unterstützung (eher) schaden kann

Situation	Begründung
Wenn das Geld an die Gruppe weitergeleitet wird	Stärkung der Gruppenkasse, Finanzierung der Strukturen – unbeabsichtigte Unterstützung des Systems
Ohne Zweckbindung oder Kontrolle	Geld kann Druck, Manipulation oder Abhängigkeit verstärken
Wenn es regelmäßig oder in großen Summen geschieht	Gefahr einer Co-Abhängigkeit – eigene Ressourcen werden erschöpft, ohne positive Wirkung
Als „Beweis von Liebe oder Loyalität"	Die Beziehung wird an Bedingungen geknüpft, was emotionale Verstrickung fördern kann

Fallbeispiel Miriam, Geldfrage

Miriam (34) hat den Kontakt zu ihrem älteren Bruder Ben nicht ganz abbrechen lassen, nachdem er sich vor zwei Jahren einer streng hierarchischen Glaubensgemeinschaft angeschlossen hatte. Sie hatte sich bei uns beraten lassen und gelernt, den Menschen vor die Ideologie zu stellen. Sie konnte den Kontakt halten. Die Gespräche waren zwar selten und oft angespannt, aber sie bemühte sich, freundlich und offen zu bleiben. Eines Tages rief Ben sie an. Seine Stimme war gedrückt, er brauche dringend 100 €, „für Essen und Busfahrt", sagte er. Miriam spürte den Reflex, sofort zu helfen – schließlich ist er ihr Bruder, und vielleicht steckte ja wirklich Not dahinter. Doch gleichzeitig fragte sie sich: „Wofür wird das Geld wirklich verwendet? Wird es in die Gruppenkasse wandern? Ist das ein Test? Ein Versuch, ihre Loyalität abzufragen?" Sie bat ihn um Bedenkzeit und rief erneut bei uns an, um sich beraten zu lassen. Im Beratungsgespräch erarbeiteten wir gemeinsam die alternativen Handlungsoptionen. Miriam entschied sich, nicht einfach Geld zu überweisen, sondern stattdessen anzubieten, ihm ein konkretes Busticket zu buchen – mit Abfahrt zu ihr, nicht zur Gruppe. Sie sagte ihm ruhig, dass sie helfen will. Sie sei aber nicht bereit, Geld zu geben, ohne wirkliche Klarheit, wofür es konkret ausgegeben wird. Ben reagierte ausweichend und meldete sich danach wochenlang nicht mehr bei ihr. Zwei Monate später meldete er sich wieder. Diesmal war der Ton weicher. Er fragte nicht nach Geld, sondern nach einem Treffen. Vielleicht hatte er gespürt, dass sie klare Grenzen aufzeigen kann, aber trotzdem für ihn da ist.

Worauf es ankommt

Miriams Verhalten zeigte eine Haltung, die sich im Umgang mit sektengebundenen Menschen oft als hilfreich erweist. Finanzielle Unterstützung ist möglich – aber mit Abwägung und nicht um jeden Preis. Es hat sich bewährt, finanzielle Hilfe zweckgebunden und kontrolliert anzubieten: ein Ticket, ein Einkaufsgutschein oder im besten Fall die konkrete Hilfe beim Ausstieg. Man sollte aber keine unklaren Geldbeträge zur Verfügung stellen, die wahrscheinlich in das Gruppensystem fließen oder emotionale und finanzielle Abhängigkeiten vertiefen können.

Ein gesundes „Nein" ist kein Mangel an Zuwendung, sondern manchmal ein stilles „Ja" zur eigenen Integrität. Manchmal fördert es, wie in Miriams Fall , dass sich dadurch ein neuer Weg öffnen kann.

5.6 Biografiearbeit: Was sind Lebenskrisen?

Lebenskrisen sind Einschnitte in unserer Biografie, die uns vor große Herausforderungen stellen und meist eine andauernde Veränderung unseres Lebens mit sich bringen (Kleiber & Voelkl, 1998). Oftmals ist es auch so, dass mehrere Faktoren zusammenkommen und man sich dadurch überlastet fühlt. Nicht jede Lebenskrise ist für jeden gleichermaßen herausfordernd (Petermann & Vloet, 2007). Während der eine Mensch beispielsweise sehr gut mit dem Tod der eigenen Eltern umgehen kann, ist es für den anderen schwer belastend. Ob und wie man mit solchen Lebenssituationen umgeht, zeigt sich meist erst in der Situation selbst. Auslöser einer Lebenskrise kann zum Beispiel eine Überforderung im beruflichen Umfeld, ein sogenanntes Burn-out sein. So wie in folgendem Beispiel.

Fallbeispiel Beate, Verschwörungsglaube
Beate (59) meldete sich 2021 bei uns, weil ihr Mann (Thomas, 63) seit der Coronapandemie nicht mehr wieder zu erkennen war. Er arbeitete seit sie ihn vor über 30 Jahren kennengelernt hat als Altenpfleger in einem Seniorenheim. Kurz nach Beginn der Pandemie wurde er misslaunisch und kam immer unzufriedener nach Hause. Nach über 30 Berufsjahren war er erschöpft, klagte über Rückenschmerzen und beschwerte sich über seine Kolleg:innen mit Migrationshintergrund. „So kannte ich ihn gar nicht, er war immer offen anderen Menschen und Kulturen gegenüber und auf einmal sprach er nur noch davon, dass die „Ausländer" uns die Jobs wegnehmen würden. Und dann kam das noch mit der Impfung!" Sie berichtete, dass er dann schnell zum Coronaleugner wurde, auf Demos ging und Angst vor einer Zwangsimpfung hatte. Er meinte, dass

er lieber „in den Knast gehen würde, als sich impfen zu lassen." Er hatte sich zuerst ein Attest wegen der Maskenpflicht geholt und später ging er dann gar nicht mehr zur Arbeit. Zu Hause säße er nur vor dem Computer oder am Handy.

Durch mehrere Beratungsgespräche wurde immer deutlicher, dass Thomas weder die körperliche noch die psychische Verfassung hatte, in seinem Beruf zu arbeiten. Er litt unter starken Schlafproblemen, depressiven Episoden sowie Rückenschmerzen durch die einseitige Belastung. Gemeinsam mit Beate versuchten wir eine Alternative zu erarbeiten, die eine Lösung für Thomas` Lebenskrise darstellen könnte. Im Nachhinein klingt es so einfach und naheliegend, doch vor Beate lag eine geduldige Zeit. Da er sich immer mehr verschloss und nahezu alle Gespräche mit einem aggressiven Unterton abliefen, endeten alle Versuche, ihn zu unterstützen im Streit. Nach und nach gelang es Beate, zu ihm durchzudringen, sie blieb geduldig am Ball. In den Gesprächen kam nach und nach heraus, dass Thomas sich schon lange gewünscht hatte, einen alten Camper zu kaufen und wieder flott zu machen. Beate ermutigte ihn, seinen Wunsch umzusetzen – gepaart mit einem Antrag auf Frühberentung. Thomas blühte regelrecht auf, sie kauften einen Camper und er bastelte und schraubte am Fahrzeug herum. Er hatte ein neues Hobby und dadurch kaum mehr Zeit, sein Handy zu verwenden, um sich in Verschwörungskreisen zu bewegen. Die Verschwörungsmentalität ist dadurch nicht verschwunden, aber der Umgang wurde wieder zugewandter und harmonische Gespräche wurden wieder möglich.

Neben einer Überforderung im beruflichen Kontext, der auch die Berufswahl sowie die Ausbildung und das Studium umfasst, gibt es im privaten Umfeld eine Vielzahl von Ereignissen, die in unserem Leben zu Stolpersteinen werden können, unter anderem:

Lebensphase	Mögliche Lebenskrise	Typische Auslöser
Jugend	Identitätskrise	Pubertät, soziale Ausgrenzung, schulischer Leistungsdruck
Junge Erwachsene	Orientierungs-/Sinnkrise	Studienwahl, Berufseinstieg, Ablösung vom Elternhaus
Erwachsenenalter	Beziehungs-/Familienkrise	Partnerschaftsprobleme, unerfüllter Kinderwunsch, aber auch die Geburt der Kinder, Ehe, Scheidung
	Berufliche Krise	Kündigung, Unter- oder Überforderung, Mobbing, fehlende Perspektive
	Finanzielle Krise	Schulden, Arbeitslosigkeit
Mittleres Erwachsenenalter	Midlife-Crisis	Bilanz des bisherigen Lebens, Sinnsuche, körperliche Veränderungen
Späteres Erwachsenenalter	Leere-Nest-Syndrom, Verlust der Rolle	Auszug der Kinder, Pensionierung
	Pflege von Angehörigen	Erkrankung von Eltern oder des Partners
Hohes Alter	Einsamkeit, Verlust von Autonomie	Tod des Partners, gesundheitlicher Abbau
	Sinnkrise im Alter	Infragestellung des Lebenssinns, gesellschaftlicher Rückzug
Krisenübergreifend	Traumatische Erfahrungen	Gewalt, Missbrauch, Unfall, Naturkatastrophen
	Körperliche/Psychische Erkrankungen	Rücken/Gelenkschmerzen, zu wenig Bewegung, Schlafprobleme, Depression, Angststörung, Burn-out
	Spirituelle Krise	Glaubensverlust, Zweifel an Weltanschauung, Werten und Normen

Zum Beispiel kann die Verarbeitung einer schmerzvollen Trennung vom Partner oder der Partnerin dazu führen, dass man sich einsam und unverstanden fühlt. Man sehnt sich nach Zugehörigkeit und Zuwendung. Beim Blick in die Biografie können dann zuweilen ergänzende und die Stabilität gefährdende Aspekte entdeckt werden. Beim Beispiel von Thomas kam nebenbei noch zur Sprache, dass er in seiner Familie darunter gelitten hatte, „nur" Altenpfleger geworden zu sein. Seine beiden Geschwister hatten einen akademischen Weg eingeschlagen und dadurch hatte er ein geringes Selbstwertgefühl entwickelt. Durch das neue Hobby konnte er Selbstwirksamkeit erleben und zeigen, was er für Fähigkeiten besitzt. Das neue Hobby sorgte nicht nur für Ablenkung, sondern konnte ihn selbstbewusster werden lassen.

Die Biografiearbeit bietet eine wertvolle Grundlage für die weltanschauliche Beratung. Durch sie kann man die individuelle Lebensgeschichte, familiäre Einflüsse und mögliche Sinnfragen in den Mittelpunkt stellen. Häufig lassen sich konkrete Lebenskrisen erkennen, die dazu geführt haben, dass sich jemand in eine emotionale Abhängigkeit durch eine konfliktträchtige Gemeinschaft begeben hat. Doch manchmal gibt es auf den ersten Blick kein erkennbares konkrete Ereignis. Gerade in solchen Momenten kann eine biografische Arbeit hilfreich sein, denn erst im genaueren Hinsehen, im Nachzeichnen der eigenen Lebensspur, wird oft deutlich, warum ein Mensch sich überhaupt auf den Weg gemacht hat, etwas an seiner aktuellen Situation zu verändern. Es kann schlicht die Summe der kleineren Herausforderungen sein, die uns in eine Lebenskrise bringen können. Die Neurowissenschaftler Holm und Holroyd (1992) zeigten in einer Untersuchung, dass es auf lange Sicht nicht die großen Krisen, sondern vielmehr die stetigen alltäglichen Belastungen sind, die unser Wohlbefinden am stärksten beeinflussen.

Aus der persönlichen Biografie lassen sich zahlreiche Interventionen ableiten, die helfen können, existenzielle, religiöse oder spirituelle Themen zu identifizieren. Folgende Vorgehensweisen können zur Reflektion hilfreich sein:

5.6.1 Flower-of-Power-Modell

Ziel: Sichtbarmachung der Bedürfnisse, die als Ursache für den Einstieg in eine ideologisch aufgeladene Gruppe gedient haben können.

Methode: Die einzelnen Blütenblätter, die symbolisch für die Bereiche der Identität stehen, werden besprochen und unterschiedlich stark koloriert. Je schwächer die Farbe gewählt wird, desto instabiler ist dieser Bereich. Der Blumentopf symbolisiert die Ursprungsfamilie, die Wurzeln. Welche Verhaltensmuster/Probleme aus der Kindheit und Jugend lassen sich erkennen? (Mobbing, Schwierigkeiten in der Schule, schwere Konflikte mit Eltern oder Geschwistern, Schulkameraden o. ä.)

Nutzen: Erkennen der ursächlichen Probleme/Bedürfnisse, Perspektivwechsel, wiederkehrende Muster, Identifikation von Ressourcen und Unterstützungsmöglichkeiten.

5.6.2 Lebenslinien zeichnen

Ziel: Visualisierung prägender Lebensereignisse, Höhen und Tiefen.

Methode: Eine Zeitachse wird erstellt, auf der zentrale Lebensereignisse eingezeichnet werden.

Nutzen: Zeigt Brüche, Entwicklungen und eventuell wiederkehrende Themen; kann helfen, die Wandlungen im Glauben oder in der Weltanschauung zu verstehen.

5.6.3 Glaubensbiografien rekonstruieren (nur, wenn man denjenigen wirklich gut einordnen kann!)

Ziel: Verstehen religiöser oder weltanschaulicher Entwicklungen.
Methode: Spezialisierte Fragen nach religiösen Prägungen in der Kindheit, Wandlungen im Laufe des Lebens, spirituellen Krisen und Übergänge.
Nutzen: In Gesprächen mit dem Mitglied das Wissen über Ambivalenz oder Glaubenszweifeln ansprechen.

5.6.4 Ressourcenarbeit

Ziel: Wiederentdeckung verschütteter Kompetenzen, Hobbys, Beziehungen und Werte.
Methode: Erarbeiten einer „Lebensressourcen-Collage" oder Analyse von Krisenbewältigungsstrategien in der Vergangenheit, was hat damals geholfen? Gab es auffällige Verhaltensmuster?
Nutzen: Aktivierung früherer Kraftquellen. Was hat früher in Krisen geholfen und könnte erneut genutzt/angeboten werden?

5.6.5 Narratives Erzählen und aktives Zuhören

Ziel: Reflektion ermöglichen und Sinn durch das eigene Erzählen erschließen.
Methode: Raum geben für narrative Selbsterzählung, ressourcenorientiertes Spiegeln durch den Zuhörenden bzw. die Beratungsperson.

Nutzen: Förderung der eigenen Reflektion und Raum für individuelle Ideen für Interventionen.

Alle Interventionen lassen sich individuell anpassen und eignen sich besonders für eine dialogische, nichtdogmatische Beratung, in der Lebenssinn, Werte und Glaube gemeinsam erkundet werden. Es gibt kein Patentrezept im Umgang mit Menschen in „Sekten" – jeder Fall erzählt seine eigene Geschichte, verlangt nach aufmerksamer Einzelfallbetrachtung und sensibler Beziehungsgestaltung jenseits pauschaler Antworten. Der Blick auf die eigenen Lebensabschnitte und deren Herausforderungen können aber auch für die sekundär Betroffenen selbst eine hilfreiche Methode sein, sich und den Betroffenen besser kennenzulernen. Denn in vielen Fällen geht es auch um die Lebensgeschichten und Verhaltensmuster derer, die bei uns um Hilfe beim Umgang mit „Sektenmitgliedern" bitten.

5.7 Rollenidentifikation

Im Kapitel Mitläufer, Rebellen und Alphatiere sind wir auf die Rollenmuster in konflikträchtigen Gemeinschaften eingegangen. An dieser Stelle möchten wir dies wieder aufgreifen, denn die Rollenverteilung hilft konkret dabei, einen Perspektivwechsel vorzunehmen, besser zu verstehen und dadurch letztlich auch bei einem möglichen Ausstieg bestmöglich zu unterstützen. Das Wissen über Rollen hilft, das Verhalten besser zu verstehen – aber es sollte nicht als Schublade dienen.

Verstehen, wo das Mitglied steht
Wenn man weiß, welche Rolle jemand in der Gruppe hat, kann man einschätzen:

- Wie stark ist die Person mit den Inhalten identifiziert? (Innerer Kreis oder einfaches Mitglied)
- Wovon hängt ihr Selbstwert ab? (Anerkennung, Status, spiritueller Fortschritt)
- Was steht auf dem Spiel beim Ausstieg? (Freundeskreis, Familie, Wohnort, Lebenssinn)

So lassen sich passgenau Hilfsangebote entwickeln, sowohl im zwischenmenschlichen, sozialen als auch im praktischen Bereich in der Alltagsunterstützung.

Ein zentraler Ansatz im Umgang mit ideologisierten Personen besteht darin, psychologische Mechanismen gezielt anzusprechen. Denn viele Rollen, die Menschen in solchen Gruppen übernehmen, erfüllen grundlegende psychische Bedürfnisse: nach Sicherheit, Zugehörigkeit, Sinn oder Struktur. Wer diese Dynamiken versteht, kann auf einer tieferen Ebene ansetzen – ohne frontal zu konfrontieren (Hoffmann & Krüger, 2021).

Das beginnt schon mit der Art der Gesprächsführung. Statt direkt zu widersprechen, kann es hilfreich sein, gezielt Fragen zu stellen, die zum Nachdenken anregen und erste Zweifel aufkommen lassen – ohne die Person bloßzustellen. Wenn man an den Punkt kommt, die Frage zu stellen: „Woran würdest du denn eine Sekte erkennen? Welche Kriterien müssten dafür erfüllt sein?", kann ein Saatkörnchen gesät werden und zum Nachdenken anregen. Auch wenn das Mitglied sich vehement verteidigen würde, aufgrund Kognitiver Dissonanz (s. o.), dann würden diese Fragen dennoch nachwirken. Ebenso kann es sinnvoll sein, die Funktion, die eine bestimmte Rolle erfüllt, zu spiegeln. Eine einfache Frage wie „Was gibt dir deine Aufgabe in der Gruppe?" oder „Was erfüllt dich daran?" öffnet einerseits einen Raum, in dem das Erlebte reflektiert und – im besten Fall – in Beziehung zu anderen Bedürfnissen gesetzt werden kann. Andererseits signalisiert man dadurch em, dass man ernsthaft an der Person interessiert ist und verstehen möchte. In einem nächsten Schritt lassen sich dann auch alternative Möglichkeiten aufzeigen, wie diese Bedürfnisse außerhalb des ideologischen Rahmens bedient werden könnten.

Wenn man weiß, dass jemand eher nicht zum inneren Kreis, sondern in „unteren" Rollenmustern gefangen ist, kann es auch hilfreich sein, Ambivalenz bewusst zu fördern: Gibt es Aspekte, die vielleicht schon länger nicht mehr stimmig wirken? „Fühlst du dich denn immer wohl und geborgen, also wirklich jeden Tag und dann 24 Stunden? Oder gibt es auch mal Momente, die dir komisch vorkommen?", „Gibt es Dinge, die dich trotzdem auch mal stören, aber bislang keine große Rolle gespielt haben?", „Konntest du solche Dinge in der Gruppe besprechen oder redet ihr über so etwas nicht?". Solche Fragen können den inneren Spielraum vergrößern – und sind oft der erste Impuls für Veränderung. Der Ausstieg beginnt meist im Inneren – durch leise Zweifel, nicht durch Konfrontation (Roth, 2003).

Ein weiteres zentrales Element im Umgang mit Mitgliedern ist die Suche nach geeigneten Anknüpfungspunkten für die Kommunikation. Wenn klar ist, welche Rolle eine Person innerhalb einer ideologischen Gruppe eingenommen hat, lassen sich Gespräche deutlich differenzierter und zugleich respektvoller gestalten. Ein wichtiger Aspekt dabei ist die Sprache. Sätze wie: „Ich verstehe, dass du das aus Überzeugung machst", signalisieren Anerkennung für die Haltung – ohne sie zu bewerten. Im Gegensatz dazu kann ein Satz wie „Du wirst manipuliert" schnell als herabsetzend erlebt werden und neue Abwehr erzeugen. Hilfreich ist zudem, die bisherigen Leistungen der Person innerhalb der Gruppe anzuerkennen: „Du beschäftigst dich intensiv mit dem Wohl anderer. Was motiviert dich?". Viele übernehmen Aufgaben, engagieren sich oder tragen Verantwortung, sogar ohne, dass sie in der Gruppe dafür Anerkennung erhalten. Komplimente können den Selbstwert und die Selbstwirksamkeit erhöhen und die Beziehung stärken. So kann ein Gespräch entstehen, das auf Augenhöhe stattfindet – tragfähig, respektvoll und offen für neue Perspektiven (Schlippe & Schweitzer, 2012).

Das Verstehen der Rollenverteilung ist kein theoretisches Wissen, sondern ein konkretes Werkzeug für Begleitung und Ausstiegsunterstützung. Es ermöglicht den Perspektivwechsel und hilft dabei, empathisch, zielgerichtet und differenziert zu handeln – und vor allem: auf Augenhöhe zu kommunizieren.

5.7.1 Der innere Kreis

Merkmale: Tragen Verantwortung, werden respektiert, oft Identifikation mit der Rolle, verlieren mit einem Ausstieg nicht nur ihr Selbstbild, sondern auch Status und Macht.

Ziel: Reflexion über Verantwortung ermöglichen – ohne Schuldzuweisung oder Verurteilung.

Gesprächsimpulse: „Was bedeutet dir die Aufgabe?", „Gibt es Dinge, die dich belasten in dieser Funktion?", „Wie kannst du entscheiden, was richtig oder falsch ist?", „Was wäre passiert, wenn du etwas mal anders entschieden hättest?"

Hierbei ist es wieder wichtig, nicht die Lehre widerlegen zu wollen, aber einerseits die Rolle zu würdigen und gleichzeitig die Gelegenheit zu geben, Reflexionsräume zu öffnen. Die Mitglieder des inneren Kreises haben sehr viel Wissen – das kann dabei helfen, Strukturen zu verstehen. ABER: Nicht unter Druck setzen, „auszupacken".

5.7.2 Aktivistinnen und Aktivisten

Merkmale: Wollen „richtig" leben, glauben an die Lehre, Suchen Sinn, Struktur und Zugehörigkeit.
Ziel: Zweifel zulassen, ohne Fronten zu schaffen und bloßzustellen.
Gesprächsimpulse: „Was gibt dir die Gruppe?", „Gibt es Dinge, bei denen du ins Grübeln kommst?" „Wie geht es dir, wenn du mal zweifelst?", „Was war vor der Gruppe wichtig für dich?", „Woher nimmst du die Energie für dein großes Engagement? Brauchst du mal eine Pause und wenn ja, wie könnte die gestaltet sein?"

Es ist entscheidend, hier den Fokus auf die aufkeimende Ambivalenz zu richten. Es ist nicht das Ziel, die Lehre zu widerlegen. Oft ist der Selbstwert eng an die „Mission" gebunden, daher sollte man diesen im Außen stärken.

5.7.3 Unterstützerinnen und Unterstützer

Merkmale: Werden beeinflusst und stehen unter Gruppendruck, sie entscheiden selten selbst, leiden häufig unter Selbstzweifeln.
Ziel: Stärkung des Selbstwerts, Entlastung von Schuldgefühlen, Förderung der Ambivalenz
Gesprächsimpulse: „Worin besteht deine größte Herausforderung?", „Was brauchst du, um der Gruppe gerecht zu werden?", „Fühlst du dich zuweilen überfordert mit der Dynamik in der Gruppe?", „Gibt es etwas, was du in der Gruppe verbessern würdest, z. B. im Umgang untereinander?", „Kommen deine Fähigkeiten in der Gruppe genug zur Sprache? Wird anerkannt, was du leistest?", „Bekommst du Komplimente?"

Der eigentliche Fokus bei diesen Fragen liegt auf der Stabilisierung und der Stärkung des Selbstwertes, um mögliche aufkeimende Zweifel sichtbarer zu machen.

5.7.4 Neulinge

Merkmale: Noch in der Findungsphase, häufig abhängig von Bindungspersonen, häufig von denjenigen, die sie in die Gruppe geworben haben oder ihre ersten Kontakte.

Ziel: Frühzeitig Beziehung anbieten, bevor sich die Bindung zur Gruppe verfestigt.

Gesprächsimpulse: Fragen nach ersten Eindrücken und Irritationen. „Gibt es etwas, was dir seltsam vorkommt?", „Hast du manchmal ein komisches Bauchgefühl, wenn einfach komplett alle so nett zu dir sind?", „Werden auch kritische Fragen geduldet?"

Man sollte versuchen, die Beziehung zu stärken, sich wieder mehr um diese Person bemühen und Beziehungsangebote machen. „Lass uns doch mal wieder XY machen, das hat uns doch immer so viel Spaß gemacht." Ablenkung ist auch eine gute Strategie, je mehr man mit anderen Dingen beschäftigt ist und merkt, dass sich andere wieder um mich bemühen, desto weniger Bedeutung hat die Bindung an die Gruppe.

Neulinge können noch offen für Zweifel sein – aber auch schnell wieder an die Gruppe gebunden werden. Zuwendung und Empathie sind bei diesem Personenkreis besonders wirksam.

5.7.5 Abweichlerinnen und Abweichler

Merkmale: Spüren Widersprüche und fühlen sich oft innerlich zerrissen, sie fürchten die auf sie zukommende

Isolation, Schuld- und Schamgefühle sowie und das Gefühl „Versagt zu haben". Haben oft Angst vor (je nach Ideologie) Krankheit, der Matrix, dunklen Mächten, der Hölle, Verfluchung oder schlechtem Karma.

Ziel: Sicherheit geben und Entscheidungsräume eröffnen, Aufbau neuer Bindung und Zugehörigkeit.

Gesprächsimpulse: „Was gibt dir aktuell noch Halt?", „Was würdest du dir von mir wünschen?", „Wie stellst du dir dein Leben außerhalb vor?", „Was macht dir am meisten Angst vor dem Verlassen der Gruppe – und was Hoffnung?"

Menschen, die kurz vor einem Ausstieg stehen, brauchen vor allem eines: Verlässlichkeit und Zeit. Wer in dieser sensiblen Phase schnell auf Nachrichten reagiert, ein Gespräch möglich macht oder einfach erreichbar bleibt, signalisiert: „Du bist nicht allein." Genau solche Gesten können helfen, das verloren gegangene Vertrauen in die Welt außerhalb der Gruppe langsam wiederaufzubauen. Es geht weniger um perfekte Antworten – vielmehr zählt das Vertrauen in die Verlässlichkeit. Außerdem ist es wichtig, positive Zukunftsaussichten zu ermöglichen. Inhalte der Gespräche sollten nicht das persönliche Scheitern sein, sondern der Blick auf neue Herausforderungen und Perspektiven. Eine stabile Beziehung zu Ihnen, zum Außen, kann eine enorme Ressource sein. Signalisieren Sie, dass Sie Verständnis haben, wenn jemand einen Neuanfang versuchen möchte und honorieren Sie den Mut, den es dafür braucht.

5.7.6 Über alle Rollen hinweg

Im Kern geht es darum, Gespräche offen, zugewandt und ohne Eile zu führen. Nicht die Ideologie steht im Vordergrund, sondern der Mensch – mit seiner Geschichte, seinen

Beweggründen und den Erfahrungen, die bestimmte Rollen für ihn bedeutsam gemacht haben. Es hilft, bewusst langsam zu sprechen, Pausen auszuhalten und nicht vorschnell zu reagieren. Wer sich die Zeit nimmt, erst einmal zuzuhören und das Gehörte wirken zu lassen, schafft Raum für echtes Verstehen. Denn jede Rolle – auch die provokante, ablehnende oder überhebliche – hat einen Hintergrund. Es handelt sich oft um eine – wenn auch unbewusste – Strategie, um in einem als bedrohlich empfundenen System irgendwie zu bestehen. Wer das erkennt und spiegeln kann, eröffnet eine Beziehung auf Augenhöhe. Und genau dort kann Veränderung beginnen.

5.8 Selbstfürsorge der sekundär Betroffenen

Im Abschnitt, in dem wir auf die Möglichkeit einer Kontaktpause hingewiesen haben, ging es auch darum, auf die eigenen Ressourcen zu schauen. Menschen, die selbst nicht direkt Mitglied einer autoritären religiösen Gruppe waren, aber durch Angehörige, Partnerinnen, Kolleginnen oder Kinder damit konfrontiert werden, erleben oft erhebliche Belastungen und Verunsicherungen (Senatsverwaltung für Bildung, Jugend und Wissenschaft Berlin, 2014). Für diese Personengruppe lassen sich aus der Biografiearbeit ebenfalls hilfreiche Interventionen ableiten.

Intervention	Ziel	Methode	Nutzen
Beziehungsorientierte Lebenslinie	Beziehung zur betroffenen Person zeitlich einordnen	Lebenslinie zeichnen, wichtige Phasen und Brüche markieren	Überblick, emotionale Entlastung
Selbstverortung: Was hat das mit mir gemacht?	Reflektion, welchen Einfluss die Gruppe auf mich selber hatte	Satzanfänge wie „Seit … denke ich anders über …"	Selbstklärung, Gefühlsarbeit (Wut, Ärger, Trauer, Zorn, …)
Wertespiegel	Eigene Werte im Kontrast zur Gruppe klären	Zwei-Spalten-Vergleich: Gruppenwerte vs. eigene Werte	Selbstverortung, weniger Schwarz-Weiß-Denken
Ressourcenbiografie	Eigene Stärke trotz Krise sichtbar machen	Rückblick auf bewältigte Herausforderungen	Stärkung, Selbstversöhnung
Grenzarbeit	Verantwortung klären und sich abgrenzen	Symbolische Kreise: „Meine Verantwortung"/„Nicht meine Verantwortung"	Entlastung, Selbstfürsorge, Trauerarbeit

Auch ohne eigene Gruppenerfahrung ist die Auseinandersetzung mit dem Einfluss sektenähnlicher Strukturen auf das eigene Leben eine sinnvolle Form von Aufarbeitung. Beratung kann sekundär Betroffene dabei unterstützen:

- ihre Ohnmachtserfahrungen zu verarbeiten,
- eigene Deutungsmuster zu verstehen,
- und sich weltanschaulich neu zu orientieren oder zu festigen.

In der Beratungspraxis zeigt sich immer wieder: Wenn Angehörige beobachten, dass ein geliebter Mensch sich in eine sektenartige oder stark ideologisch geprägte Gemeinschaft hineinbegibt, sind Ohnmacht, Sorge und Schuldgefühle häufige Begleiter. Viele berichten von drastischen Persönlichkeitsveränderungen und einem erschwerten Zugang – Diskussionen enden oft im Streit, manchmal folgt ein vollständiger Kontaktabbruch.

Die zentrale Botschaft beim Umgang lautet: **Verstehen, aber nicht einverstanden sein.** Wer den Kontakt halten will, muss nicht zwangsläufig mit der neu gelebten Ideologie konform gehen. Wichtig ist eine offene, nicht verurteilende Haltung. Das erfordert einen Perspektivwechsel: Nicht nur auf die manipulierenden Strukturen schauen, sondern auch auf die individuellen Bedürfnisse, die zur Mitgliedschaft geführt haben könnten.

Was Angehörigen helfen kann
- **Erst informieren und stabilisieren, dann handeln:**
- Panikreaktionen oder impulsive Konfrontationen helfen selten weiter.
- **Keine vorschnelle Kritik:**
- Wer die Gruppe oder deren Lehre direkt angreift, riskiert Abwehr und Kontaktabbruch.

- **Fakten reichen in der Regel nicht:**
- Selbstimmunisierende Argumentationsmuster blockieren eine kritische Auseinandersetzung.
- **Kontakt als Brücke:**
- Auch wenn Gespräche schwerfallen – Nähe und Vertrauen sind oft wirkungsvoller als Argumente.
- **Selbstfürsorge nicht vergessen:**
- Eine „Kontaktpause" ist kein Scheitern, sondern manchmal notwendiger Selbstschutz.
- **Finanzielle Unterstützung?**
- Nur zweckgebunden und mit klarem Rahmen – um Verstrickung zu vermeiden.

Jeder Fall ist anders, pauschale Antworten oder einen Drei-Punkte-Plan gibt es nicht. Wichtig ist, gut abzuwägen, sich selbst nicht zu verlieren – und professionelle Hilfe in Anspruch zu nehmen. Ein wohlwollender, klar abgegrenzter Kontakt kann langfristig die entscheidende Verbindung sein, die den Weg zurück erleichtert (Singer & Lalich, 1997).

Literatur

Baur, N. (2002). Selbstimmunisierung und geschlossene Weltbilder: Überlegungen zur Struktur von Verschwörungstheorien. *Zeitschrift für Soziologie, 31*(2), 137–152.

Busch, H. (2004). Weltanschauliche Beratung – Grundlagen und Merkmale. In F. C. Schubert & H. Busch (Hrsg.), *Lebensorientierung und Beratung* (Band 39, S. 247–274). WAZ Druck.

Festinger, L. (1957). *A theory of cognitive dissonance*. Stanford University Press.

Festinger, L., & Carlsmith, J. M. (1959). Cognitive consequences of forced compliance. *Journal of Abnormal and Social Psychology, 58*(2), 203–210.

Hoffman, E., & Krüger, O. (2021). *Psychologie des Extremismus: Wie Menschen radikal werden – und wie man sie erreicht.* Klett-Cotta.

Holm, J. E., & Holroyd, K. A. (1992). The Daily Hassles Scale (Revised): Does it measure stress or symptoms? *Behavioral Assessment, 14,* 465–482.

Kleiber, D., & Voelkl, K. (1998). *Psychologie des Übergangs: Bewältigung von Lebenskrisen.* Juventa.

Petermann, F., & Vloet, T. D. (Hrsg.). (2007). *Klinische Psychologie: Lehrbuch für Studium und Praxis.* Springer Medizin Verlag.

Poweleit, D., & Busch, H. (1998). Von allen guten Geistern verlassen! Zur Beratung und Therapie von Opfern der Sektenszene. *Organisationsberatung – Supervision – Clinical Management, 5*(2), 175–184.

Roth, R. (Hrsg.). (2003). *Wege aus dem Rechtsextremismus: Ansätze und Erfahrungen der Ausstiegsarbeit.* Wochenschau Verlag.

Schlippe, A. v., & Schweitzer, J. (2012). *Lehrbuch der systemischen Therapie und Beratung II: Das störungsspezifische Vorgehen.* Vandenhoeck & Ruprecht.

Senatsverwaltung für Bildung, Jugend und Wissenschaft Berlin (Hrsg.). (2014). *Psychologische Beratung bei religiösem und weltanschaulichem Extremismus: Grundlagen und Praxis.*

Singer, M. T. (1995). *Cults in our midst: The hidden menace in our everyday lives.* Jossey-Bass.

Singer, M. T., & Lalich, J. (1997). *Sekten: Wie Menschen ihre Freiheit verlieren und wiedergewinnen können.* Carl-Auer-Systeme Verlag.

6

Geborgenheit um jeden Preis? Die verborgenen Hürden des Ausstiegs

Nachdem wir in den vorangegangenen Kapiteln die tieferliegenden Beweggründe für den Eintritt in konflikthafte Gruppen betrachtet haben, lassen sich individuelle Wege aufzeigen, wie wir die Betroffenen bei einem möglichen Ausstieg unterstützen können. Doch gerade bei Außenstehenden bleibt oft eine zentrale Frage bestehen: Warum verlässt jemand eine solche Gemeinschaft nicht einfach – insbesondere dann, wenn erste Zweifel aufkommen? Schließlich handelt es sich häufig um intelligente und reflektierte Menschen. Wie kann es sein, dass sie trotz erkennbarer Selbstschädigung an der Gruppe festhalten?

Aus einer rationalen Perspektive erscheint der Rückzug als naheliegende Konsequenz. Stattdessen erleben wir, dass die Zugehörigkeit verteidigt wird – nicht selten sogar vehement nach außen. Wie wir jedoch bereits in den vorangegangenen Abschnitten gesehen haben, sind die Motive für den Eintritt in destruktive Gruppen weniger auf der Ebene des Verstandes zu finden. Vielmehr sind es emotionale Bedürfnisse und unbewusste Dynamiken, die hier eine zentrale Rolle spielen.

Wenn konflikthafte Gemeinschaften mit dem Vorwurf konfrontiert werden, eine „Sekte" zu sein, begegnen sie diesem häufig mit dem Hinweis, dass doch alle Mitglieder aus freien Stücken dabei seien und die Gruppe jederzeit wieder verlassen könnten. Auf den ersten Blick klingt das plausibel. Doch was dabei oft unerwähnt bleibt, sind die innergruppenspezifischen Deutungsmuster, mit denen ein möglicher Austritt emotional und argumentativ abgewehrt wird. Denn innerhalb der Gruppe entstehen mit der Zeit Denk- und Gefühlsmuster, die einen Rückzug als gefährlich, illoyal oder gar sinnlos erscheinen lassen.

Im Folgenden werden typische Aspekte benannt, die in solchen Gemeinschaften – offen oder subtil – gegen einen Ausstieg ins Feld geführt werden. Natürlich lassen sich diese nicht pauschal auf jede konflikthafte Gruppe anwenden, und nicht jede Aussage trifft in jedem Fall im gleichen Maß zu. Dennoch wird eines deutlich: Der angebliche „freie Wille" ist unter dem Einfluss von Gruppendruck, emotionaler Abhängigkeit und existenziellen Bedürfnissen nur bedingt handlungsleitend.

Gerade das Zusammenspiel verschiedener Faktoren – etwa der Wunsch nach spiritueller Orientierung, nach Zugehörigkeit, nach Heilung oder persönlichem Wachstum – in Verbindung mit subtiler Kontrolle, Angst vor Ausgrenzung oder dem Verlust eines als sicher empfundenen Rahmens, erschwert den Schritt hinaus. Selbst wenn erste Zweifel auftauchen, wiegen die inneren und äußeren Hürden häufig schwerer als die rationale Einsicht, dass ein Verbleib weiter schadet.

6.1 Aufkommende Zweifel

Die eigenen Zweifel selbst werden als bestätigendes Argument genutzt, wie wir in vielen Beratungen und beispielhaft anhand dieses Zitates erfahren:

> „Wenn irgendwas in dir hochkommt, ob es Zweifel sind oder andere Gefühle, es ist immer: dein Ego. Und wenn der Zweifel in dir stärker wird oder sogar Angst hinzukommt, dann wird auch gesagt: Das ist das Ego, das jetzt Angst hat. Das ist ein gutes Zeichen, denn das Ego muss gehen, und natürlich hat es Angst, weil die Existenz des Egos bedroht ist. Die Bedrohung muss sein, damit man zur Freiheit gelangen kann. Auf dem Weg zur Freiheit wird das Ego sterben. Das weiß das Ego und deswegen hat es jetzt Angst. Je mehr Angst man hat, desto besser, desto näher ist man der Freiheit (Anonym, 2022)."

Glaubt man etwa an die Vorstellung, das eigene Ego müsse gebrochen werden, um dem spirituellen Ziel der Erleuchtung näherzukommen, dann erscheinen aufkommende Zweifel nicht als Warnsignal, sondern als notwendiger Teil des inneren Weges. In der Logik der Gruppe gehören sie geradezu dazu. Wer sich mit der Zeit stark mit den Inhalten identifiziert hat – also Überzeugungen, Denk- und Verhaltensmuster in den eigenen Alltag übernommen hat – wird für kritische, rationale Argumente zunehmend weniger empfänglich. Zweifel führen dann nicht zu Distanz, sondern zu einem inneren Appell: sich noch mehr anzustrengen, tiefer einzusteigen, es „endlich richtig" zu machen. Statt zu hinterfragen, ob etwas an der Lehre nicht stimmt, richtet sich die Kritik nach innen – in Form von Selbstvorwürfen. Man habe nicht genug verstanden, nicht genug geübt, nicht genug geglaubt. Gerade daraus entstehen oft Schuldgefühle – auch gegenüber der Gemeinschaft.

Und genau diese Schuldgefühle verstärken den Wunsch, die eigene Ambivalenz zu überwinden und sich wieder klar zur Gruppe zu bekennen.

Vielleicht ist das auch ein Grund, warum über solche inneren Zweifel kaum gesprochen wird. Wer sie hat, trägt sie oft allein – aus Angst, sie könnten als Schwäche oder Illoyalität verstanden werden. Ein weiteres Zitat aus dem obigen Erfahrungsbericht macht die Zerrissenheit deutlich:

> „Ja, ich habe die ganze Zeit gezweifelt und obwohl jeder während der Zeit Zweifel gehabt hat, hat man sich nicht darüber ausgetauscht … Man hat sich zwar heimlich zu zweit darüber ausgetauscht, aber man hat sich nicht zusammengesetzt und gefragt: 'Was ist das hier eigentlich?' (Anonym, 2022)."

Im vorherigen Kapitel zeigten wir, weshalb eine Diskussion auf der sachlichen Ebene nicht funktioniert. Dort finden Sie eine Infotabelle zu typischen Aussagen, Mustern und Wirkungsweisen von selbstimmunisierenden Argumenten. Diese Zirkelschlüsse und Abwertungen abweichender Meinungen werden genutzt, um Deutungsmuster vor Kritik zu schützen (Baur, 2002; Schnell, 1997). Sie haben aber noch eine weitere wichtige Funktion: Sie sind eine große Hürde, wenn man beginnt, über das Verlassen der destruktiven Gruppe nachzudenken.

- **Kritik bestätigt nur die Richtigkeit der Lehre:**
  Wer widerspricht, gilt als „noch nicht so weit", „vom Ego gesteuert" oder „vom System verblendet". So wird der Einwand selbst zum Beleg für die Wahrheit der Lehre.
- **Zweifel gelten als Prüfungen oder Versuchungen:**
  Innere Ambivalenz wird nicht als gesunde Selbstreflexion verstanden, sondern als Hindernis, das überwunden werden muss – etwa durch intensivere Praxis oder mehr Hingabe.

- **Ausstieg wird als spirituelles oder moralisches Scheitern interpretiert:**
  Wer die Gruppe verlässt, gilt als „gescheitert", „vom Weg abgekommen" oder sogar als Gefahr für andere Mitglieder.
- **Die Lehre gilt als absolut, Fehler liegen immer bei der Person:**
  Wenn etwas nicht funktioniert, liegt es nie an der Lehre – sondern an der mangelnden Umsetzung, dem fehlenden Glauben oder einer unreinen Motivation.
- **Offene Gespräche über Zweifel finden kaum statt:**
  Wer Unsicherheiten äußert, läuft Gefahr, unter Druck zu geraten oder ausgegrenzt zu werden. Statt Austausch herrscht Schweigen – oder bestärkende Wiederholung der Gruppenüberzeugungen.

6.2 Kritik äußern

Wie bereits bei den Zweifeln, die innerhalb der Gruppe nicht als Warnsignal, sondern als Teil des Weges gedeutet werden, verhält es sich auch mit offenem Widerspruch. Kritik an der Lehre oder an zentralen Autoritätsfiguren gilt nicht als legitime Rückmeldung, sondern wird häufig als Zeichen dunkler Energien, innerer Unreinheit oder schädlicher „Anhaftungen" interpretiert. Die Angst vor schlechten Einflüssen, dunklen Energien oder einem spirituellen „Rückfall" sowie die Angst von der Gruppe ausgeschlossen zu werden, führt dazu, sich schützen zu wollen.

Wer sich kritisch äußert, gerät schnell in den Verdacht, selbst das Problem zu sein und der Gemeinschaft Schaden zu wollen. Das verunsichert – und führt dazu, dass viele beginnen, die eigene Wahrnehmung infrage zu stellen. In dieser Logik erscheint es nur folgerichtig, den Worten des Meisters oder der Gemeinschaft bedingungslos zu folgen.

In vielen guruistischen Gemeinschaften wird dies mit dem Begriff „Hingabe" definiert und zur zentralen Haltung stilisiert, man folgt seinem Guru ohne jemals Kritik zu üben, denn diese gilt als Zeichen von Unreife oder mangelndem Glauben (Neumann, 1991).

6.3 Die „Matrix"- die Welt da draußen als Bedrohung

In vielen ideologisch aufgeladenen Gruppen wird die Außenwelt nicht als neutraler Raum betrachtet, sondern als feindlich, verführerisch oder gar zerstörerisch dargestellt. Kontakte zu andersdenkenden Familienangehörigen oder ehemaligen Freunden gelten als potenziell gefährlich. Entweder werden sie ganz offen untersagt oder höchstens geduldet und in der Regel entwertet. Freizeitaktivitäten, Austausch oder soziale Beziehungen außerhalb der Gemeinschaft sind meist nur dann geduldet, wenn sie der Gruppenlogik nicht widersprechen – oder idealerweise gar nicht erst stattfinden.

Denn nur innerhalb der Gruppe, sei man geschützt – vor der Verwirrung, dem moralischen Verfall, vor Krankheit oder dem spirituellen Abstieg, der „da draußen" lauere. Besonders in fundamentalistisch geprägten Kontexten wird diese Außenwelt mit dunklen Mächten, dämonischen Kräften oder dem Einfluss des Teufels gleichgesetzt. Wer sich entfernt, begibt sich – so die Erzählung – in existenzielle Gefahr (Utsch et al., 2014).

Wenn man diese Sichtweise über längere Zeit verinnerlicht hat und das eigene Denken und Verhalten daran ausgerichtet war, wird deutlich, welche psychologische Hürde ein Ausstieg tatsächlich darstellt. Der Schritt hinaus bedeutet nicht nur, die Gruppe zu verlassen – sondern auch, sich scheinbar einer bedrohlichen Welt zu öffnen, die man bisher gemieden hat.

Hinzu kommt eine sehr reale Sorge: Viele haben während ihrer Gruppenzeit soziale Bindungen abgebaut oder vollständig aufgegeben. Die Angst, allein dazustehen und keinen Platz mehr im „alten Leben" zu finden, ist nachvollziehbar – und oft genauso stark wie die Zweifel an der Gruppe selbst. Oftmals stehen die Aussteiger:innen dann auch noch vor einem finanziellen Schwerbenhaufen. Meist sind alle Ersparnisse in die Gemeinschaft geflossen, Schule oder Ausbildungen wurden erst gar nicht angefangen oder abgebrochen. Viele haben sich von ihrem ehemaligen Berufsleben „abgemeldet" und nur noch für die Gemeinschaft gearbeitet.

6.4 Identität

Ein gesundes Selbstwertgefühl entsteht nicht von selbst – es braucht Erfahrungen, auf die man mit Stolz zurückblicken kann. Wer eigene Erfolge als das Ergebnis der eigenen Fähigkeiten versteht und Misserfolge als etwas betrachtet, das auch äußere Umstände oder konkrete Situationen mitverursacht haben können, schützt sich damit vor einem allzu harschen inneren Urteil. Emotional schwierig wird es für einen Menschen, wenn die innere Bewertung dauerhaft kippt: Wenn Rückschläge nicht mehr als einzelne Ereignisse wahrgenommen, sondern verallgemeinert und auf die eigene Person zurückgeführt werden – im Sinne von: *„Ich bin unfähig oder nutzlos."* Eine solche dauerhafte, globale und internale Attribution von Misserfolg gilt als Risikofaktor für Depressionen (Heckhausen, 2010).

Ein Beispiel verdeutlicht das: Wer durch eine Prüfung fällt, kann das als Hinweis verstehen, dass man auf genau diese Inhalte nicht gut vorbereitet war – ein konkreter, situationsbezogener Grund. Wird das Ergebnis jedoch als Beleg für grundsätzliche Unfähigkeit gewertet, wird dadurch nicht nur die Leistung, sondern die ganze Person bewertet – mit oft weitreichenden Folgen für das Selbstwertgefühl.

Gerade in konflikthaften oder autoritär geführten Gemeinschaften wird dieses Prinzip gezielt umgekehrt: Erfolg wird nicht dem Individuum zugeschrieben, sondern dem System – dem Guru, der Lehre, der kollektiven Überzeugung. Misserfolge hingegen gelten als Ausdruck mangelnder Hingabe, fehlender Reinheit oder unzureichender Disziplin. Wer scheitert, hat sich nicht genug angestrengt – Punkt (Neumann, 1991). Diese systematische Umverteilung von Verantwortung greift das Selbstwertgefühl tiefgreifend an. Identitätsstiftende Erfahrungen sind in solchen Strukturen nicht vorgesehen, denn es zählt nur das Wir – nicht das Ich.

Stolz auf sich selbst zu sein, wird so unmöglich. Stattdessen entsteht ein Gefühl der Schwäche, der Bedeutungslosigkeit – das Selbst schrumpft, während das System übermächtig wird.

6.5 Gruppendruck und Zugehörigkeit

Menschen möchten dazugehören – das gilt nicht nur für konfliktbelastete Gruppen. Wer Teil einer Gemeinschaft ist, möchte von den anderen anerkannt und gemocht werden. Um dieses Bedürfnis zu erfüllen, passen sich viele der vorherrschenden Meinung an – selbst dann, wenn sie innerlich Zweifel haben (Baumeister & Leary, 1995).

Sich offen gegen die Gruppe zu stellen, fällt schwer. Die Angst, aus dem Rahmen zu fallen oder gar ausgeschlossen zu werden, ist tief in unserem Gehirn verankert (Eisenberger et al., 2003). An dieser Stelle bringen wir diesen Aspekt zum wiederholten Mal zur Sprache, gerade weil in konflikthaften Gemeinschaften dieses Spannungsfeld besonders deutlich wird: Abweichende Meinungen gelten dort als Zeichen von Illoyalität. Kritik – selbst vorsichtig formuliert – wird als Bedrohung wahrgenommen, nicht als Impuls oder Diskussionsbeitrag.

Gerade in Gruppen mit hoher emotionaler Bindung – etwa durch langjährige Zugehörigkeit, gemeinsames Wohnen und zeitintensive Beschäftigungen oder durch starke Beziehung zum „Lehrenden" – wird diese Dynamik noch verstärkt. Wer über längere Zeit Teil eines solchen Systems war, hat nicht nur gemeinsame Erfahrungen gesammelt, sondern auch ein tiefes Netz sozialer und emotionaler Verflechtungen aufgebaut. Die Angst, dieses Netz zu verlieren, wirkt oft stärker als der Impuls, sich selbst treu zu bleiben.

Das gemeinsame Gefühl, einem besonderen, vielleicht sogar auserwählten Weg zu folgen, schafft ein starkes Wir-Gefühl innerhalb der Gemeinschaft. Die geteilten Erlebnisse, die gemeinsam durchlebte Geschichte und das Erleben von Zugehörigkeit verbinden die Mitglieder auf einer tiefen Ebene. Gleichzeitig verfestigt sich oft die Vorstellung, außerhalb der Gruppe keinen Platz zu haben oder dort zu scheitern. Dieses Bild verstärkt die emotionale Bindung an die Gemeinschaft. Die Identifikation wird so stark, dass allein der Gedanke an einen Austritt mit Angst, Schuld oder Scham besetzt ist. Der Schritt nach draußen erscheint nicht nur riskant – er wirkt für viele nahezu unmöglich.

Das folgende Zitat eines Aussteigers macht diese Dynamik besonders anschaulich:

> „Und deshalb ist es einfach ultrahart da rauszukommen. Es gab eine enge Verbundenheit untereinander. Man hat einfach unglaublich intensive Sachen zusammen erlebt. Viele

Sachen, bei denen einem vieles zugemutet wurde, unter denen man einfach zusammengebrochen ist und man von jemandem aus der Gemeinschaft getröstet wurde. Da ist eine enge Bindung entstanden. Wenn man dann weggelaufen ist und von diesen Leuten gehört hat: „Ich bin immer für dich da", gab es diese große Sogwirkung wieder zurückzugehen (Anonym, 2022)." [1]

6.6 Die Welt retten und sich dabei selbst verlieren!

Der gemeinsame Wunsch, einen positiven Beitrag für die Menschheit zu leisten, etwa durch das Verbreiten von Liebe, Frieden oder Heilung, ist für viele Anhängerinnen und Anhänger konfliktträchtiger Gruppen ein starker innerer Antrieb.

„Oft kommen Menschen aus einem Bedürfnis nach Sinnsuche, Gerechtigkeit oder Heilung in solche Gruppen. Diese Motive sind zunächst positiv – sie werden aber in rigide Weltbilder eingebunden, die zu Abhängigkeit und Ausgrenzung führen können (Senatsverwaltung für Bildung, Jugend und Wissenschaft Berlin, 2014). "

Die enge Verbundenheit durch das gemeinsame Ziel führt häufig dazu, dass sich ein starkes Pflichtgefühl entwickelt – begleitet von Schuld und der Angst, Fehler zu machen und damit der Gruppe zu schaden. Man fühlt sich in der Bringschuld, bemüht sich, alles richtig zu machen und das am besten jederzeit und ohne Pause. Dieser ständige Druck hält Menschen manipulierbar. Stress und Schuldgefühle werden zu ständigen Begleitern, denn die vorgegebenen Maßstäbe sind meist so hoch, dass sie dauerhaft gar nicht zu erfüllen sind.

---

[1] Der gesamte Bericht ist auf der Seite von www.sekteninfo-nrw.de nachzulesen.

Der schon vorher zitierte Aussteiger sagt dazu, dass ihn der Dauerstress abgestumpft habe. „Ich befand mich in einem Zustand der Resignation und folgte allein den Worten des Leiters, aus Angst angegriffen zu werden. Das einzige Highlight in meinem Leben waren die Zuwendungen und Begegnungen mit ihm. Ich hatte meine Vergangenheit komplett umgedeutet, um eine Sinnhaftigkeit in diesem Leben als Schüler zu sehen."

Wenn das erklärte Ziel der Gemeinschaft mit den eigenen Werten und Idealen übereinstimmt, braucht es viel innere Kraft, um sich von ihr zu lösen.

6.7 Gefühl der Überlegenheit

Hinzu kommt oft die Überzeugung, einer besonderen Gruppe anzugehören – einer Gemeinschaft, die auserwählt ist, eine höhere Wahrheit erkannt hat oder eine wichtige Aufgabe für die Welt erfüllt. Diese Vorstellung wird in konfliktträchtigen Gemeinschaften nicht selten gezielt durch ihre Ideologie vermittelt und kultiviert. Besonders bekannt wurde dieser Aspekt sicherlich durch die Coronapandemie, als Verschwörungsgläubige alle Andersdenkenden als sogenannte Schlafschafe bezeichneten (Petrik, 2021). Es entsteht ein Gefühl von Elitesein: Man glaubt, mehr zu wissen als andere, klarer zu sehen, tiefer zu verstehen. Dieses Gefühl kann sehr identitätsstiftend wirken – es vermittelt Sinn, Richtung und wirkt selbstwerterhöhend. Die Zugehörigkeit zu einer „erleuchteten" Gemeinschaft bedeutet nicht nur soziale Einbettung, sondern auch eine Art moralischer oder spiritueller Überlegenheit. Das kann stark motivierend wirken – man fühlt sich gebraucht, gesehen und bedeutungsvoll. Gleichzeitig birgt dieses Gefühl die Gefahr, dass Andersdenkende abgewertet oder als unwissend manipuliert oder gar gefährlich wahrgenommen werden. So verstärkt sich die Abgrenzung zur Außenwelt weiter. Zudem bleibt der Gedanke wie einbetoniert: Was, wenn sie doch recht haben?

Diese Form der Selbstaufwertung im Kollektiv kann ein starker Schutz gegen Selbstzweifel sein und gleichzeitig eine Hürde, sich kritisch mit den eigenen Überzeugungen auseinanderzusetzen. Denn wer das Gefühl hat, Teil der Wahrheit zu sein, stellt diese nur ungern infrage.

6.8 Zwischen Angst, Schuld und Leere

Eine Gruppe zu verlassen bedeutet, sich von einem kompletten Wertesystem zu lösen. Diese Abkehr kann sich wie ein Verrat anfühlen. Alles, was als richtig und bedeutsam empfunden wurde, ist auf einmal nicht mehr vorhanden. Besonders schwierig ist es für Aussteigende, weil sie während ihrer Zeit in der Gruppe hautnah miterlebt haben, wie mit „verlorenen Seelen" umgegangen wurde. Aussteiger:innen werden manchmal sogar als Gefahr für den Rest der Gruppe angesehen (Zillmann, 2015). Der Kontakt zu ehemaligen Mitgliedern wird oft mit der Begründung verboten, dass sie negative Energien übertragen könnten, neidisch seien, nicht gut genug waren oder „Gläubige" in Versuchung führen wollten oder von Dämonen besessen seien. Häufig wird dieses Kontaktverbot auch eingehalten, die Angst vor Konsequenzen oder Sanktionen von Mitgliedern der Gruppe ist einfach zu groß. Ein weiteres Hindernis ist der häufig radikale Bruch mit dem sozialen Umfeld: Der Austritt zieht fast immer einen vollständigen Kontaktabbruch mit den Mitgliedern der Gruppe nach sich – eine der größten Hürden überhaupt. Wer aussteigt, steht oft völlig alleine da.

Hinzu kommen in manchen Fällen finanzielle Abhängigkeiten. Viele Menschen lebten und arbeiteten vollständig in der Gemeinschaft – nicht unbedingt mit klassischem Lohn, aber mit dem Gefühl, versorgt zu sein. Unterkunft, Aufgaben, tägliche Strukturen: All das fällt auf einen Schlag weg. Die Vorstellung, dieses Vakuum mit einer neuen Aufgabe, einer neuen Existenz füllen zu müssen, kann lähmend sein und wird so zur nächsten inneren Barriere.

Nicht zu unterschätzen sind außerdem tief verankerte Ängste, die mit der Welt außerhalb der Gruppe verknüpft sind. Viele erleben intensive innere Konflikte – die Angst vor Gottes Strafe, Krankheit oder persönlichem Unglück, das als unausweichlich gilt, wenn man den „wahren Weg" verlässt. Solche Vorstellungen – ob Karma, Schuld oder spirituelles Scheitern – sind tief eingeprägt und begleiten den Ausstieg wie ein dunkler Schatten.

Zusammenfassend können wir festhalten, dass der Ausstieg mit einem hohen Potenzial an emotionalem Stress und tief verankerten Ängsten einhergeht. Es braucht viel Willenskraft und Mut, sich aus einer manipulativen Gemeinschaft zu lösen.

Zugehörigkeit/Emotionale Abhängigkeit:
Die Gruppe wird oft als „Ersatzfamilie" erlebt – mit starker emotionaler Bindung an Leitfiguren oder die Gemeinschaft insgesamt. Ein Austritt fühlt sich wie ein Verlust von Nähe, Zugehörigkeit oder Liebe an.
Identitätsverschmelzung:
Überzeugungen der Gruppe sind tief ins eigene Selbstbild eingesickert. Wer geht, verliert nicht nur Kontakte – sondern auch ein Stück seiner Identität.
Angst vor Isolation oder Sanktion:
Gruppen arbeiten häufig mit subtilen (oder offenen) Drohungen: Ausschluss, Kontaktabbruch („cut-off"), Diffamierung, spirituelle Verdammung. Viele fürchten, allein nicht mehr lebensfähig zu sein.

Schuld- und Versagensgefühle:
Zweifel werden oft als persönliches Versagen gedeutet („Ich habe nicht genug geglaubt/verstanden/mich angestrengt"). Die Scham, „gescheitert" zu sein, bindet an die Gruppe.
Soziale Kontrolle und Konformitätsdruck:
Innerhalb der Gruppe gilt häufig eine starke Normierung des Denkens und Verhaltens. Wer abweicht, wird (offen oder subtil) unter Druck gesetzt.
Abwertung des Außenstehenden:
Die Außenwelt gilt als „verloren", „manipuliert" oder „geistlos". Diese Schwarz-Weiß-Sicht erzeugt Misstrauen gegenüber allem außerhalb der Gruppe.
Existenzielle Abhängigkeit:
In manchen Fällen sind Wohnort, Einkommen oder Lebenssinn an die Gruppe gebunden. Der Ausstieg bedeutet dann auch den Verlust von Lebensgrundlagen oder Zukunftsperspektiven.
Spirituelle oder ideologische Angst:
Es besteht oft eine tiefe Furcht, durch den Austritt Schuld auf sich zu laden – etwa durch „Verrat", „Abfall vom Glauben" oder das Verlassen des „einzig wahren Weges".
Fehlende Alternative oder Perspektive:
Ohne neue Orientierung oder unterstützendes Umfeld wirkt der Schritt ins „Außen" überwältigend. Die Leere, die der Gruppe folgt, wird gefürchtet.

6.9 Neuanfang mit Rückhalt

Wenn sich nach einer oft langen Phase des geduldigen Aushaltens endlich erste Zeichen zeigen, dass sich eine nahestehende Person von der Gruppe lösen möchte, beginnt ein weiterer, nicht minder herausfordernder Abschnitt: die Begleitung beim Ausstieg.

Ein wichtiger Aspekt in der Begleitung von Aussteigerinnen und Aussteigern ist der sensible Umgang mit möglichen Re-Traumatisierungen. Viele von ihnen haben in der ideologischen Gruppe Verhaltensmuster und Rollen übernommen, die stark von Kontrolle, Schuldzuweisungen oder rigiden Denkweisen geprägt waren. Diese Erfahrungen haben emotionale Spuren hinterlassen. Gerade in der ersten Zeit nach dem Ausstieg ist es entscheidend, vorschnelle Bewertungen zu vermeiden. Bemerkungen wie: „Ich habe doch schon immer gewusst, dass das eine Sekte ist" können Schuldgefühle bei Aussteigerinnen und Aussteigern zusätzlich verstärken – gerade in einer Phase, in der sie ohnehin stark mit sich ringen. Was es stattdessen braucht, sind Verständnis, Geduld und eine offene Haltung. Für viele bricht mit dem Verlassen der Gruppe ein Weltbild zusammen. Alles, was zuvor Halt und Orientierung gegeben hat, ist plötzlich weg. Es entsteht ein inneres Vakuum.

Umso wichtiger ist es, Raum zu schaffen, in dem die eigene Stimme wieder hörbar wird. Ein Raum, in dem neue oder verschüttete Bedürfnisse, Werte und die eigene Identität wiederentdeckt werden dürfen, ohne dass von außen neue Zuschreibungen erfolgen. Im Umgang mit Selbstbetroffenen profitiert man von einem reflektierten Rollenverständnis. Es hilft, alte Muster nicht ungewollt zu aktivieren. Denn gut gemeinte Hinweise oder Rückfragen können, je nach individueller Geschichte, intensive innere Reaktionen auslösen als allgemeinhin erwartet. Schuldgefühle, Ängste oder vielleicht sogar das Gefühl, erneut kontrolliert zu werden.

Ein Bewusstsein für solche Dynamiken kann stabilisierend wirken. Es macht einen Unterschied, ob jemand „helfen will und es doch gut meint" oder man wirklich bereit ist, den anderen mit seiner Geschichte anzunehmen. Das macht nachhaltige Veränderung erst möglich.

Vertrauen statt Druck, was nach dem Ausstieg wirklich hilft

Sichere, urteilsfreie Gesprächsräume:
Nachwirkende Schuldgefühle dürfen ausgesprochen werden, ohne dass man sofort verurteilt wird.

Geduld statt Konfrontation:
Ein behutsamer, verstehender Ansatz ist hilfreicher als das wiederholte Hinweisen auf die „Sekte".

Wiederherstellung von Selbstwirksamkeit:
Mut und Zuspruch auch für noch so kleine Schritte, eigene Entscheidungen und alltagsnahe Selbstbestärkung helfen, die eigene Handlungsfähigkeit zurückzugewinnen.

Anerkennung ambivalenter Gefühle:
Liebe zur Gruppe und gleichzeitige Kritik schließen sich nicht aus – und dürfen nebeneinanderstehen.

Netzwerke statt Isolation:
Verlässliche Beziehungen außerhalb der Gruppe (Familie, Freundeskreis, professionelle Beratung) sind ein entscheidender Schutzfaktor. Helfen Sie beim Aufbau.

Zeit für Neuorientierung:
Identität und Weltbild verändern sich nicht über Nacht. Es braucht Raum für Trauer, für Leere – und für neue Erfahrungen.

Literatur

Anonym. (2022). *„Kann Spiritualität heilen? Meine Suche nach der Wahrheit.* https://sekten-info-nrw.de/information/artikel/betroffenenberichte/erfahrungsbericht-kann-spiritualitaet-heilen-meine-suche-nach-der-wahrheit. Zugegriffen am 16.05.2025.

Baumeister, R. F., & Leary, M. R. (1995). The need to belong: Desire for interpersonal attachments as a fundamental human motivation. *Psychological Bulletin, 117*(3), 497–529.

Baur, N. (2002). Selbstimmunisierung und geschlossene Weltbilder: Überlegungen zur Struktur von Verschwörungstheorien. *Zeitschrift für Soziologie, 31*(2), 137–152.

Eisenberger, N. I., Lieberman, M. D., & Williams, K. D. (2003). Does rejection hurt? An fMRI study of social exclusion. *Science, 302*(5643), 290–292.

Heckhausen, J. (2010). *Motivation und Handeln. Lehrbuch der Motivationspsychologie.* Springer.

Neumann, F. (1991). *Die Psychodynamik von Sekten: Zur Pathologie charismatischer Gruppen.* Ernst Reinhardt Verlag.

Petrik, A. (2021). Corona-Verschwörungstheorien im Faktencheck: Entwurf einer Typologie. *Gesellschaft – Wirtschaft – Politik (GWP), 70*(2), 267–274.

Senatsverwaltung für Bildung, Jugend und Wissenschaft Berlin (Hrsg.). (2014). *Psychologische Beratung bei religiösem und weltanschaulichem Extremismus: Grundlagen und Praxis* (S. 45).

Schnell, R. (1997). *Psychologie totalitärer Weltbilder: Sekten – Fundamentalismus – religiöser Extremismus.* Kösel.

Utsch, M., Pfeifer, S., & Heidenreich, T. (2014). *Religiosität und psychische Gesundheit: Ein Handbuch zu Forschung und Praxis.* Kohlhammer.

Zillmann, R. (2015). *Zwischen Glaube und Familie: Handlungsspielräume aktiver Zeugen Jehovas.* Springer VS.

Schlusswort

Wir haben Sie in diesem Buch durch die vielfältige und mitunter verstörende Welt religiöser Gruppen, spiritueller Anbieter und toxischer Glaubenssysteme geführt. Dabei ging es nicht nur darum, Gefahren aufzuzeigen, sondern auch darum, Sie für psychologische Dynamiken, Manipulationsstrategien und die emotionale Wirkung solcher Systeme zu sensibilisieren. Unser Anliegen war es, Ihnen Orientierung zu geben – und Werkzeuge, um sich selbst und andere besser zu verstehen, wenn Glaube zur Belastung wird.

Vielleicht fühlen Sie sich nach der Lektüre erschöpft von der Vielzahl an Themen und Eindrücken. Oder vielleicht haben Sie Impulse mitgenommen, die Ihnen helfen, eigene Erfahrungen neu einzuordnen. Was auch immer Sie für sich mitnehmen – eines möchten wir zum Abschluss besonders hervorheben: Resilienz.

Resilienz ist die Fähigkeit, schwierige oder sogar traumatische Erfahrungen nicht nur zu überstehen, sondern langfristig zu verarbeiten und daran zu wachsen. Sie ist kein angeborenes Talent, sondern ein Prozess, der sich entwickeln lässt – durch Selbstreflexion, durch Unterstützung, durch das Erkennen der eigenen Ressourcen.

Gerade Menschen, die sich aus toxischen Gruppen befreien oder nahestehende Personen darin verlieren, brauchen diese seelische Widerstandskraft. Resilienz bedeutet, sich nicht dauerhaft als Opfer zu sehen, sondern sich selbst wieder handlungsfähig zu erleben. Es geht darum, Schmerz und Verunsicherung zuzulassen, aber ihnen nicht das letzte Wort zu überlassen.

Nicht jeder Weg führt über eine Therapie. Für viele Menschen ist der Austausch mit Freunden, das Wiederentdecken von Alltag, Kreativität, Bewegung oder Spiritualität außerhalb starrer Systeme ein entscheidender Teil ihrer Heilung. Resilienz zeigt sich oft im Kleinen – im Aufstehen, im Nein-Sagen, im Wiederfinden der eigenen Stimme.

Wenn dieses Buch Ihnen geholfen hat, Gefahren zu erkennen, sich selbst besser zu verstehen oder neue Perspektiven zu gewinnen, dann hat es seinen Zweck erfüllt. Möge es ein Stück Ihrer inneren Landkarte sein – nicht als Warnschild allein, sondern auch als Wegweiser für neue, selbstbestimmte und gesunde Formen des Glaubens, des Miteinanders und der inneren Stärke.

Bei aller notwendigen Kritik an missbräuchlichen Glaubenssystemen, manipulativen Gruppenstrukturen und spirituellem Machtmissbrauch darf eines nicht vergessen werden: **Glaube kann auch eine wertvolle Ressource sein.**

Für viele Menschen ist der Glaube eine Quelle von Hoffnung, Halt, Sinn und innerer Orientierung – besonders in Zeiten von Krise, Verlust oder Veränderung. Glaube kann Gemeinschaft stiften, Trost spenden, Mut machen und die Verbindung zu etwas Größerem ermöglichen. Er kann helfen, Lebensfragen auszuhalten, ohne sie vorschnell beantworten zu müssen, und ein Gefühl von innerem Getragensein vermitteln.

Gesunder, freier Glaube wirkt nicht einengend, sondern befreiend. Er erniedrigt nicht, sondern stärkt. Er manipuliert nicht, sondern lädt zur persönlichen Auseinandersetzung ein. In dieser Form ist Spiritualität kein Risiko, sondern eine Ressource.

Gerade wenn man sich von einem toxischen Glaubenssystem löst, kann es hilfreich sein, nicht den Glauben als Ganzes zu verwerfen, sondern differenziert zu schauen: *Was war destruktiv? Was war vielleicht auch hilfreich? Und was möchte ich in Zukunft für mich selbst neu (oder anders) glauben?*

Am Ende geht es nicht darum, nie verletzt worden zu sein. Niemand kommt völlig unversehrt durchs Leben – schon gar nicht, wenn es um etwas so Tiefgreifendes wie Glauben, Zugehörigkeit oder Sinnsuche geht.

Worauf es ankommt, ist etwas anderes: Dass wir lernen, heil aus Erfahrungen hervorzugehen, die uns erschüttert haben. Dass wir unseren eigenen Kompass wiederfinden – oder vielleicht zum ersten Mal entwickeln. Dass wir unterscheiden lernen zwischen dem, was uns gut tut, und dem, was uns manipuliert oder klein macht.

Jeder Mensch hat die Möglichkeit, sich neu auszurichten. Nicht jeder Glaube heilt – aber jeder Mensch kann heilen.

Was uns geprägt hat, muss uns nicht für immer bestimmen. Es darf uns lehren, bewusster zu wählen. Und mit jeder bewussten Entscheidung wächst unsere innere Freiheit.

GPSR Compliance
The European Union's (EU) General Product Safety Regulation (GPSR) is a set of rules that requires consumer products to be safe and our obligations to ensure this.

If you have any concerns about our products, you can contact us on

ProductSafety@springernature.com

In case Publisher is established outside the EU, the EU authorized representative is:

Springer Nature Customer Service Center GmbH
Europaplatz 3
69115 Heidelberg, Germany

www.ingramcontent.com/pod-product-compliance
Lightning Source LLC
LaVergne TN
LVHW012037070526
838202LV00056B/5520